母子相知六十年

我和母亲 红线女

马鼎盛～著

SPM 南方传媒 | 花城出版社
中国·广州

图书在版编目（CIP）数据

母子相知六十年：我和母亲红线女 / 马鼎盛著.
广州：花城出版社，2025.8. -- ISBN 978-7-5749
-0444-6
Ⅰ. K825.42
中国国家版本馆CIP数据核字第2025Z3S786号

母子相知六十年：我和母亲红线女
MUZI XIANGZHI LIUSHI NIAN：WO HE MUQIN HONGXIANNÜ
马鼎盛／著

出 版 人	张　懿
责任编辑	蔡　安
责任校对	汤　迪
技术编辑	凌春梅
封面图片	红线女艺术中心提供
封面设计	木玉棋文化
出版发行	花城出版社
经　　销	全国新华书店
印　　刷	深圳市福圣印刷有限公司
开　　本	787毫米×1092毫米　16开
印　　张	20.75　6插页
字　　数	320,000字
版　　次	2025年8月第1版　2025年8月第1次印刷
定　　价	78.00元

版权所有・侵权必究。如发现印装质量问题，请与出版社联系。
联系电话：020-37604658　37602954

▼ 母子相知六十年：我和母亲红线女

▲母亲的牵记

◀忘不了的怀抱

▶20世纪50年代初，红线女在香港的生活照

▼ 2009年5月,红线女在北京天安门广场拍摄纪录片《艺海明珠》

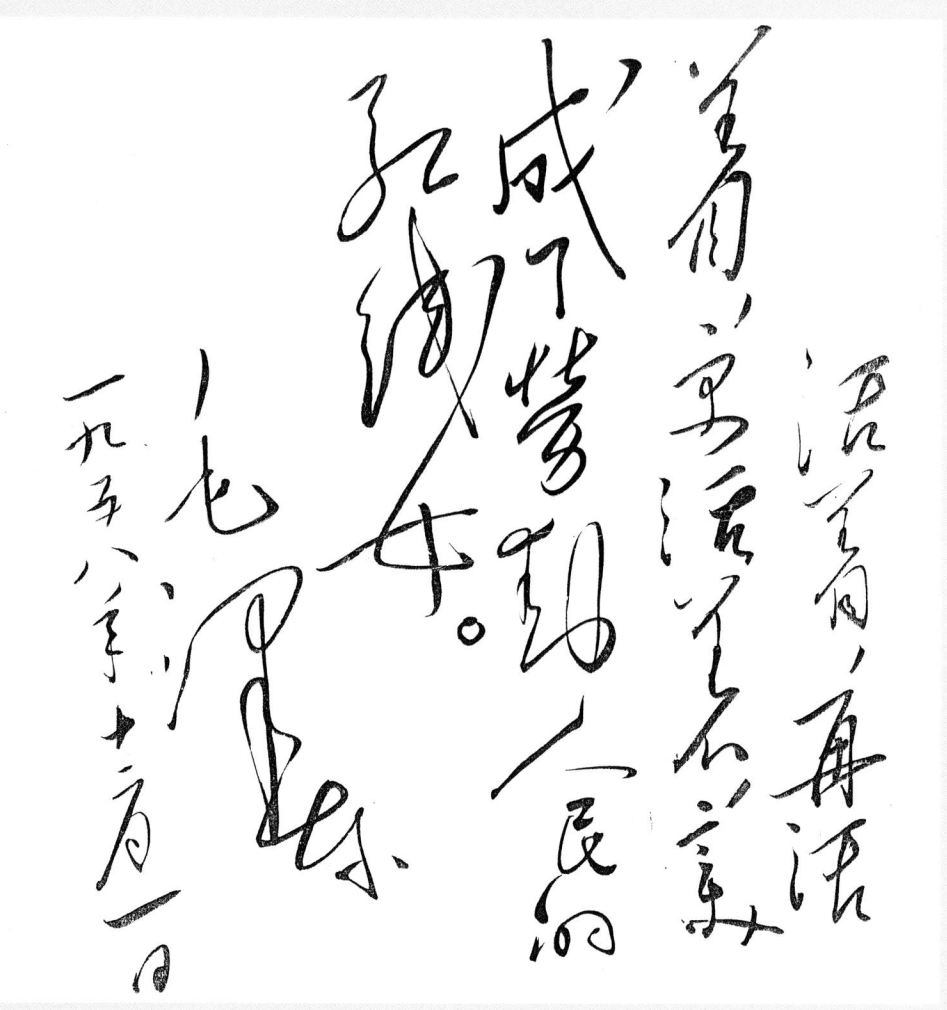

▲ 毛泽东给红线女的题词：活着，再活着，更活着，变成了劳动人民的红线女

◀ 1980年红线女《昭君出塞》经典剧照

▶ 1957年,红线女在莫斯科国际青年联欢节获奖,时任中国共产主义青年团中央第一书记的胡耀邦为红线女题词"祖国的骄傲"。该题词在"文革"中失踪。1984年,胡耀邦应红线女请求补写题词

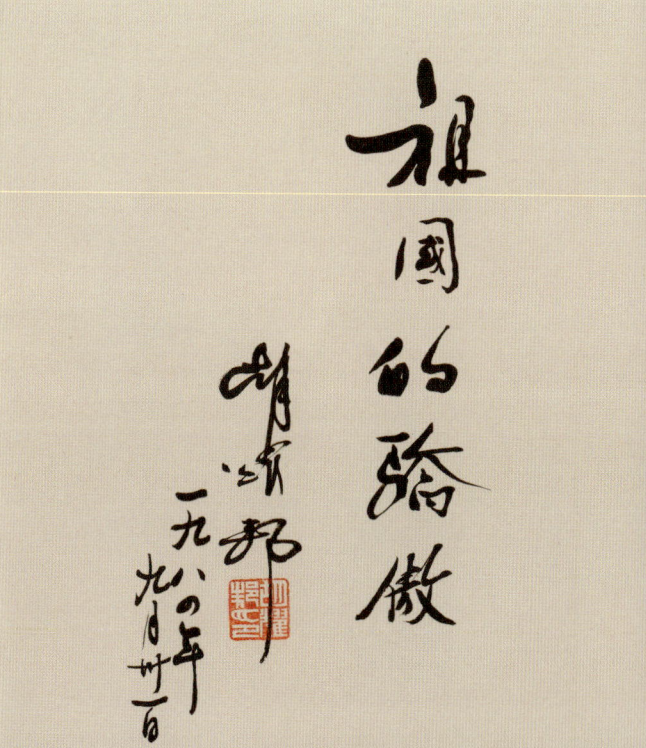

▲ 2005年11月8日，红线女出席香港浸会大学第四十六届荣誉博士颁授典礼，曾荫权亲自为红线女授予文学荣誉博士学位

▼ 红线女接受香港浸会大学授予的荣誉博士学位，小儿子马鼎盛特地前来祝贺

▲ 母子同台对唱粤剧《苦凤莺怜》

◀ 最温暖的偎依

▲ 马鼎盛学历史、讲历史，更讲军事

◀ 为人民讲历史是最大的幸福（红线女86岁时叮嘱儿子马鼎盛）

· 目 录

代序：再忆红线女 / 周巍峙 / 1
《母子相知六十年：我和母亲红线女》提要 / 7
"粤剧大家红线女和军师仔马鼎盛" / 12

干戈寥落四周星

禾久田威逼利诱 马、红爱国情操 / 14
马、红小儿弥月席 / 25
罗湖桥南北两重天 / 31

I

红旗飘舞随风扬

父亲讲故事 / 34

香港盛仔上北京 / 39

北京真好玩儿 / 45

东四六条胡同 / 51

鲜血淋漓的舌头 / 56

妈妈，你不要结婚 / 60

父母婚事 / 67

父亲和他的母亲 / 71

北京市第四十七中 / 78

我给周总理说相声 / 82

散步 / 86

一块白面火烧 / 90

与母亲在颐和园 / 94

总理记得马尾云 / 97

这封"南方来信"是我写的 / 104

父亲马师曾给我的遗产 / 110

艰难困苦多磨砺

染血的矛头 / 116

一只破塑料鞋 / 122

十二年京华梦未醒 / 128

家书大事年谱 / 134

长安斗牛士 / 150

粉墨生涯 / 154

怀念周总理 / 157
工伤 / 162
"文革"中极"左"思潮彻底否定马师曾 / 165
帮妈妈抄大字报 / 171
马、红论金庸 / 174

大地微微暖气吹

从海洋岛到法卡山 / 180
母亲为我证婚 / 188
中山大学毕业 / 191
见英女王 / 195
母子间的文字交流 / 201
母亲肯定我自力更生 / 204
游泳好 / 206
红线女母子对媒体谈"拯救粤剧的问题" / 209
台湾海峡危机红了个马鼎盛 / 214
外婆谭银彩 / 220
黄霑的友情 / 227
两次胃出血 / 236
世界上最幸福的人 / 239
为人民讲历史 / 242
让母亲笑出眼泪 / 244

还是觉得你最好

学习父亲马师曾爱国为民 / 250
不辞长作凤凰人 / 253
母子访谈录 / 260
红线女谈读书 / 268
我是怎样当上军事评论员的 / 272
作为政协委员关注南海主权 / 279
母子谈朝鲜、韩国观感及与军事学者交流 / 287
纪念马师曾百十年 / 291
贺红线女八十六大寿 / 294
在亚洲电视台讲军事 / 298
红线女愧对小儿子 / 304
母子拍摄《永恒的舞台》 / 308
马鼎盛登台，逗哭寿星红线女 / 309
第三次拥抱母亲 / 314
母亲突然离世了 / 317

代跋：红线女永垂不朽——马鼎盛采访王蒙摘要 / 323

代序

・再忆红线女

我和王昆这一辈子都在文艺圈里工作，结交了很多艺术家朋友，而红线女无疑是我和王昆在艺术界最好的朋友之一。

认识红线女是在1954年，新中国成立5周年的时候，周总理邀请一批爱国人士回国观礼，其中就有红线女。当时的红线女在香港可谓闻名遐迩，名噪一时。她还参加了抗美援朝粤剧大集会义演，筹集10万元为志愿军买枪炮。周总理对红线女、马师曾的回归寄予了很大的期望，而且非常关心。当时我在文化部艺术局工作，周总理专门指示我，要好好接待她。

王昆是通过时任广东省委书记的陶铸介绍认识红线女的。他说："红线女的观众有很多啊（那时候还没'粉丝'一词），跟她上街，广州街上的老百姓争相围观，挤得掉了一地的鞋，我这个省委书记反而没人理会。王昆你看，红线女和马师曾回来，对我们国家文化建设、团结东南亚的华侨及群众是有很大好处的。"

1955年，红线女正式回到祖国内地，于是我的任务也继续下去，按照总理的要求，切实关照好红线女的生活和她的工作。

慢慢地，我们不只是工作上的来往，生活里，也成了私交极好的朋友，可以信赖，可以托付。由于红线女在广州工作繁忙，她的两个孩子马鼎盛（红线女的小儿子）和马淑明（红线女的大女儿，也叫红虹）先后都在北京念书，并住在我们家里。到了开家长会的时候，常常是我们这两个代理家长出席。两个孩子也把我们当成他们的至亲，有时候反而跟我们的关系还更亲密些。所以，红线女也跟着孩子一起叫我们周叔叔、王阿姨。

马淑明（红虹）跟我和王昆早夭的女儿同年，我的大儿子周七月比红虹小一点儿，两个孩子曾经为了砸开核桃的不同方法拌嘴，一会儿又和好如初，特别有意思。马鼎盛到北京读书时才8岁，和周七月是北京育才小学的同学。我们还给他去开过家长会。"文化大革命"时期，马鼎盛"上山下乡"当知青，后到广东韶关当工人，1974年放探亲假回北京照例住在我们家。马鼎盛常常一钻到我们的书房里就不肯出来，翻看的几乎都是《朱可夫回忆录》和《第三帝国兴亡史》这些关于历史和军事的书籍。那个时候我们就说，这孩子将来一定在这方面有所成就。我带他去绒线胡同甲7号内部书店买书，他选购了《红楼梦》脂批甲辰本和《第四次中东战争》。我们是经历抗日战争、解放战争、抗美援朝战争的老人，欣慰地看到马鼎盛现在成为有名的军事评论家，今天我们都喜欢看鼎盛的军事评论节目。我送他一套《年方九十——周巍峙文集》，鼎盛回赠我们《居安思危》的著作，他常来北京探望我们，依然喜欢吃北方的家常面食。我们见了面常常打趣地说："你可是从我们家书房里走出去的军事评论家哟！"每到这种时候，马鼎盛总是笑着点头称："是的，是的！我买《红楼梦》影印本还借了您10块钱呢。"那样子，他仿佛又回到了在我们家住的那些时光。

红线女也是我二儿子周八月的干妈，当时八月有两个干妈，一个叫胖干妈，还有一个瘦干妈就是红线女。

红线女每次到北京开会，常常是她在广州兵马未动，北京这里已经粮草先行，阵仗很大——她用不惯酒店的床单被褥，在我家专门另留有一套生活行头。每每她要来开会，一个电话过来，家里的阿姨就知道把红阿姨的专用被褥洗净晾晒好，让司机提前送到酒店。她在广州生活，习惯了每天喝汤，北京干燥，汤更是不能少的。我家里的阿姨都知道，红阿姨的汤是必须小火煮五六个小时的。那时候家里还是用煤气罐，几乎是两天换一罐煤气，有时候一天一罐，因此，阿姨总会提前备好备用的煤气罐。红线女还有一个习惯，每次到北京来开会，不管住的酒店有多么高级，条件多么好，她一定要自己带上两个冲凉的塑料桶，因此，"麻烦阿姨"在我家成为红线女的昵称，她自己也称自己是"麻烦阿姨"。

其实这个"麻烦阿姨"还真有不怕麻烦的时候，2006年，我因为生病住院了很久，一度身体很不好，红线女千里迢迢从广州飞来，别的什么也没有，连行李都没带，就坐着飞机两手捧着一罐汤来京，在病房里小坐了一会儿又飞回广州去了。当时她也80岁出头了，飞来飞去就送来了一罐汤，她说这是"千里送鹅毛"，我们全家都特别感动。

红线女曾经说："我历来坚信，戏剧创作离不开真善美。凡是观众喝彩、拥护的戏，必然是演员所演的角色人物性格鲜明突出，是爱是憎，都会给观众有力的感动。角色没有生命，单凭唱功与做手来获致共鸣是不可能的。"

的确，她是一个爱美的人，每次演出前，她总是用很长时间化妆，生活里穿戴也很讲究。认识她这么多年，似乎没有见过她不盛装的时候，她呈现给人的，总是美的。2000年夏天，她住的华侨新村遭到打劫，她被歹徒所伤，住院治疗。我到广州看望她，病榻旁看到的居然是她大幅的剧照，映得整个病房流光溢彩的样子。那次王昆因为别的事情没有去广州，便亲笔写了一封信让我带到病房念给她听，我念完了，她很高兴。示意工作人员拿来一本刚拍的剧照小样，从中选了一张让我带给王昆，表示她很好，请王阿姨放心。

　　她是一个特别求真的人，在艺术上的追求一直让人感佩。她和王昆同年，又都是表演艺术家，所以两个人十分谈得来，见面就切磋，相互学习，你唱我听，然后分析唱得怎么样，就这样互相交流。京剧她学程派，1957年，程砚秋先生作为评委和她一起去莫斯科参加世界青年与学生和平联欢节，那时候通过西伯利亚大铁路，要坐八天的火车，红线女每天起床吃了早餐后，就去程先生的铺位，坐在那里向他学，听他教。而多年以后，她又收程派传人张火丁为徒，将自己所学毫无保留地教给她。并且在张火丁专场的时候，专门为她量身定做，把自己粤剧《祥林嫂》里一折改编成《绝路问苍天》，并从广州飞来北京为她助阵。

　　她在艺术上求真，感情生活也一样。长期以来，她的家庭生活是我和王昆所关心的，她在舞台上风光无限，明艳照人，但家庭生活似乎始终不那么如意。真正熟悉、了解她的朋友知道，固然她外表看起来好强、清高、不好接近，但私底下是一个感情十分真挚的人，对人是很真诚的。曾经有一段时间，她在一段情感里煎熬得很厉害，无处倾诉，十分苦闷，只好在电话里跟我们倾吐。北京广州相隔千里，大家工作都非常繁忙，没有办法专门跑到广州去开解她，我和王昆只好轮番在电话里做她的思想工作。直到有一天，我们在电话里发现她的情绪不对，十分低落，后来连电话也联系不上，最后没有办法，直接联系了广州市的有关同志帮忙找她，最后在珠江边找到了徘徊一晚的她。她对人的真心付出，由此可见一斑。

　　1998年，她从艺60周年，我和王昆专门飞去广州，为她祝贺。庆贺会上同时举行了红线女艺术中心落成典礼。这些年来，红线女也依靠着这个艺术中心切实地为粤剧做了很多实事，她热爱舞台热爱粤剧，为了粤剧可以生死相许，听说她去世的当天本来还安排了晚上的演出。前些年，只要有粤剧来演出，她总会亲自上台或清唱一段，或讲几句，哪怕是只言片语，观众都能感受到她对粤剧事业的挚爱和奉献，而每次她来，只要我和王昆身体允许，也都会到现场出席，为她加油鼓劲。

红线女之所以形成自己的红腔、红派，不仅是因为她戏曲演出的剧目、演出的实践特别多，还因为她的演出有创新，不落窠臼。她转益多师，吸收各种艺术养分，在学习上特别刻苦，在艺术的追求上始终求真求实。

今年是2014年，从1954年认识到现在，已经整整60年了，60年一个甲子，我们这样珍贵而纯洁的友谊持续了半个世纪还多，想来实在是令人唏嘘感慨。到我们这个年纪，就自然规律而言，身边的好朋友是越来越少了，但去年冬天，红线女去世的消息传来，我和王昆都不敢相信，十分悲痛，毕竟那之前不久我们还在北京见过面，她还和王昆相约吃饭……身边的工作人员安慰我说，红线女这样突然离去，也算是一种幸运，至少没受什么病痛的折磨，至少留给我们的印象永远是那么美……话虽如此，但是我和王昆都觉得如果可以，我们宁愿她不是幸运的，那样至少不会那么突然地离开，至少我们还能多见几面……

惊悉红线女去世时，我已经98岁，医生严禁我出院；老伴儿王昆年近90岁，以轮椅代步。我们再三叮嘱鼎盛代我们送老朋友红线女一程。看到鼎盛在追忆会上说"母亲红线女与祖国荣辱与共，善始善终"，道出了我们的心声。红线女的葬礼，我们因为年事已高，没能到广州再送一程。今年知道马鼎盛要出一本有关纪念红线女的书，我和王昆想起与她相处这些年的点滴，病榻中仓促成文，权作纪念。

周巍峙（原文化部党组书记、代部长）口述
王昆（周巍峙夫人，著名歌唱家，延安时期第一个"白毛女"）执笔
2014年7月23日于北京

高光时刻:《军情观察室》荣获2014年凤凰奖最佳栏目大奖

《母子相知六十年：我和母亲红线女》提要

导读：

  "一世人，两母子"，在母亲红线女的追悼会上，赫然是中共中央政治局常委会全体成员送出的七个悼念花圈，母亲备极哀荣，国家对"劳动人民的红线女"盖棺论定。而我在代表家属致悼词中当场加入"母亲与祖国荣辱与共，善始善终"的定论。我对母亲的认识历经60年，妈妈对小儿子作为军事评论员，在中外媒体百家争鸣之中脱颖而出，相信也有一个甲子的"产品检验结果"。是为本书的思路。

  知子莫若母。"好盛仔，牵记我"，是母亲从日本寄给四岁小儿子的照片上的题字，这个小宝贝从小给她能说会道的深刻印象。多年以后，母亲回顾我读幼儿园时讲述一个小兔子的童话，绘形绘声表演，颇有梨园家风。出于美丽的误会，母亲冒昧推荐我给周总理说相声，结果从中南海说到去北戴河的专列火车。2013年11月底，母亲出席我一个国防现代化的讲座，这已经是她老人家临终前几天了。长久以来，母亲对我演讲事业的关注是从中外报纸杂志、电台、电视台到大学、楼盘推销商务及文化中心，从中国广州到马来西亚。母亲在晚年给我题字"为人民讲历史是最大的幸福"，知我者，老母也。

  60多年来，我们母子聚少离多。因父母离异，我只有1955年底到1957年7月、1978年至1989年和母亲同住。从我8岁到29岁，有时节假日探亲回广州拜见老娘而已。我在不惑之年定居香港后，母子工作都忙，见面的机会寥若晨星。即使同进一家门，母亲也不清楚小儿子哪儿来的那么多意外"惊

母亲去日本工作时给4岁的马鼎盛寄回的照片

1959年我（左一）、姐姐、哥哥（右一）与母亲合影

喜"？自打懂事起，就是何婶照顾我的饮食起居（她是我二叔的小妾，20世纪四五十年代给父亲管家）。1957年听说何婶要回香港去，我闻讯大哭大闹"我要何婶"，一边收拾衣物冲出家门。全家上下莫名其妙，成年后的我也不知为何此事会惹母亲生气。再就是我当众讽刺画上"百花齐放"的折扇是"十花都冇"，叫母亲的同事和上司大惊失色，红线女八岁的儿子何出此言？一顿"藤条焖猪肉"下来也问不出个所以然。祸从口出之最，是我大骂班主任，将"打靶冯知廉"写上黑板。刚刚读广州学校的马鼎盛知道"打靶"就是枪毙，可我为什么要杀冯老师？瘦弱斯文如小学生，年龄才十八九岁的冯姑娘得罪谁了？班主任来家访，我早把狂悖犯上的劣行忘个干净，还拿糖请冯老师吃。母亲气得没话说。这熊孩子非送去首都受教育不可。我从三年级读到小学毕业，学习成绩中上而已。珠三角孩子的体质，在北京儿童眼中不堪一击。若论组织性纪律性更是我的短板，年年操行评分都是"优、良、中、差、劣"五个等级的，我也就是刚刚及格，差一点儿就该受处分了。同学们在三年级陆续加入少年先锋队，即使调皮捣蛋、功课在中下游

的，在四年级也凑凑合合地戴上红领巾。哪有像我这样熬到五年级学年大考成绩公布那天还没被批准入少先队的。母亲没盼到喜讯，却收到"妈妈你不要结婚"的"造反"通知书。为了不再失控，母亲打长途电话叫我回广州读初中。十二年来我第一次对母亲说"不"。其后在我初中升高中时，母亲当面叫我离开北京回家。虽然到8月底还没收到入学通知书，我毅然登上北上的特快火车，坚信能够考上北京的高中。母亲知道小儿子的牛脾气，几个月前在父亲马师曾的遗体告别仪式上，我拒绝同后妈站在一起，大闹灵堂的破事尽人皆知。当年母亲肩负戏剧改革重任，实在无暇分身管教青春叛逆期的初生牛犊。到了"文化大革命"的年代，"日月不圆我的家难圆"（样板戏《红灯记》唱词），"阶级斗争"为纲毒化了母子关系（详见"不准姓马"段落），我被"发配"到粤北山区去建设共产主义，连革命化春节也在韶关地区工厂度过。1977年，母亲在"清查与'四人帮'有关人和事的政治运动"中陷入冤案，她心里没鬼，并不慌张。但是听说马鼎盛在工厂被当作头号清查目标，查红线女的人如果从她儿子身上找到突破口，母亲真不知道怎样逃脱无妄之灾。"好盛仔，牵记我"的题词就这样一语成谶？总之，小儿子太能折腾了。

　　母亲从没想过让马鼎盛接父母的班；但是这孩子喜欢唱，也能唱两句。他不过看了两场《关汉卿》，没人教过他一句，几年后鼎盛当面清唱给母亲《蝶双飞》，八分钟一气呵成，只字不差。看罢《山乡风云》，作为小儿子我哼着："山上日前打一仗，手又伤来心又寒，保住老巢防共党，加强实力买机枪。"母亲斥责："你怎么学这个！"我得意忘形说："丑生唱过，我还会'不是毒蛇不过社，老子有名斩尾蛇，恶霸山乡谁敢惹，反共联防靠老爷'。"眼看老娘要发火，连忙唱几句"红腔"："群山内众乡亲重重苦难，群山外春雷震战马奔腾。"母亲回嗔作喜，马上带我去唱给书记听。中共九大前夕，全国城乡掀起学唱革命样板戏高潮，我们村排练京剧《红灯记》，我饰演李玉和并教广东省乡农们扮演李铁梅和李奶奶。回广州将"刑场斗争"一大段唱给母亲听。女姐（粤剧戏迷习惯亲切地称红线女为"女姐"）毫不客气笑骂一番，同时认真教我化装李玉和。在纪念马师曾100周年和110周年的系列活动中,母亲鼓励我登台学唱《搜书院》之"步月抒怀"主题曲,其间,不论何时何地看我唱粤剧,母亲从来没教过一句。最难得一次与母亲同台演出,是在广州红线女艺术中心为她庆祝86岁寿辰,女姐要求艺术中心内全体员工都要上台宣传粤剧文化,我请母亲客串《苦凤莺怜》里的冯彩凤角色,配合我唱余侠魂的"我姓余"主题曲,看着马师曾儿子扮鬼扮马直情(广东话:简直像)马老大上身,女姐笑弯了腰。我们母子感情纽带维系在马、红粤剧文化之中。

我对母亲的记忆之初是在香港,一张养和医院出生证明(出生证)告诉我,我是口衔银匙出世的。当年红线女红得发紫,为我满月摆酒宴遍请粤剧界、电影界和歌唱界名流捧场不说,还全程拍摄电影放在市场公映。母亲回归内地发展则是当时头条新闻,报纸杂志电台记者追访女姐离开香港北上的火车,从尖沙咀、沙田、大埔一直跟踪到罗湖,翌日的报道占据头版,而且还是图文并茂,满足香港人的关注点。母亲与父亲分居在外后,成立"真善美粤剧团",后来我才知道,非常大男人主义的父亲从母亲的班主、教师爷变成"真善美"的打工仔,女姐成了说一不二的女强人。

1956年《搜书院》之"步月抒怀"剧照,红线女演翠莲,马师曾演谢宝

红线女请毛主席为她手书座右铭"劳动人民的红线女",作为终生奋斗目标。女姐受金日成、胡志明邀请,以此她作为中华文化艺术大使,带粤剧团出国巡回演出。现代粤剧《山乡风云》是戏剧改革成功的典范,全国各地有20多个兄弟剧种纷纷移植演出。但是后来被江青否定,不准粤剧《山乡

风云》拍成电影。母亲不能唱戏了,连红线女的名字也被取消。叫她去当官——广东省文化局副局长,考核粤剧大老倌(广东话:知名演艺人员)够不够条件唱样板戏。但是红线女在逆境中毅然履行人民代表职责:上书毛主席,为老区山区农民请命。

粉碎"四人帮"后,红线女虽遭到政治诬陷,但由于她粤剧艺术生命的正能量仍为国家所需要,仍为人民所喜爱,在海外影响巨大,女姐因此力

《山乡风云》剧照,红线女饰演刘琴

争重上舞台,开戏剧个人专场的先河,率粤剧团上北京"独唱会"汇报演出并出国登台表演。几十年来,红线女不断培育粤剧新苗,组织新秀剧团,传承粤剧文化,无论在人生高潮或低谷,矢志不渝。她重返香港,万人空巷,受邀做贵宾登上皇家邮轮,尽显女姐本色。1987年,《南方日报》刊登整版署名长文,由红线女细说周总理20年教诲。报上一并报道广东省委在政治上为红线女平反的经过。邓小平同菲律宾总统会谈时,特地提起红线女叫他别抽烟的故事,展现中国领袖对人民代表的意见虚怀若谷。我则从中感受到母亲在中南海及东南亚的分量,强调"粤剧姓粤",也是女姐安身立命之本。母亲赞许徐小凤的歌《顺流逆流》①,女姐本人对"几多艰苦当天我默默接受,几多辛酸也未放手"感同身受。她带着粤剧团在广州文化宫露天剧场免费演出,只有三成上座率,也坚持认真演出。我劝她老人家年老体弱就不要四处奔波,母亲正色道:"不搞粤剧,活着干啥!"

---

① 《顺流逆流》是由蔡国权作词作曲,中国香港歌手徐小凤演唱的一首粤语流行歌曲。

"粤剧大家红线女和军师仔马鼎盛"

编者题解：

　　大师不足以标记红线女。女姐远不止唱腔出色，她活到老学到老。步马师曾后尘，从艺75年来，她为弘扬粤剧文化，一步一个脚印，终于完成了演员、编剧、导演三位一体的"红派"粤剧艺术的征途。东汉女历史学家、文学家、政治家班昭被世人称为"大家"。今天，"劳动人民的红线女"盖棺论定，不愧粤剧大家之称。

　　红线女的儿子马鼎盛，幼承庭训，被中华百年屈辱史激发爱国主义精神，从大学时代起研究近现代军事历史。马鼎盛在几十年的媒体工作经历中，发文发声点评中外军事新闻。他点评过海湾战争、台海危机、车臣战争，特别是伊拉克战争，在海峡两岸的华文电子传媒的百家争鸣中脱颖而出，被母亲红线女戏称"军师仔"。马鼎盛倾慕以平民论战的曹刿，秉持天下兴亡匹夫有责的家国情怀，在关心国家大事方面与红线女有越来越深刻的交集。

干戈寥落四周星

禾久田威逼利诱　马、红爱国情操

红线女第一次与马师曾会面,她回忆是1942年师父何芙莲引见于广州湾(现在湛江市)。其实我父母的认识,可说是未见其人,先见其字。1939年夏天,我外婆谭银彩做主带小女儿邝健廉(红线女)投靠弟弟靓少佳学粤剧糊口。我舅公全家住在香港九龙城衙前围道的洋房,母亲看见马师曾手书爱国诗篇在大厅当眼处。在小戏迷邝健廉的心目中,粤剧大哥马师曾的字号早就如雷贯耳。20世纪30年代,马师曾经常上广州为抗日军民义演,更是向抗日前线将士定期捐款,少女邝健廉耳闻目睹马大哥的侠骨丹心。

靓少佳和马师曾喜爱的南宋无名氏题壁诗,文曰:"白塔桥边卖地经,长亭短驿最分明。如何只说临安路,不较中原有几程。"文字通俗易懂,无非说驿站旁有里程表出售,但是人们只看通往南宋首都的路,却忽视北宋故土的行程。明显是讽刺南宋士人向往歌舞升平的偏安局面,不思靖康之耻。读到初中一年级的邝健廉看马师曾的行书也没有难度。当年抗日救国的社会背景令靓少佳和马师曾都欣赏这首爱国名诗,所以前者请马大哥挥毫,"酷嗜"此诗的老马正被搔到痒处,以其不失雅颂遗音,一挥而就。14岁的邝健廉对于该诗词的国恨家仇感同身受,对马师曾爱

马师曾书法款识:此宋人无名氏题壁诗,靓少佳同志尝嘱我写,余亦酷嗜之,以其不失雅颂遗音

国忧民之心十分认同,已经引为知己。有这样以天下为己任的粤剧前辈珠玉在前,父亲还用担心我成戏不成人吗?

〔此处简单介绍靓少佳同何芙莲等人关系:1938年广州沦陷,靓少佳(1907—1982)应美国华侨首领司徒美堂的邀请,率粤剧团到美国纽约、洛杉矶、旧金山等地演出。靓少佳不懂英语,当地年轻美貌的何芙莲酷爱粤剧,最喜欢小武戏。靓少佳演出,她每场必到,何芙莲主动当导游,常开车约少佳去旅游。未几,靓少佳便迎娶何芙莲为二房太太。1940年靓少佳带爱妾何芙莲到澳门拜见父母,父母和妻子很反感,不许何氏入屋。靓少佳只好在外面租屋,并安排何芙莲在胜寿年剧团任二帮花旦。1942年,靓少佳应邀到越南演出,与郎筠玉(1919—2010)长期合作,后纳郎筠玉为三太太。1946年,靓少佳在越南堤岸(今胡志明市)买屋定居,并把在广州的母亲接到越南。红线女到越南探望外祖母和舅父,也曾在靓少佳剧团演出。1949年靓少佳返广州,何芙莲留居港澳另外择偶。〕

红线女师父何芙莲

我在学龄前听到父母唱流行的粤曲小调,很容易上口,例如他们合唱《马牛戏婚》。

旦:"银灯初着,便上情场混。打扮得美丽,仪态惊人,装成大方将人引。鬓影衣香,形象确迷人。迎人笑口,时时浅笑轻颦。举步,似无穷恨,行就两便行,媚眼望人回头,似寻人。"

生:"不知混沌还是够运?讲出情由真是有引了。我阿爹未发达时,铺张席在街瞓,我穷困到心都震。他中马票,吓坏人。佢中马票,中百几万银,洗脚洗脚唔抹,唔抹瞓。"

又如,《搭错线》。

马:"我唔乡里。学足洋化味。脱佐个套薯莨,着老西,零舍派记都好少理。持钱多,慌拒驶唔去。日日炖鹧鸪,憎拒有离味,西餐至正边间至靓,我初尝试。口味要日日新鲜,唔吼咯的十元四味。来到大酒店。睇见成间顶拢,唔通今日撞正墟期。"

几十年后还记得几句,其中不乏古文雅语,好像"鬓影衣香""浅笑轻颦"具有马派特色。父母在剧中人的情侣角色,你侬我侬,可惜在日常生活中难得一见。

在我不惑之年回香港定居后,同母亲见面少了,不知从何时起,她提起父亲开始用敬语,口口声声"马院长""马老师"。以下摘录红线女《喜庆马师曾老师百岁诞辰回忆马师曾艺术创作点滴》一文:

2000年4月2日,是马师曾先生诞辰100周年,回忆我与他初次见面,已是近60年前的事了。1941年底,日寇侵入香港,我师父莲姐(何芙莲)和靓少佳三哥靠演戏度日。到澳门成立义擎天班,我担任小花旦。后来,莲姐被太平剧团的马师曾前辈聘请到广州湾(现湛江市,当时是法租界)演出。1942年3月,莲姐带我去宿舍排戏,我带着好奇心,希望能一睹大老板的风采。不久听到三楼有人下楼,抬头望去,看见一位40岁开外站着的,方面大口、神采飞扬、不修边幅、趿着拖鞋,十足广州"西关大少爷"。过去我在电影里看到的马师曾戴着眼镜,此刻他脸上虽然少了副眼镜,我还是第一眼就认出他,我几乎跳起来叫道:"呀,马师曾!"

这次排演《刁蛮公主戆驸马》。马大哥在排戏时总是严肃地教人:"阿莲(对莲姐的称呼),不是这样,你应该带着刁、娇二气对我讲这句对白。""喂喂,你应该从这边转身,生气地走过去才对。"我看着心里高兴,因为很新鲜,又有东西学。但是,我也发现莲姐难以配合。看到马大哥排戏和演出,我逐渐感到他和别的大老倌明显不同。他演起角色就不是马师曾了,他演出了不同角色。在《刁蛮公主戆驸马》一剧中他扮演的戆驸马,既演出了虎将的威风,又表现了人物在特定情景下那种憨直、憨厚、调皮的性格。他在《苦凤莺怜》中扮演余侠魂这个社会地位低下的市井小人物，入木三分地刻画了他的无知却又有点儿小聪明，为了给被奸人所害的冯彩霞申冤，挺身而出，仗义执言，虽为此被打得几乎丧命也义无反顾。他的表演给观众带来了焦急忧虑，也带来了喜悦欢快。马大哥这种从生活中提炼，并进行艺术夸张的表演，毫无矫揉造作。对马师曾前辈的这些深刻印象，一直成为我从艺60年来学习的榜样，我从中体会到，戏曲的唱、念、做、打都是为了塑造人物形象。

1942年5月，日本驻香港特务机关报道部文化艺术班长禾久田，由汉奸带路去到广州湾（广东省湛江）威逼利诱马师曾，叫他返回香港，为日本"皇军"做大戏，给日伪政权粉饰太平。马师曾偷渡离开香港之前，曾留下信件给禾久田，说："我一人做事一人当，不要因此连累他人。"日寇当局严厉控制香港文化界人士，强令粤剧上演，更组织文化界代表团上广州庆贺日伪政权成立的纪念活动，企图在宣传战、心理战方面打赢中国政府。而马师曾作为香港粤剧界的"大哥"，不但成功到达抗战大后方，还坚持演爱国戏剧，并高调发表抗日言论，令日伪当局颜面尽失。当时在战场上不可一世的"皇军"不甘心在文化战线吃瘪，禾久田迫切需要马师曾回香港演出给他遮羞。

禾久田自认为有大把理由说服马师曾，他看到在广州湾唱戏的环境相当恶劣，战争时期的城镇不能长期养活戏班，老马要去四乡巡回演出，在农田中搭起竹棚做舞台，乡村观众又出不起多少钱包场，整个戏班也只能混口饭吃。

禾久田游说马师曾：你在香港那十几年做大戏的条件一级棒，那舞台、灯光、布景以及剧场座位，是多么舒适。个票房系夜夜都满座，保你赚到盆满钵满。你看看如今留在香港多少大老倌都继续揾食啊。大家都在香港安居乐业，叹世界，你马老大何必在此捱世界呢？

禾久田看准了马师曾走难几个月，经济状况已经山穷水尽，日本人就利用他的弱点，用香港粤剧市场利诱马师曾。在广州湾地区，粤剧人才甚少，马师曾想找女主角搭班，何芙莲当时都没兴趣。她的徒弟红线女当时只不过是个第三、第四号的梅香角色，马大哥也要屈就用作拍档。"回到香港，你想搵花旦又系大把：唐雪卿、上海妹、余丽珍、谭玉珍、卫少芳、蝴蝶女任你挑选。老马如果返香港做戏，舒舒服服搵大把钱。仲有（粤语：还有），你喺香港正金银行那些存款，都够你使啦。"

日本人想不到马师曾做人那么有原则。正如孟子曰："富贵不能淫，贫贱不能移。"

禾久田拿出武力威胁的王牌说："大日本皇军在太平洋战争中大杀四方。不但占领香港，又占马来西亚。炸完珍珠港炸香港，又炸新加坡。连大英帝国舰队，世界超一流的'威尔士亲王号'战列舰与战列巡洋舰'却敌号'及4艘驱逐舰，被日本飞机两个钟头通通炸沉。白种人殖民地在东亚玩儿完了。国民党兵败如山倒，你马老大识时务者为俊杰吖。"但是，孟夫子还说"威武不能屈"，这句话给了马师曾坚定的民族气节，他立即避入国军控制区，抗日大后方。邝健廉目睹马师曾卓尔不群的爱国主义壮举，敬爱之心更深。

红线女仰慕的粤剧前辈如薛觉先、唐雪卿等没能及时逃离日寇魔掌，被禾久田拿来做宣传。马师曾冒险犯难偷渡出走，就是不甘心一身清白被敌寇玷污。几十年来人们提起文艺界抗日义士，无不盛赞梅兰芳蓄须明志、马师曾毁家纾难。梅兰芳未能逃脱日寇控制，被押着去广州被日伪做宣传，但是始终拒绝演出，实在难能可贵。

马师曾为了反抗日寇侵华毁家纾难，他不惜代价逃脱日军的魔掌只是受磨难的第一步。中华民族为抗日战争牺牲三千万军民之外，五亿中国人还要承受战争时期的难民之苦。母亲在自传中记下她难产的九死一生。1944年秋，日军逼近广西八步镇，我父母逃到几十里外的半路墟，藏身废弃锡矿里的泥土屋。马师曾患病吐血，红线女即将临盆，喝一碗稀粥都要借米下锅。母亲难产时找不到医生护士，连乡下接生婆也没有，煎熬了12小时才生下我姐姐马淑明（红虹）。母亲产后发高烧，跟着恶性疟疾。没有药物，她在昏迷中被房东赶出屋，怕死在房间不吉利。红线女被放在田头等死，父亲苦苦哀求才获准将产妇抱回室内。母亲失忆、失声了十几天。父亲在她耳边哼着"木瓜腔（古老的粤曲，是学徒基本功）"，慢慢唤醒她记忆。患难夫妻的真情来自抗日爱国情怀。

粤剧界对所谓"薛马争雄"的偏见，母亲很是反感。她指出，从粤剧流派之争看20世纪30年代省港打对台戏的历史，根源于国民党当局对马师曾敲诈不成后导致马师曾被禁演。1934年马师曾带领太平剧团上广州献演，宪兵司令部勒令先交50 000港币保护费。老马一怒之下拉戏箱回香港，八年绝迹广州商业演出。竭尽全力改革粤剧的编导演制度，推动香港粤剧文化发展。薛觉先也是推陈出新的粤剧大师，他不时编新戏南下香港同马师曾打擂台。一时以名剧《三伯爵》《战地莺花》激发马师曾编《神经公爵》《天国情鸳》抗衡。马师曾则用《轰天雷》逼出薛觉先的《红光光》。后来薛觉先编写爱国思想的"四大美人"戏，马师曾则编写《爱国是侬夫》《还我汉江山》《汉奸的结果》等剧目号召抗日救亡。红线女指出马薛打擂台促使两大流派

《四大美人》之昭君（红线女 饰演）

茁壮成长，更令两地粤剧观众喜出望外。珠三角粤剧迷不会错过届时到香港躬逢盛会。至于新世纪所谓"薛、马、桂、廖、白"，号称粤剧五大流派。红线女指出，"薛、马"之外难称粤剧大流派。以表演艺术的个人风格、广泛的知名度和技艺上的创新三项条件而论，后三子还欠火候。

抗战胜利后，八和会馆在广州复会，由于香港沦陷后，薛觉先曾在港演出三个月，有人要算"落水伶人"老账。马师曾力排众议说，你们不选薛觉先当八和会馆副理事长，我也不当会长。可见"薛马争雄"并不妨碍两人情谊。1956年马师曾送薛觉先挽联是：当年角逐艺坛，犹记促膝谈心，笑旁人称瑜亮；今日栽培事业，永怀并肩岁月，悲后学失萧曹。

红线女在1985年其自传中回顾马师曾逃离日军占领的香港远走广州湾，再逃避日本文化特务追捕躲进内地，红线女跟随左右，一同度过三年颠沛流离的苦难历程，为了抗日救国，马师曾红线女可谓义无反顾。战乱时期的马师曾剧团，让半路出家学戏的红线女突然替身做正印花旦，马师曾很少教她粤剧表演艺术，但在舞台上身教却令红线女终生难忘。"马大哥一个眼神、一个手势，都与角色和谐协调；他忽男忽女角色转换表演得惟妙惟肖，自然影响和带动我的情绪反应。"善于偷师的红线女，在舞台实践中迅速取得了观众认可和马师曾嘉许。《红线女自传》走笔至此，"我和马大哥同居了"。

红线女在《喜庆马师曾老师百岁》的长文中极力推崇马老师是粤剧奇才。她庆幸有机会与马大哥同台合作，演出他自编自导的40多出戏，越向他学习越感到他的演技深不可测。

1948年《审死官》，图中马师曾红线女饰演宋世杰夫妇

马师曾在《审死官》中扮演宋世杰一角，在人物处理和表演手法方面，都与其他剧种迥然不同。宋世杰为寡妇申冤，扭尽六壬（广东话：绞尽脑汁）斗倒几个高官，秀才战胜四个进士。马师曾以丑行应工[①]，塑造了这个刚烈正直又

---

① 应工，是指演员本来演这一行当的角色，有时也突破行当去串演非本行的其他角色，如生行应工时要演花脸戏，旦行应工时要演小王子戏，净行应工时要演老生戏。

颇具幽默才华的人物，他发挥嬉、笑、怒、骂的表演艺术，使《审死官》成为粤剧别具风格的喜剧，这是马师曾在舞台艺术中的杰出创造。我做小学生时看过父母亲排练《审死官》，红线女饰演宋世杰老婆，表演无知泼妇的形象叫我大开眼界。半个世纪后周星驰在他的电影《审死官》里运用马师曾独特的表演手法向粤剧老前辈致敬。

红线女回忆与马老师同演时装戏《野花香》，少说也有五六十场，他扮演古文教授姚其深一角，从庄而重之地责妻训子，到初遇"野花"时的不屑一顾、目不斜视，后来被"野花"诱惑得欲火中烧，从而与他所谓的"尊严"在内心展开激烈的冲突，真如抽丝剥茧，层层深入。当"野花"拿起他的文明棍把他拖入内房去的刹那，观众席上响起"伪君子"的满堂斥责和慨叹之声，可见马老师表演人物所产生的深刻效果。此剧演到姚其深为把"野花"据为己有，迁怒于其子侄，最后责打家人甚至拿起文明棍驱逐其妻，每次我都站在上场门欣赏、学习，感到马老师演戏确实投入了真情实感，他的表演手法是写实派，但是又融入了恰当的粤剧表演程序，具有非常感人的艺术魅力。

所以，姚其深这个人物的表演具有浓厚的生活气息，但其动作、语言又体现出他是舞台艺术中的人物，而不是自然主义地模仿生活中常见的人。从马老师塑造姚其深一角的艺术表演，丝毫看不到他与塑造宋世杰那个角色有任何相像的地方。还有，马老师饰演《佳偶兵戎》的王子一角，充分展现出角色是个威武英勇的战场猛将。他还在剧中反串庙祝公的老婆，向王姑（王的未婚妻）诉说一个妇女失婚的痛苦，此时他表现的却是一个令人同情的村姑，而不是那种令人讨厌的"八婆"。由此可见，马师曾老师即使扮演那些市井底层的人物，也在表演艺术上恰当掌握其层次内涵，极少卖弄那些无聊庸俗的噱头。

他还演过《三娘教子》里忠诚维护少主人的义仆薛保（公脚[②]），演过降汉不降曹的关云长（红生[③]），演过见利忘恩、卑鄙无耻的洪承畴和《拾玉

[②] 公脚，一个表演行当，在早期粤剧十大行当中属"末"类，又称"末脚"。
[③] 红生，生行里擅长演关羽戏的演员被称为"红生"。

《三娘教子》剧照

镯》中的刘媒婆……红线女在台前幕后都耳濡目染深深受教,从马派粤剧艺术吸取能量,打造红派体系。近年省港两地都有关于红线女的历史剧面世,其中有关马师曾红线女回归祖国一场戏,描述马师曾不愿意离开香港,而红线女晓之以大义、动之以利害才说服马师曾一同北上。我观看后当即向两个剧团的编、导、演及广州有关领导反映,这幕舞台剧严重失实。当时马师曾回归祖国的动力更大而阻力较小。老马在香港日占前十年,演艺事业如日中天。战后马师曾业务大不如前,对香港不甚留恋。红线女反倒是留在香港的利益瓜葛甚多。我提议马、红回归一幕可以另辟蹊径如下:

故事梗概为红线女表示决心回归祖国,力劝老马同行,责问老马:怎么能辜负周总理期望？广东粤剧院院长虚位以待，你编、导、演三位一体的特长可以尽情发挥……马师曾暗笑她错怪好人，反过来假意向她提出五个难题：

1.你在香港做大戏、拍电影、灌唱片，红透半边天，返回内地几时轮到你拍电影？

2.你买下整个山庄及多处物业是多年积蓄，突然出走难以出手会损失惨重。

3.你还有多部电影没有拍完，一些唱片录制还有收尾工作，娱乐圈人情债未还清。

4.近年来你财源滚滚，广州剧团的大老倌薛觉先、白驹荣、靓少佳才有几多薪水？你怎么继续接济邝家三代人？

5.你那电影明星男友会不会跟你上内地？

红线女誓言：为粤剧艺术生命，不惜放弃一切。反问老马：只怕你的风流债未能还清。老马拍案而起：我依家（广东话：现在）无债一身轻！阿贤哥帮我全部搞定。红线女：我睇都哚上边的诚意（中国政府为请马师曾回归，通过何贤援手）。马：不是诚意。红：哈？马：是盛意。红：盛意拳拳。马：广州那边住房都帮我租定了，下礼拜我就走马上任！红：讲笑咩你？马老太爷他也会走？马：他在澳门有何贤先生关照，又有人服侍。你放心。我是父母在，亦远游，游必有方。当年国民党赶我出广州，今天共产党请老马回归，必定"老骥伏枥，志在千里"。红：我也是当机立断，尽快执埋（广东话：结束）的首尾，回广州安身立命。

我借老马之口向红线女提出五个难题，为了强调女姐为回归祖国追求新的粤剧生命，不惜抛弃在香港的荣华富贵。尤其是电影明星黄河追求红线女失败制造自杀新闻，娱乐圈媒体推波助澜争相炒作施加压力，等等。这等戏剧效果绝无仅有。

应该再补充马师曾登报纸斥日本贵族院议员事件。1936年5月19日，马师曾发表公开信斥责日本贵族院议员三上参次。由于三上向日本贵族院提议："为维持日本皇室尊严起见，称呼中华民国有碍日本国体之尊严，应请日本外相向中华民国提出劝告，将中华两字改称支那。"马师曾闻讯大怒，遂以公开信教训三上参次说：我中华民国的国号命名是包括汉满蒙回藏五大民族以成。对世界各国无丝毫干涉。老马在信中痛斥三上参次该提案是最无聊、最可怜之举。这封抗议信"马师曾致日本贵族院议员三上参次"同时去稿香港各大报馆，刊登者有《华侨》《大光》《大众》和《华字》等爱国报馆（香港文化博物馆藏抗议信原件）。

日本贵族院议员三上参次的辱华提案及马师曾实时抗议信件的大背景是东北沦陷、华北危机。

1935年6月，国民政府军委会何应钦与日本华北驻军梅津美治郎签订丧

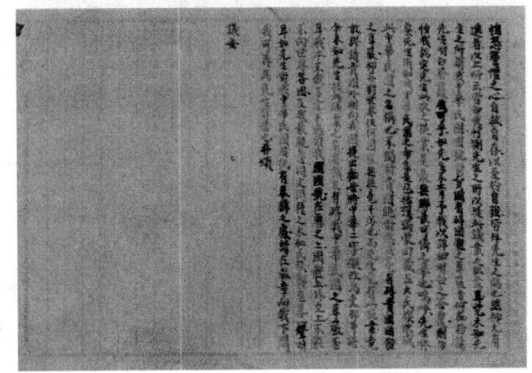

马师曾抗议日本议员信件的手稿

权辱国的"何梅协定"，中央军9月撤出华北。1935年6月，国民党政府颁布《敦睦邦交令》，宣布"以文字、图画或演说为反日宣传者，均以妨害邦交罪论处"。

1936年5月12日，成吉思汗第三十世孙、察哈尔省（今内蒙古自治区）德穆楚克栋鲁普亲王（德王）在日军支持下成立"蒙古军政府"并自任"总裁"，独立于中华民国中央政府。综合上述事件可知，三上参次的辱华提案是配合日本侵华的宣传战的一炮，而马师曾实时抗议日本公开信则是抗日爱国民众反宣传战的投枪。老马冲破国民党政府的《敦睦邦交令》，是他笃信"时穷节乃见，一一垂丹青"。

老马敢作敢为的性格气节，红线女晚年津津乐道。

马、红小儿弥月席

母亲红线女的生辰和忌日都在12月,亲友纷纷缅怀同"女姐"共聚的时光,我在香港的"粤语长片"中有重大发现,1952年母亲拍摄电影《鸾凤和鸣》,她扮演乡下妹,反抗大都市"道德协会会长"逼婚,在隆重的婚礼上连唱带闹,终于同张瑛扮演的情人结婚。在满堂宾客中一个西装革履的小男孩坐在太师椅上,有两三个镜头扫过,本来以为这就是我三岁的处女作,最近才知道我早就和父母亲拍过电影,而且是名正言顺的男一号。

1949年4月12日,父亲母亲大摆宴席,遍请香港的南国影星,顺手拍了电影《马师曾红线女公子弥月庆典》,也是借汤饼会联谊亲友的盛意。英文名称*One-month-old Celebration of Emoji Ma Si-tsang and Hung Sin-nui's Baby*的片中尽见当日星光熠熠。据香港电影数据项934号介绍:该片首映日期1949年4月27日,刚满月的马鼎盛身边围绕的都是天王巨星,不能尽数。跟着粤剧丑生李海泉随喜的儿子李小龙才八岁半。香港电影文件馆存有该影片的记录,可惜没有拷贝。盼望有心人能提供有关线索,哪怕是当年报刊的文字记载,敬请示下,我必重谢!母亲后来对我说,生你姐姐那时兵荒马乱没有汤饼会,现在你的弥月庆典高朋满座,等于补办我们一场婚宴。确实,当年香港的大舞台、大屏幕正是马师曾红线女纵横驰骋的天地。为马鼎盛拍摄满月酒的游戏之作,背景是马师曾红线女波澜壮阔的电影生涯。

马师曾电影作品包括编、导、演,共63部。在我出生时已经拍了三十多部,依次为:《纨绔子弟(贤妇)》(1935年)、《野花香》(1935年)、《妇人心》(1936年)、《斗气姑爷》(1937年)、《龙城飞将》(1938年)、《最后关头》(1938年)、《风骚博士》(1939年)、《医死阎罗

《慈母泪》电影，红线女和李小龙出演

王》（1939年）、《侠血英魂》（1939年）、《摩登女招夫》（1939年）、《贼王子》（1939年）、《冷面皇夫》（1940年）、《洪承畴》（1940年）、《虎啸枇杷巷》（1940年）、《赢得青楼薄幸名》（1940年）、《宝剑明珠》（1941年）、《苦凤莺怜》（1941年）、《乡巴佬》（1941年）、《齐侯嫁妹》（1944年）、《最后胜利》（1946年）、《十年风流梦》（1946年）、《藕断丝连》（1947年）、《伶星大集会》（1947年）、《我为卿狂》（1947年）、《刁蛮宫主》（1948年）、《审死官》（1948年）、《四代同堂》（1948年）、《荆棘幽兰》（1948年）、《戏迷姑爷》（1948年）、《香港杀人王》

（1948年）、《宝剑明珠》（1949年）、《神经公爵》（1949年）、《刁蛮公主戆驸马》（1949年）等等。

红线女在拍电影方面起步比较晚，在生我那年只拍了《我为卿狂》《藕断丝连》《冤枉相思》（1947年），《梁山伯与祝英台（上、下集）》《荆棘幽兰》《刁蛮宫主》《审死官》（1948年），和1949年的《卓文君夜访相如》《拷打红娘》《夜吊白芙蓉》《小青吊影》《六月飞霜》等十几部。但是年轻的红线女后来居上，在其后6年中一口气拍了近百部电影。其中有《野花香》《秋》《我是一个女人》《慈母泪》《原野》等佳作。

马师曾拍摄电影《爱》（上集）同饰演他儿子的李小龙有一场教他武打的戏。当年李小龙来我家吃饭，十四五岁的翩翩少年有时像调皮的大孩子。正在读小学二三年级的鼎昌、鼎盛哥儿俩，同一米五几的李小龙没大没小混闹在一起。李小龙讲笑话是张嘴就来，刚刚好窗外有小贩叫卖"豆腐花——"，他应声喊道"包粟"（谷），连马师曾也不禁捧腹大笑。广东话粟和馊同音，豆腐花很容易馊，如果不幸遇到叫卖老玉米"包粟"的同行，豆腐花小贩避之则吉。看到自己的笑话出彩，李小龙正色道，有武林高手笑得不同凡响："黑古勒掘"（广东话：黑不溜秋）是粤语常用，李小龙怪笑"古勒掘掘……掘掘、掘掘"，并强调那是异族内家高手的独门绝技，他不断怪笑的表情，逗得大家笑不可遏。此后几年间，李小龙怪笑"古勒掘掘——掘掘、掘掘"成为我们哥儿俩恶作剧的独家暗号。

我的大姐马淑述1937年10月8日在香港出生，那是日寇全面侵华的乱世。述家姐满月时，亲戚朋友及省港澳行家缙绅都纷纷道贺，父亲秉承祖母庭训揖告道贺者，如今国难方殷，不敢为小女言贺，若蒙错爱，请将贺仪（贺礼）径交有关当局，以表抗日救国之意。虽然家宴未能尽如人意，此时无声胜有声，为了不做覆巢之卵，马师曾把民族气节看得很重，一贯身体力行。

2011年春节期间，我女儿马平安的喜酌在广州花园酒店举办，恭请母亲首座，她老人家对长孙女的终身大事比我们两口子还操心。母亲对时下盛行的婚纱并不感冒，叮嘱孙女必须依照中华文化传统，原来她老人家早就跑到广州那家传统婚嫁礼服铺子，悄悄为马平安置装，大婚前夜还亲自教长孙女穿着打扮、举手投足。准新娘大吃一惊：衣服、裙子、绣花鞋有如量身定制！可见舞台艺术大师红线女的专业眼光不是一般"毒"。小妮子在婚宴上规行矩步，唯恐被人批评有失大家风范。老怀大慰的祖母红线女放下一头心事，忙着招呼亲友大合照。当时我把女儿在香港注册结婚仪式的影集拿给母亲看，她问道：你还请到梁振英去观礼，那不是特首候选人？我解释说香港的"猛人"同媒体接触得多，20世纪我为香港电台采访梁振英是为了制作"大中华专访系列"——《杰出华人成长之路》，其中有关的"杰出华人"都是中外各个领域的顶尖人物：学术界文化界的国学大师饶宗颐、代表人民写历史的柏杨、武侠文学大宗师金庸、历史文学家二月河；科技精英有诺贝尔奖得主李远哲、杨振宁，"数学界的诺贝尔奖"——菲尔兹奖得主丘成桐，诺贝尔物理学奖得主、光纤之父高锟；发财立品的巨商郭鹤年、马万祺；政界有新加坡前总理李光耀、中国台北市长马英九；表演艺术界有粤剧大师红线女、相声大师马季、电影歌唱双料天王刘德华；奥运金牌收割机李宁、伏明霞；还有香港特区行政会议召集人梁振英。十余年后，我主持香港电台《讲东讲西》节目并讨论时事话题时，请过梁振英做嘉宾，严肃的主题可以深入浅出谈笑风生，让听众放松享受。我向母亲解释在香港做传媒多年

2014年我在香港电台《讲东讲西》节目怀念红线女，请来嘉宾汪明荃（右一）、香港"无线电视"制作总监吴雨（后排左一）

的感受：千百万听众、读者和观众希望通过我们更了解有钱、有权和有知名度的"猛人"真实的行为及思维。"猛人"则要求媒体向受众传递他们的宣传，也有通过媒体卖广告的成分。而我的本行是历史界，务实求真是基本原则。在采访一位"猛人"时说：你们在创造历史，而我在写历史。

这时一位父执辈过来道贺说："女姐，恭喜你嫁孙女。"又对我说："阿盛，你越来越似马大哥那样，直情（简直像）关汉卿个副布衣傲王侯神气。"母亲摇摇头说："他从小就好为人师，现在还想学曹刿做王者师。"知子莫若母。

红线女为长孙女请到资深梳头阿姨，2011年初二清晨给她"上头"。到了喜宴上，我母亲认为美中不足，亲自动手给新娘子个髻执到正一正（调整好发髻），祖母还让她戴上珍珠项链和耳环，悄悄说"是借的"。事后小孙女将那份珍珠头面郑重地完璧归赵，乐得我母亲见牙不见眼道：傻女，那是给你留着传下去的。一贯不苟言笑的母亲在晚年常常谈笑风生。在孙女喜宴当天，她干了十多杯陈年茅台。

我小时候在香港读培英幼儿园，听英文童话故事 Snow White 的 "Mirror mirror on the wall, Who is the fairest of them all"。回家则有老祖母讲广东民间故事：说珠江三角洲河汊纵横，古时候靠小艇摆渡，乘客争坐中央。两个小贩作打油诗为难农妇，其一是卖咸鱼的说：难得见是仙鱼，易得见是凡鱼，零敲碎打是柴鱼，滋滋味味是咸鱼。卖零食的道：难得见是仙桃，易得见是凡桃，零敲碎打是核桃，滋滋味味是咸酸桃。这些本来就是小贩叫卖的口头禅。不料那农妇出口成章：难得见是仙人，易得见是凡人，零敲碎打是犯人，滋滋味味是女人。中西文化交融的香港给童年的我播下精神的种子。

1955年，我从香港圣保禄小学转学到广州朝天路小学，因为不懂普通话及注音字母，也看不懂简化字，所以从二年级降到一年级，还好我五岁上学，即使降班还是六岁重读一年级，比七岁读书的同班同学还是小点儿。

香港《真栏日报》1955年12月15日第一版，通栏大标题是"红线女昨携儿女含笑搭火车北去"。一共有7条消息，红线女占了第一版的约五分之六的版面。8张图片中，右上角是红线女和儿子马鼎盛在火车窗向送行各人挥手

1955年12月15日香港《真栏日报》报道红线女携儿女北去

道别。上中图片是红线女抱着六岁半的马鼎盛坐在车厢内。上左图是红线女和马鼎盛在火车站小卖部前。右下角图片是红线女拖着马鼎盛在罗湖车站等候，"昨晚没有睡好，小儿子有些发呆"。左图则是马鼎盛顽皮做鬼脸，红线女拖住他"不要闹"。左下角两张图片可以看出红线女一行都有点儿等得不耐烦，马鼎盛东张西望自得其乐。

罗湖桥南北两重天

香港《大公报》1955年12月17日第五版头条,有6张四五英寸的图片及说明,包括红线女回广州后第二天早晨,同儿女在寓所用早餐。另外一张是红线女偕同儿女在广州寓所小花园内看水池里的大金鱼。还有一张图片是马师曾在广州的新居中,和他的大儿子马鼎昌在看小学生功课。尽管当时不到7岁的马鼎盛体会不到单亲家庭的深刻意义,但是新闻报道准确地把握了马师曾红线女离婚后的家庭状况。父亲马师曾同长子马鼎昌是在1955年11月提前返回祖国内地的。而红线女因为还有电影的合约在身,需要赶紧拍完电影才能举家北上。我则由于身体治疗的原因,也滞留在香港。母亲带着姐姐马淑明和我,在12月14日才坐火车到广州。当时父亲和哥哥已经住进了广州市仓前街的寓所,而我和妈妈、姐姐还是住在广州沙面的胜利大酒店。所以记者拍摄到我们看金鱼也好,叹早茶也罢,都是在胜利大酒店里面。我在酒店那几天看了电影《渡江侦察记》,印象最深刻的是解放军老班长为了掩护战友,在身负重伤之后,英勇奋战并壮烈牺牲的场面。虽然是黑白电影片,但是比起在香港看的好莱坞七彩电影,比如《暴君焚城录》之类,好像更具震撼力。"因为电影主角是黑头发黄皮肤的中国人",母亲向我们强调这一点。

1957年暑假,外婆带我上北京玩,不知不觉就留在北京上学了。放寒假回广州,全家已经从海珠北仓前街搬到华侨新村,母亲住在半山的友爱路,父亲住山脚的光明路,都是花园洋房。母亲的卧室在二楼,大概是10米乘6米的面积,办公桌贴南墙,宽敞的窗户,左边墙角是梳妆台,东面墙中央是大床。北墙没有窗户,一道门是盥洗室,另一道门通往衣帽间及书房,有两面窗。西墙是书橱和多宝架、衣柜等。二楼有客厅、外婆和姐姐的房间,另有卫生间。一层是客厅、饭厅、客房、厨房、卫生间和母亲的练功厅，可以轻轻松松打乒乓球。三楼只有一间客房，天台相当大，每逢下雨，从楼下冲上三楼收衣物的脚步声紧张刺激。一楼两扇大门外是宽大的阳台，是母亲早餐的胜地，鸟语花香，果树婆娑，草坪上的拔草运动是我们假期的劳务。每逢假期我去探望祖母和父亲，从友爱路20号走几分钟小路下山，到光明路4号马宅，一楼有客厅、饭厅、祖母寝室、拜祖先的净室、何婶（管家）卧房、用人房、厨房及卫生间。二楼是父亲卧室、书房、大姐姐和堂姐房间等。

父亲在华侨新村的住宅

红旗飘舞随风扬

父亲讲故事

父亲酷爱读书,对我们子女来说他是一肚子故事。我们刚回到广州的那个春节,一些亲戚给祖母拜年,父亲租的仓前街寓所比香港跑马地的家小多了,客厅也将就摆两张圆桌,正面墙上是四大领袖像:毛泽东、朱德、周恩来、刘少奇。一株桃花从墙角五英尺高的花瓶直插房顶,从一丈多高的天花板向客厅中央辐射,一室皆春。

看到老太太饶有兴致,父亲在饭后讲了个发横财的故事,正值新年,极其应景。话说古时候有个苏州人文若虚,幼年间有人给他看相,说他是巨万之富。他坐吃山空,跟做海外生意的张乘运出洋,临行前恰遇瞽目先生算他一卦道:"此卦非凡,有百十分财气,不是小可。"张乘运帮他凑得一两银子,文若虚见满街上卖的"洞庭红"橘子,便买得百斤上船。可巧大风把船极快送达彼岸,远洋岛国从来没见过"洞庭红"橘,一篓果子卖了一千银钱,合八九百两纹银。文若虚笑道:"那盲子好灵卦也!"

我大胆插嘴说,这不算巨万横财吧。大姐瞪我一眼,祖母忙把我揽在身边。父亲接着讲,他们继续出海,被逆风吹到荒岛,文若虚一人爬上山林,只望见床大一个败龟壳。大惊道:"不信天下有如此大龟!今我带回此物去,也是一件稀罕东西,省得整天说苏州人会调谎。"他把它拖回船上,大家都开他的玩笑。最后海船驶到福建一个港口,波斯胡人巨商玛宝哈识货,他请文若虚坐头一席。问:"客长,适此宝物可肯卖否?"文若虚是个乖人,趁口答应道:"只要有好价钱,为甚不卖?"那胡人笑道:"果然肯卖,但凭盼咐价钱。"文若虚其实不知值多少,讨少了,怕不在行;讨多了,怕吃笑。张乘运漫天开价道:"文先生敢不是要一万哩?"主人呵呵大笑道："这是不要卖，哄我而已。此等宝物，岂止此价钱！"大家扯文若虚去商议道："造化！造化！文先生不如开个大口，凭他还罢。"文若虚只得讨了五万两。主人还摇头道："人都叫你张识货，岂有不知此物的道理？必是无心卖，奚落小肆罢了。"张乘运道："实不瞒你说，这个好朋友，乃是避风海岛偶然得来，不是出价置办的，故此不识得价钱。若有五万与他，够他富贵一生，他也心满意足了。"主人先将一千两银抬出来交了佣金，再把一个缎匹铺，连本三千两，带前后大小厅屋楼房，共百余间，价值两千两，尽行交与文若虚。另外四万五千银两，存进缎匹铺地库。文若虚暗道："得此住居，王侯之家不过。"主人交代大龟壳的值钱处："龙有九子，内有一种鼍龙，其皮可以幔鼓，声闻百里，谓之鼍鼓。鼍龙万岁，蜕下此壳成龙。此壳有二十四肋，按天上二十四气，每肋中间节内有大珠一颗。若是肋未完全时节，成不得龙，蜕不得壳，其肋中也未有东西。壳不值钱，其珠皆有夜光，乃无价宝也！今天幸遇巧，得之无心耳。"主人取出一颗寸许大夜明珠，光彩夺目。讨个黑漆的盘，放在暗处，其珠滚个不定，闪闪烁烁，有尺余亮处。众人看了，惊得目瞪口呆，舌挢不下。主人对众客逐个致谢道："多蒙列位作成。只这一颗，拿到咱国中，就值五万，其余多是尊惠。"众人道："只是便宜了这胡人，文先生还该要他些不敷才是。"文若虚道："不要不知足，看我一个倒运汉，造化到来，凭空地有此一主财交。我们若非这主人识货，也只当得废物罢了。如何还好昧心争论？"众人都道："文先生说得是。宅心忠厚，所以该有此富贵。"

众亲友听完故事，都恭维我祖母她老人家一生忠厚，所以修得马大哥纯孝，儿孙满堂，晚年安康。我意犹未尽，求爸爸再讲一个，父亲正色道："西山有只大鹏鸟，几百斤重，没有一条毛……"我呆呆地等下文，催他讲下去。祖母笑道："没有毛的鸟，不是有头没尾？"

那年父亲到北京治病，驱车探望襟兄，即是我母亲的五姐和五姐夫钟元昭。虽然父母亲离异多年，但是父亲他们襟兄弟的交情是20世纪四五十年代在香港结下的缘分。五姨丈在北京三里屯的家是小两居室，他是通晓英、俄、日语的中国社会科学出版社的老编辑，八十来块月薪养大四个子女，三

父子俩

个大学高才生。我五姨妈40岁就病退在家,唯一的破沙发不堪待客,父亲自在地坐上木头椅子说:"四哥,你住得这么远是避朋友哇。"1962年的三里屯是北京郊区了。五姨丈比我爸爸年轻十八岁,怎么还称呼他"四哥"?即使按照襟兄弟的辈分不是应该叫"五哥"?原来五姨丈在他们老钟家是排行第四。五姨丈尊称我爸爸为"大哥",也是按照我们老马家的排法。五姨丈身材挺拔,风度翩翩。在北京人民大会堂的交谊舞会,他也跳得出神入化,不到散场是绝对不肯换鞋回家的。妙龄女郎未必知道她这位一头厚厚的黑发梳着20世纪30年代流行中分头的舞伴,已经有大学毕业的儿子了。父亲特地请五姐和五姐夫去吃饭,除了叙旧,也有感谢他们在北京照顾我这个调皮鬼的意思。那顿饭何止丰盛,可以说是豪华了。后来五姨妈告诉我"大哥太客气了",我想爸爸不是很有钱吗？我妈拿一级工资360块,他好像更多。这次父亲给了我200块,当然一个中学生不能拿这大笔钱,最好交给五姨妈以备不时之需。五姨妈教训我说,你父亲一直开销都大。在香港供养父母亲,我祖父一生没有挣过钱,还娶了两个外室。我三个叔叔都接受良好教育,二叔留学日本,三叔上过航空学校,四叔是我二祖母所出,他和三叔就读香港名校"皇仁""华仁"。父亲直到弟弟们成家立业,娶妻纳妾,生儿育女,那林林总总开销多是他双肩挑。1955年他回到了广州,后买下华侨新村寓所,大约两万元,相信并无积蓄的父亲都要组织垫付,慢慢归还。一些老表常来吃喝,特别是困难时期,我祖母接济亲戚也是我爹的钱。我父亲晚年娶的女人可不省心。听说父亲结婚没有请什么达官贵人,只有同声共气的文化人,还有同事多年的岳司机。

　　父亲跟一些大老倌可能摆架子,对粤剧院的普通工作人员绝对没有架子。有空儿同门房阿叔下盘棋,随手敬上一支"大中华",早先门房阿叔叫一声马院长他不乐意了,"不是马院长和你下棋,是老马"。人家知道他的脾气了,"对,对,是马大哥"。阿叔抽着他的大中华,信手拍出一包一毛多"百雀",父亲拿过来就抽。门房阿叔棋艺颇高,父亲输了棋哈哈一笑,"你又出新招,哪里棋谱偷的师"。父亲出手阔绰,过年封"利市",我一般收到多是五分钱（1958年以前是纸币）,一毛两毛已经喜出望外,父亲的一大元天安门利市,怎么舍得花,怎么敢花。从出世就收红包,外祖母谭银彩老太太帮我一一收藏,直到史无前例的"文化大革命",抄几次家也幸保不失。外婆等我八月底大串联回广州,悄悄地交给我,连本带利足足有148元！作为"文化革命"的逍遥派,我能在1966年—1967年走遍十八个省,腰里有银子,自然心雄胆壮。

　　1962年,父亲母亲率团到开平大剧院演出。当年珠江三角洲哪有什么高速公路？连柏油路水泥路都少。我们的小汽车一开出广州就下了土路,弯曲而窄的干线仅容对开的行车小心错车,马车、人力板车和自行车同挑担的农民合奏"公路争道谣"。父亲跟岳司机说赶时间,其实再着急也快不起来。珠三角的桥梁网要等20年后才结束排队过渡之苦,即使是开上直路一条,这中间高路边底的沙土路，必须不断把滑落沟边的沙子铲回路心，每隔不远就会碰到护路队的牛车，拖着两块木板慢慢悠悠地刮沙子。岳司机轻按喇叭示意，牛车老兄马上慢慢地拉开刮沙的木板放行。艺高人胆大的岳司机只要有机会一定飞车，我盯着车速表，60、70、80、90、100！高速轿车激起沙暴冲刷着车厢，时速108公里，父亲高兴说"好嘢"，母亲提醒"小心"，我感觉腾云驾雾从来没有这么过瘾。父亲的着急有一半是入了戏，他当晚上演《赵子龙催归》，刘备被美人醇酒所惑，乐不思归；赵子龙心急如焚，恨不得劫持主公回家。父亲成名于丑生，晚年回归老生。《赵子龙催归》是粤剧的"袍甲戏"，京剧叫长靠武生吧，大马金刀对于花甲老人是吃重的活儿，我还是第一次看他汗流浃背。在后台只见父亲喷着浓烟，我想要他那个"凤凰牌"烟盒，但是还剩一根烟，那就等几分钟。父亲从化妆镜看到我的猴急样，指了指装梅姜的小罐，我知趣地抓了几粒就走。"仲有呀"，父亲点了下"凤凰牌"烟盒给我。原来最后那支烟已经让他烟对烟点着了。父亲哪里知道，咽喉癌已经向他伸出杀手。我溜出去看母亲演《花园对枪》，还没有走近台口，已经一阵讪笑声，"罗品超又忘记台词"，"老猫烧须"。我回去八卦给爸爸，父亲只是哼了一声，"呢个（粤语：这个）阿鉴"。父亲对这个晚辈留了口德。1941年，日寇攻陷香港，父亲和薛觉先被困在香江，还有罗品超等同行。父亲不顾日本特务威胁利诱，毅然举家偷渡澳门，冒生命危险辗转回到抗日战争大后方，宁愿苦熬战乱漂泊、衣食不继的生活，也不甘心为日寇粉饰太平。在父亲的劝说下，薛觉先其后也脱离了日寇的控制，不为日伪政权歌舞。民族气节是要付代价的，起码得放弃苦心经营多年的香港市场和熟悉的观众。

香港盛仔上北京

每个孩子都有梦想，20世纪五六十年代的中国，大多数孩子都盼着"上北京，见毛主席"。人们都知道新疆老农民库尔班·吐鲁木大叔上北京的故事，老人辛勤劳动，攒下一分一毛钱，终于坐火车去了北京天安门。

我读到小学二年级，全副身家只有两块多"利市钱"，居然也坐火车上北京了。1957年暑假，武汉长江大桥正在修建，我只能先坐粤汉铁路，由广州到武昌，一千多公里，足足走了两夜一日。当初，从香港到广州也是坐火车，不过一百多公里，已经感到远在天边了，如今才知道，什么叫出远门。火车开过了韶关，好像还算广东地界，车站外面的小贩，已经讲北方土话，我一句也听不懂，只是闻到他们提的竹篮子里香喷喷的，不是烧鸡味，就是猪肉味。

送我上北京的，是外祖母谭银彩女士，当年她不过60岁出头，人称"高脚三太"，是外祖父邝亦渔的第三位太太，是非常能干的贤妻良母，烧得一手好菜，衣着永远干净、朴素。

外婆那一代人，经历过抗日战争，从省城、香港、澳门到内地农村逃难，什么风风雨雨都闯过来了，不懂北方话算什么？

"猪脚、猪脚！两毛！两毛！"外婆盯住一个小贩，身子探出车厢窗外，手里捏紧钞票。墨绿色的人民币，吸引住小贩的双眼，急忙走近窗前，高举起篮子，任外婆挑选。不必块块乱翻，外婆一手抓起的必然是肉最厚实的卤水猪蹄。我迫不及待地大块塞进嘴里，唇边几乎被胶质粘住，两手更是油腻得一塌糊涂。

外婆口中教训我吃没个吃相，眼里却含着笑意。在广州，我极少见她

后排左是母亲，香港演员打扮，前排中是马鼎盛

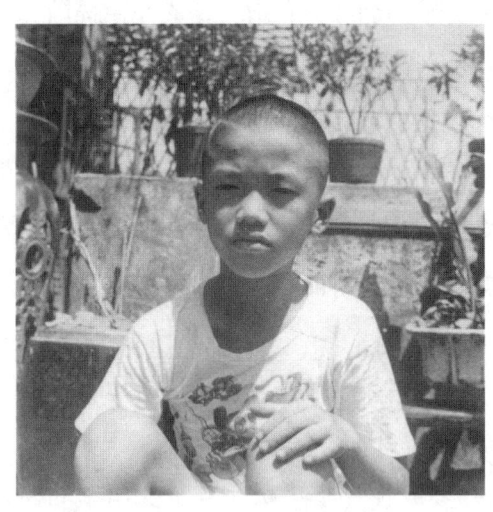

7岁的广州仔

眼角带笑，永远是忙忙碌碌，不是在厨房，便是上街，走路带着一阵风。唯有我妈妈笑了，外婆才笑，也从不见她哈哈大笑，只是小心地笑笑。现在，我感到外婆开心了，觉得嘴里的猪脚更美味无比了。于是，连紧粘连在骨头上的筋、蹄尖上的皮，也被我啃个干净。外婆看了很高兴。

这是我第一次过长江，虽然是坐船过江，也比曹操强得多，他率领八十三万大军，也没能横渡长江。黑蒙蒙的夜色中，隐约望见武汉长江大桥，我问外婆："那不是有长江大桥吗？为什么不坐火车过去？""唔（粤语：未）开得火车，梗系（粤语：一定是）条桥未起好啦。""几时至（粤语：才）起得好呢？""国庆节完工，要向毛主席献礼。"对面铺的解放军叔叔搭话了，"要是刚好你回广州，也许能赶上第一个过桥！自古以来，第一条跨越长江的大桥，多光荣啊！"

坐在摇摇晃晃的渡轮上，又好玩儿又新奇，这也是我平生第一次坐大轮船。"坐火车横跨长江，听起来蛮不错，比古人厉害。不过，以后人人都可以坐火车，我刚好坐过轮渡，不是比后来的人更厉害？"这样胡思乱想着，不知什么时候已经入梦。

坐上京汉铁路的火车，才发现了更开心的事——车厢里有好多好多"小人书"，有《董存瑞》《黄继光》，还有《三国演义》，每三本一沓，装订在一块木板上。我一口气挑了六七块木板，抱回床位，津津有味地看起来。

"小朋友，你真喜欢看小人书哇！"解放军叔叔笑着说，"那边的小朋友也爱看呢。"我的脸发烫了，只好留下两沓"三国"，把解放军打蒋匪、志愿军打美帝的"小人书"送给别的小朋友，"我们看完再换啊？"

"三国"的"小人书"，我从3岁就看，香港的连环画，好大一本，一张张图有大有小，那时爱看书，看完就学打仗，还想买宝剑和哥哥做游戏。吕布的方天画戟最好打，关公的青龙偃月刀最威武，可惜，大件的兵器，屋子里耍不开，大人最多只准买刀剑。

姐姐们带着我们两兄弟去玩具店，毓英堂姐是二叔的女儿，毓舒堂姐是三叔的女儿，毓华大姐则是异母姐姐，她们好像大人一样，在我们的大家庭里，对小弟弟有"生杀大权"。我一眼就看中金晃晃的龙泉宝剑，谁知哥哥抢先拿到手，"刘皇叔的双股剑呀，我来扮刘备，你买把刀啦，扮关公，做细佬（粤语：小弟）啰。"我气得要命："我这把又不是大关刀，是曹操献宝刀杀董卓的，好打赢刘备！"我们在斗嘴，姐姐们也同店员讲价："这么小的刀仔剑仔，还要四块钱呀？最多三块钱。""小姐，卖给你三块八啦，'生生发发'，好意头啦。"看到我两兄弟玩得热闹，店员再也不肯减价。"放下！"大家姐一声断喝，我们乖乖去第二间店铺。"下次不准出声，等我们讲好价先！"扮乖仔果真有着数（粤语：好处），一样的金剑、银刀，在街尾的店铺讲到两块八一把，真正好意头，剩下的钱可以买雪糕，姐弟们皆大欢喜。

好玩儿的"曹操宝刀"一直带在身边，从香港带上广州，这时又跟我一道上北京。我一个人上火车，没有哥哥陪我一起玩，好在车厢里有的是"三国"小人书。虽然放着假，又在火车旅行中，假期作业一样要做。别看外婆识字不多，每天的作业她都仔细检查，做不完算术，或默写不出生字，休想痛快看小人书。

"这本《三英战吕布》家里有啦，"外婆一边帮我收拾好书包，一边说，"看过几多次，还没看够？"她才不明白，吕布大战刘、关、张的故事，其中大有文章。那是在虎牢关前，吕布一支方天画戟，一匹赤兔马，杀得十八路诸侯人仰马翻，直到没有大将敢出阵了，才轮到燕人张翼德出马迎战。

刘备小小一个平原县令，跟在小诸侯公孙瓒后面，本来连位子都没有，张飞只是一名步弓手，在一班贵族世家面前，真是无名小卒。眼看反董联盟一个个将军战败，原来还是丈八蛇矛好打？

吕布和张飞都是身长一丈，赤兔马是三国第一骏马，但张飞的蛇矛应该更长些，吕布的武艺可能技高一筹，但张飞不是年轻力壮吗？两人大战五十余回合，会不会是张飞稍处下风，关公才拍马挺身，助义弟一臂之力？排名五虎上将第一第二的关羽、张飞，在《三国演义》里是一流的武艺，除了受伤或大醉之外，从来是常胜将军，要不是对付八面威风的吕布，才不用兄弟联手合击呢。

三人呈"丁"字阵势厮杀，同"两将交马一合"的打法大不相同。小人书上画得一清二楚。两将阵前比武，形式同英国中世纪流行的铁甲骑士决斗差不多吧？在香港看过《劫后英雄录》之类的电影，见到两名骑士面对面冲过来，用长矛互相突刺，兵器相交，一冲而过，就算一个回合。如今关、张二人夹击吕布，马匹跑动的范围变小，骑速减慢，赤兔马的机动优势也减弱了，三人再拼杀三十个回合，谁都看得出，吕布今天没有再胜一场的希望了。

刘备舞起双股剑杀入战围，一般人会说，滑头的大哥看见义弟胜利在望，跑上去捡个便宜。我看了几个章回之后觉得罗贯中没那么简单。方天画戟、丈八蛇矛和青龙偃月刀都是超长兵器，双股剑比一般佩剑更短。刘备只有七尺挂零，比起三人矮小得多，他想在这般长兵器挥舞的威力圈中插上一手，不能说没有危险。一寸短，一寸险，一旦被他攻入方天画戟的圈内，吕布顿成内外交困之势。

当时，吕布的威名如日中天，犯不上同无名之辈拼命，反正是一敌三，天下英雄都能看到吕布是非战之罪。

一边看，一边想，我把那几页小人书翻来翻去，那解放军叔叔在一旁看着我，像是有好一会儿了。"您觉得吕布厉害，还是张飞厉害？"北方人尊称的"您"字，我说得不大顺口，那军官笑了笑，说："一两千年前的事，我可说不好。""那你和张飞的官，不是一样大吗？对呀，张飞那时管一百多个步弓手吧？"我们在学校玩军棋，对军衔也感兴趣，一杠三花的解放军上尉，肯定是连长，其手下也带百多名兵。"小鬼。"这下子他当我是自己人了，比"小朋友"好听得多，"挺聪明嘛，好，就算吕布厉害。"

"那我做张飞，你做吕布。"有人肯玩游戏，再好不过了，我随口念叨着"蛇矛丈八枪，横挑马上将"，两手一前一后，像捏着一管蛇矛，冲将过去。左手明明碰到他的衣服了，不知怎么一滑，全身就扑倒在硬席卧铺的床上。

"盛仔，唔好搞住人哋（粤语：人家）！"外婆一声轻斥，把我扮张飞的兴头扫得一干二净。"小鬼，我们看黄继光的故事好吗？"我当然看过黄继光，但是，别人给我解围，我还不顺势下台？

军人毕竟不同，讲起朝鲜战争是亲历其境，他说做一名重机枪手打了两年仗，根本没见过美国佬的面。永远离火线八百米，重机枪的任务，是在后面掩护步兵，前边打赢了，重机枪才随后推进；要是撤退，重机枪也不能在最后才撤。黄继光用胸膛堵住地堡的机枪射击孔的事迹，他也是听第一线的战友讲的。

"为什么志愿军不用炮？不是说榴弹炮、火箭炮，连无后坐力炮也能打掉地堡哇！"小人书看得多有好处，面对真正的军人，也不用说外行话。"我们以后要造多些炮。"上尉好像对我保证。"还是飞机好！"我会下海陆空战棋，战斗机在上空一飞过，不管你军长也好，师长也好，都会一下子被我吃掉。

"小鬼了不起，还懂得制空权。"什么是制空权，我没听说过，但是，我此刻下定决心，长大要当空军。志愿军空中英雄张积慧的大名，我早就知道。是他击落美国"王牌飞行员"戴维斯呀，他是中国"一级战斗英雄"。这天晚上，我是带着开飞机的雄心壮志入睡的。很可惜，怎么也做不成一个见张积慧的梦，倒是朦朦胧胧见到了黄继光。

喊里咔嚓的火车行进声响，是最好的催眠曲。到站车停，安静下来，倒把我弄醒了，一睁眼就四处看，新交的上尉朋友的床铺得干干净净，军衣军帽提包都不见了踪影，外婆静静地坐在窗前，喝着早茶。见我懊恼得要哭的样子，她说："见你睡得很香，怕吵醒你，下车走了。"以为我是3岁娃娃？"我早知道解放军叔叔要下车的。"我顺口吹牛，"他是空军英雄张积慧的战友，赶回飞机场有任务的。"外婆不懂普通话，也不是军人，还不是由我胡吹？

"飞机我坐过，飞机打仗也见过，你外公广州那间杂货铺，就是日本鬼子炸烂的。"外婆说的我也听过，还知道日本鬼子炸香港，令父亲倾家荡产。"我长大一定参军！"这份决心下过好多次了，"打他小日本萝卜头。"

三四天的旅程过得真快，小人书还没看完，已经到了北京大前门火车站。北京火车站可比广州车站大得多，几十条铁轨，十几个站台，外婆从千百人中一眼就认出成班的儿孙："喏，你五姨妈、五姨丈；七姨妈、七姨丈啊。叫人啦，还有大表哥、二表哥……"我早就溜下车厢。"天安门在哪儿？我要看天安门。"

红墙黄瓦的天安门，抬起头也望不到顶，看着正中间门洞上方，毛主席像还没有挂出来，要等国庆节了。每年十一国庆大阅兵，千军万马从北京过，如果能看一眼，回广州可有的牛吹了。突然想起一个不小的问题来：战马拉屎撒尿可怎么办？

北京真好玩儿

1957年的暑假,我住进了北京的小胡同。

从香港的跑马地到广州的仓前街,八年间都住"洋楼",到了北京才知道瓦房的好处。四合院有大有小,都少不了绿树成荫。我坐着三轮车,由马路转入胡同,一眼就看到攀在树上的小孩,男的女的都分不大清楚,无非汗衫短裤,一阵欢声笑语中,分明有"香港来的"几个字。

五姨妈的家几乎在胡同底,两扇木门,进院子就下五六级的台阶,右边一溜儿三间大瓦房,再过去两间小点儿的瓦房,住着李太太一家三口。李家姐弟很快就成为牌友。左边五六间小平房,分住三家人,他们另外用一个自来水龙头,大家好像就没那么亲热了。

最令我惊奇的是大院的茅房——根本不能算厕所。三尺见方的破烂土房,一道只能半掩的三合板破门,地上挖一个土坑,两英尺长、一英尺宽,当年只有1.28米的我,两脚分开蹲在茅坑上,算是难度颇高的动作。好在8岁大的孩子活力十足,不到万不得已的关头,不会冲向大院最边角地区,而且往往是一泄如注。牌桌上的朋友每每惊叹不已,"阿盛'开大'比我们'开小'还要快!"

看到我很快习惯了"茅房文化",五姨妈开心得很。她是一位高大健壮的女士,嗓门儿大,话又多,我用提问打断她的话柄,她也不在乎。"您是五姨妈?为什么我又有个五舅父?""傻仔,我们女分女排,男分男排嘛!"我妈排第十,听说还有小舅舅排十一,那我外祖父是不是有二十多个儿女?真看不出个子矮胖的小老头儿,一妻二妾能养出成班成排的后代。在20世纪50年代的北京,还有苏联"英雄母亲"的风气,那是第二次世界大战死的人太多。我们中国有六亿人口，外祖父怕做不成"英雄父亲"，于是养大了这么多的孩子。

五姨妈刚好50岁，是科学出版社的校对员。五姨丈好像比她小两岁，身板笔挺，中间分界的西装头，永远梳得一丝不苟。他懂英文，也通俄文，这在20世纪50年代大有用处，他原来在人民大学教书，后转到科学出版社做翻译、编辑，书架上摆着他翻译的苏联科技书，大书桌上堆满稿纸，每天晚上都在写。

"爹早就认识郭沫若。"三表哥神神秘秘地告诉我。"郭沫若是谁？"好像不是一个将军。"你连中国科学院院长都不知道？"三表哥斜着眼，从胶边眼镜框外面瞪着我说，"你不是爱看打仗的书吗？北伐战争知道吗？'打倒列强、打倒列强、除军阀'。"这支歌听起来挺熟，不是"打开蚊帐有只蚊"吗？三表哥提起大人物，连眼镜片也放光。"郭老是北伐军总政治部副主任！又参加过南昌起义，抗日战争时期是国民政府军委会政治部第三厅的副厅长，挂将军衔，我爹曾在他手下工作，做到上校呢！"算起来，当年五姨丈不过20多岁，那官真是当得不小了，怪不得他的皮鞋擦得锃亮，果然有点儿军人风度。

谈天说地、吹牛皮是我的至爱，特别是在屋顶上，吹着夏日的夜风，那感觉真好。香港的阳台，广州的"天棚"，和夜空没有距离，但比起北京的屋顶，太没有冒险味道了。三表哥最懂得待客之道，他给我上的第一课，就是爬上房顶。过程简单而惊险：茅房的后门，是一小块空地，其实是五姨妈家上房的后墙，同大院的围墙之间，有三四英尺距离。这块空地不知为什么比屋内高出五六英尺，所以那段院墙就只剩四五英尺高，土墙上还挖出两个垫脚坑，连我都可以不费吹灰之力就登上院墙。

迈过茅房顶那几步，就能攀上我家的大厅屋顶；三表哥再三叮嘱，平房的顶不经踩，一定要踩在边边的砖墙上，一块砖头侧面的宽度，在朦胧夜色中容易行差踏错。爬上瓦房的禁忌也差不多，瓦面一踩就碎，只有房脊最结实，靠着房山的一端，可以舒服地坐"太师椅背"。不过房顶一边只有一个房山，离开两丈远就聊不到天儿，我爬得慢，只好屈就"板凳"，跨坐屋脊上。

　　三表哥读北京二十七中。这所中学据说像香港"培正"一类的马骝头（粤语：猴子头）学校。他的功课时好时坏，只有同我吹嘘大表哥的"威水史"（粤语：风光史）。其实不用他细说，只要"北京大学"的金字招牌放在那里，足以说明大表哥的品学兼优。二表哥在北京"男四中"，城里头号名牌，跳高拿全校第一，哥儿俩都是一米八的个头儿。我一个小学二年级的小毛孩子，简直不够资格说话。四表姐读"女十一中"，也是名校，少年先锋大队委员的臂章，她从不戴出校门，哪像我们这位三表兄，在家里也舍不得摘下中队委的标志。

　　在月光下，中队级干部的两道横红杠，像黑色的等号，大概等于香港童子军的什么头衔？"香港什么童子军？根本没得比！"三表哥骄傲地抬头仰望星空，"我们少先队员长大要参加共产主义青年团，18岁还要申请加入共产党！"口头斗大的把戏，我们从小玩得多，今晚非输不可，随你搬出齐天大圣、鸿钧老祖，还是梁山泊一百单八将，也斗不过共产党！她打败了日本鬼子、蒋家军，连头号列强美国，也败阵朝鲜。我斗不赢没关系，一走了之。"那是北海白塔吗？"我指着城中心的制高点问。"傻瓜，那是景山，再往西一点儿才是白塔。"三表哥权威地指指点点。在北京，永远要记住东西南北。"北海可以划船，游泳……""好极了！我们明天就去。"脚下咔嚓的一声，我踩裂了一块瓦。

　　五姨妈家住东四六条，离北海公园不过只有七站路。我们老表一行五人分乘四辆自行车，都是有牌子的，什么"三枪""菲利普"，最差劲的是三表哥那辆苏联车，居然前闸是轮压式，不过，说到底也是洋货，擦得闪闪发光的四辆车一字排开，真有点儿行军的架势。

　　北海公园前门的广场上早已挤满了人。少先队的旗帜最为夺目，三角形的小队旗，大一点儿的长方燕尾旗是中队旗，大队旗可算富丽堂皇，周边有金黄色旗穗，旗杆是红白相间，顶部还带个红缨枪似的尖头，一阵南风吹来，旗帜猎猎作声和少先队的歌声交相激荡。

　　"让我们荡起双桨，小船儿推开波浪，湖面上倒映着美丽的白塔，四周环绕着绿树红墙。小船儿轻轻漂荡在水中，迎面吹来凉爽的风……"

歌声把人带入仙境，只可惜人间的烦琐事还要时时面对。等候租船的人龙绕着北海的汉白玉栏杆，排得望不到头，好在有一整天时间，可以四处开开眼界。假日游人群中，最喧闹的是孩子，最艳丽的是大姑娘小媳妇，最惹眼的要数一身武装的军人。几位白衣蓝裤的海军，把我吸引到巨幅宣传画前：像是中国东南沿海地图，两艘大军舰起火沉没。原来是解放军打了大胜仗。

"1954年11月14日，蒋匪军排名第七位的美制护卫舰'太平号'出海，它排水量1400多吨，舰上有四门76毫米大炮，20至40毫米高炮14门，火力比我军22吨的鱼雷艇强得多，我军四艘鱼雷快艇潜伏在大陈岛外高岛锚地，整整十四昼夜，才捕捉到战机。华东海军司令陶勇中将一声令下，鱼雷艇以96公里时速直扑敌舰，'太平号'如梦初醒，早已吃掉一条鱼雷，500公斤的炸药把舰身撕开半扇门般的大洞……"一位海军叔叔兴奋地指指点点，却被战友抢过话头："打掉'洞庭号'一战更痛快！别看它只有1000吨出头，但我鱼雷艇只是单艇单雷，一直逼迫到200米才开火，当场把敌舰炸成两截，创造了大风浪中鱼雷艇击沉大舰的先例！"军人讲得满脸通红，我也听得热血沸腾，禁不住插嘴说："我们用小艇打沉大舰，到哪一天有了大舰——""我们当然有……"这话说到一半就吞回去了，几位海军叔叔顿时也无影无踪，忽热忽冷的气氛使我有些头晕，莫名其妙地冒出一个念头，"解放军也有大军舰，怎么不见它出海打仗？"一时想不通也不要紧，反正将来我当上海军准能知道。

我们明明是五个人，却租了一条四人小船，每小时船租两毛五，要是租六人大船，就要三毛五，几个钟头算下来，能省下汽水、冰棍儿的钱。五分钱一根的小豆冰棍儿是我中小学时期的至爱。我们四个人上船，划到水电站岸边，把三哥接上船，就开始"两栖之旅"。

大家早把游泳衣穿在里面，随时准备一脱就下水。船上差不多总是四个人，既没有违反公园规矩，也省下租大船的钱。"把大船让给更需要的人。"二表哥有分寸地说，不愧是共青团的小干部。

划船我早在广州也玩过，两手都要拿住桨，不像北京的船帮上还有个支撑环，船桨套进去有个支点，用一只手也能划得潇洒。可惜我划不了几下便要退役。大表哥膀大腰圆，老鼠仔肱二头肌高高隆起。他轻轻划一下，起码顶我两三下，连四表姐也是划船好手，她细心地迁就我的力度，勉强使小船晃晃悠悠地游荡，身边不知多少船艇快速划过，连三表哥那两下侧游，都比我的船快了。我越着急，木桨越不听话，一下深一下浅地乱打水花，弄得小船左右摇晃，只好退居二线，到船头当啦啦队长。

双脚插入碧绿的湖水中，一阵阵凉意直上心头，两眼晒得冒金星，突然有跳水的冲动。趁三表哥从船尾爬上来摇晃，我大叫一声扑下船去，虽说泳术不精，几下三脚猫功夫还是有的，想不到刚入水便呛了一大口，心一慌，扑腾几下钻出水面，又再猛呛了两下子，之后便是一片空白……睁眼时已在船上，舱底一汪酸臭的水，两根小豆冰棍儿的残渣，有点儿像船底剥落的红漆。

"我会游泳的，我真的没有事。"最怕这事让母亲大人知道，我极力争辩说这事绝属意外。"我们知道你会游泳，"二表哥白净的脸上好像有点儿擦伤，湿透的头发依然准确地三七分拨两边，"不过从船头跳水难度比较大，一般都从船尾下水，两脚先下最安全了。"

自此足不出户，整整乖了三个礼拜，暑假作业早做完了，连写家信几大封，父母亲、外婆，加上在香港的祖父祖母、外祖父也人人有份，封封千篇一律，无非问候加上流水账。只有给哥哥的一封信，可以大吹其牛，"北京西红柿大得一斤称不了两个，切开蘸糖吃固然可口，但一手一个到街上边吃边逛，这份得意，在广州连想都不敢想"。饱喝北海湖水的伤心史，写到信中当然变成童话一般美满，每封信都贴上一毛六的航空邮票，三表哥提醒说，平邮便宜一半，他怎么知道，航空信包含敬重之意？

我的航空信刚刚寄出，妈妈就坐飞机来到北京，我大梦方醒，难道假期这么快就过完了？什么长城、颐和园都没去过，动物园也没去……看到我失魂落魄的样子，五姨妈说："你妈妈请吃饭，是在莫斯科餐厅，你不是很想吃西餐吗？"西餐大菜何止好吃？还有难得一见的大场面，尤其在北京，真比过年还隆重。可是不知为什么，被莫斯科餐厅提起的兴头，很快又被无名的烦闷驱赶得无影无踪。

北京的吸引力在哪儿？小豆棒冰？酸梅汤？打扑克牌？和老表们谈笑？院子和胡同的玩伴也谈不上有多少交情。只有一样麻烦，在香港和广州有的，在北京没有——一个月来，我没有挨打。"七、八、九，厌似狗。"小男孩淘气而不挨打的，百中无一。

莫斯科餐厅的套餐，三块钱一份，长条餐厅坐满五姨妈、七姨妈两家人，无论大人小孩，人人一份，绝对平等。吃甜品时，我心情极好，因为整个暑假的错事、赖事完全不见提起，要是这顿饭能永远吃下去，人生有多美好！

"等一下我们去动物园，照点儿相呀。"妈妈难得有兴致，全体哄然附和。大表哥说："颐和园更好玩儿，阿盛晚几天走就好了。"妈妈随口接着说："不如你在北京读书啦。"全场突然安静，我平生第一次成为焦点，更是第一次被妈妈征求意见，脸上热辣辣，心口咚咚跳，一个"好"字脱口而出。妈妈举起高脚杯，以水代酒，祝我学业进步，大家纷纷致贺词，我激动得打翻了水杯，又掉了刀叉，都是小事，只有少许遗憾，是没有人祝我当兵为国立功。20世纪50年代的男孩子，有谁不想当兵，没有祝福有什么要紧？

莫斯科餐厅有点儿像克里姆林宫，在餐厅外广场走着，穿着五颜六色的人群好像没有个兵的样子，在那全民皆兵的年代。

东四六条胡同

北京东四六条64号,这是我五姨妈家的住址。母亲的同母大姐姐邝健来(即五姨妈),比我妈年长十岁八岁。看户口簿登记的1917年生作不得数,我五姨丈钟元昭说她打埋伏了两岁,这种公理婆理的官司一直打到老两口儿近九十岁,还作为笑料挂在嘴边,真是白头到老的一对欢喜冤家!他们20世纪30年代留学日本,五姨丈主修经济学,还学了俄语,回国翻译出版了"苏联大百科全书"中的《帝国主义论》。五六十年代,钟元昭在人民大学和科学出版社做俄语翻译,在改革开放年代,他凭中学时代深厚的英文底子,翻译和审编History and Development of Ancient Chinese Architecture(《中国古代建筑史》),是首部对外发行的中国古代建筑历史的英文版(8开本,546页,科学出版社1986年出版),作者包括63名中国专家,五姨丈是主编,此书在香港印刷和出版。五姨丈多才多艺,年轻时在香港写过爱情小说,20世纪50年代中后期,他将马克思著的《路易·波拿巴的雾月十八日》,改写为话剧剧本《复辟》,讽刺赫鲁晓夫上台。本来适应反修局势需要,没想到"文革"时成为批斗"特务嫌疑"钟元昭的罪证。他被关进"牛棚"隔离审查多年,我按造反派的规定去探望,允许送一点儿东西,包括冬衣、常用药品、半斤糖,五姨丈一看到香烟两眼放光。"文革"前我帮他买烟都是三毛左右的中档烟"大前门""恒大",最差的也是两毛八的"红金"。如今作为批斗对象,他只准抽九分钱的"蜜蜂"和八分钱的"电车",那是连烟包图案都没有的白纸包烟,全是烟梗和烟厂等外品填充的劣货,轻易点它不着,不连续抽就很快熄灭,包装尤其低劣,极容易发霉。1968年,我已经和学校军宣队的大兵一起抽烟了,这时顺手点起一根阿尔巴尼亚的进口烟,中国被迫帮它推销的，抽了满嘴臭沥青味道，一毛五一包。趁造反派"狱卒"不留神，我和五姨丈换了烟。看到他深深陶醉地享受吞云吐雾，我没有勇气抽他的"电车"。1972年我当了工人阶级后，经常回北京看望他们两老。1999年我到北京直播新中国成立50年庆典大阅兵，惊悉五姨丈患胃癌，马上敬送两万元慰问。2003年6月，五姨丈去世，不到一百天，五姨妈随之离世。按照中华民族传统说法，这对享受了66年婚姻的老伴儿是坐同一条船上路的。

当年的东四六条是土路，小胡同曲径通幽，西边的院墙一丈多高还带铁丝网，不知是什么大机关。东边七八个门洞错落有致，矮的院墙不过六英尺，小孩子溜墙头也不难，不用说防君子不防小人，这胡同十来户住家哪有什么可偷的？

我姨妈一家子把我妈从胡同口引进64号院子大门，我看那两扇枣木门很有些年头儿了，红漆褪光了，底层涂料一块块剥落，三寸高的门槛蹭得圆滑，硬的木头节子耐磨，不知绊过多少小脚丫。奇妙的是过了门槛马上要下四级台阶，为什么四合院比门外的路低一英尺？每天扛着自行车上上下下可以习惯，赶上雨雪天就狼狈不堪。

老一辈经历过战乱动荡，什么荒村僻野风餐露宿也过来了，五姨丈是自己人，也省得说蓬荜生辉之类的客气话，只是我妈内急成了大问题。五姨妈说咱们的茅坑就没法儿用了，将就用个痰盂吧。卧室下了门帘窗帘，五姨妈搬个凳子做把门大将军，我们都回避到外厅和院子，善后工作的重任落在我肩上。之后，大表哥带我去见识北京老院子的茅房。

东四六条64号有六家房客，进院子门北面第一家就是五姨妈一溜儿三间大瓦房，南面是赵家等三户。我们北面两小间是李老太太一家三口。往右拐窄小的过道尽头是一间小小的平房，大表哥、二表哥先后上大学住校后，接任房客是他们家小老四钟昆安表姐，年长我五岁。这小小的平房紧挨着茅房，茅房东南两面通风，南门口的东墙挂一块厚纸板，正反面巴掌大的字"有人""无人"楷书。八尺见方的茅房核心地段是长方形的茅坑，黄土地面青砖砌的坑，两英尺长一英尺宽，两英尺来深。墙角有纸篓，当年有专用的"豆纸"供解手。茅房不算很臭，因为茅坑有木板盖，上有把手，看上去干干净净。大杂院六家人就这么一个茅房，水龙头也是独一无二，下水道和水泥小池子一套，做饭时间大家围在一起洗菜淘米，冬天用稻草绳给自来水管包上"棉袄"，实在太冷水管冻上也好办，谁家烧一壶热水，拧开龙头浇进去就得。断水停电的日子，北京小市民好像到了"大跃进"才赶上的。1959年，母亲同淘粪工人缘悭一面，淘粪工人劳动模范时传祥参加在北京召开的全国"群英会"，母亲也作为全国先进生产者参加该会，应该同时传祥握手言欢。毛主席主张知识分子劳动化；变成人民的红线女最好的方法是向劳动模范淘粪工人时传祥学习。母亲送我到北京上学，读革命传统的育才学校，不就是要把香港小少爷变成劳动人民的后代吗？经过20年北京户口的记录，作为知识青年到农村去接受再教育，我适应得比在广州念书的哥哥容易多了。不怕苦不怕累是必需的，挑大粪、抬尿桶我还是干不来。母亲下乡"三同"的时间比我短，但是清理鸡屎的脏活儿她没有抱怨。每天清扫鸡棚挑出几十斤去沤肥，母亲的腰腿在山区也落下了病根儿。

时传祥他们担的粪桶100多斤，是从北京老城区胡同里挨家挨户用粪勺挖、用粪罐提、用粪桶背倒进粪车。他带领每人每班从背50桶增加到80桶，时传祥自己则每天上班背90桶。这种超强劳动量可以用当年的粮食定量来衡量。北京的学生最高30斤，从高中三年级每年递减一斤到初一是25斤，女生再少一斤。像现在副食充足，鸡鸭鱼肉蛋奶糖油随便吃，那粮食就吃不了几斤。反之只靠粗粮哄肚皮的岁月，人人都是大肚汉，我在农村顿顿都吃八两米，"文化大革命"期间跟解放军下乡做水利，在大堤打夯，累得要死，饿得要命。我曾经一顿饭吃下馒头米饭烙饼共二斤三两粮票，打破学校纪录。到了工厂做钳工粮食定量38斤，如果做炼铁的炉前工有60斤定量。时传祥他们淘粪工人的定量是80斤，我相信吃窝头就咸菜绝对需要这个饭量。1959年，北京大力宣传时传祥的先进事迹，国家主席刘少奇握着他的手，亲切地说："你淘大粪是人民勤务员，我当主席也是人民勤务员，这只是革命分工不同。"时传祥表示："我要永远听党的话，当一辈子淘粪工。"他当上全国人大代表，在人大会议期间母亲同时传祥交谈甚欢。1966年，"文化大革命"打倒刘少奇，时传祥受牵连被批判斗争，身心重创，活不到打倒"四人帮"那一天。母亲半生经历多次政治风浪，有惊有险也终于熬过来了。所以我在她的追悼会上着重加了一句"红线女和国家荣辱与共，善始善终"。

　　北京东四不但是我在北京头两年的户口所在地，我在附近的府学胡同小学度过了难忘的四个学期，父亲母亲到北京演出《关汉卿》时，粤剧团就下榻"东四旅馆"。妈妈带我去拜访《关汉卿》原剧作家田汉伯伯，就在东四北大街细管胡同，离府学胡同小学三分钟步程。他家门前金柱大门、走马板、抱鼓石、板门等我都没什么印象，四合院挺凉快，大厅有点儿阴暗，墙上有很多京剧脸谱模型，我一个个仔细看是为了打发时间。田汉伯伯一头花白的短发，慈眉善目，唐装布鞋；静静地欣赏着母亲唱的《关汉卿》的主题曲《蝶双飞》，清唱没有音乐伴奏，好像在家吊嗓子。被全国剧协誉为"田词红腔，一曲难忘"的双雄会，在场的我恰好属牛，说对牛弹琴太普通，我们广东人说牛嚼牡丹比较贴切。母亲请田汉看《关汉卿》，他老人家（其实才61岁，我当时觉得挺老的了）一连看了三次。还作了《菩萨蛮》的词："马红妙技真奇绝，恼人一曲双飞蝶，顾曲尽周郎，周郎也断肠。卢沟波浪咽，似送南行客，何用惜分襟，千秋共此心。"发表在《人民日报》，为《关汉卿》剧赴朝鲜平壤演出壮行。1964年父亲病逝，田汉以诗《悼念马师曾》："留得梨园一代名，海南天北遍歌声。乘风破浪豪情在，忍向卢沟别汉卿。"田汉伯伯念念不忘他同父亲母亲合作的《关汉卿》剧。

　　值得一提的胡同还有北京绒线胡同，那甲7号是毛泽东时代的内部书店。"文化大革命"期间跟着叔父辈进去看"禁书"，《第三帝国兴亡史》以西方角度表述第二次世界大战的历史，《第四次中东战争》被视为宣扬美帝国主义武器装备和以色列犹太复国主义的辉煌胜利，《红楼梦甲辰本》刻印本古色古香，我在山沟工厂梦寐以求的就是雪夜闭门读禁书了。

父母亲联袂演出《关汉卿》，红线女艺术中心供图

鲜血淋漓的舌头

1959年夏秋之交，我也离开了府学胡同小学，从区重点转到北京市重点——育才小学上五年级。

北京，是千年帝都，六百载皇城，育才学校就在天坛对面。宫门似的牌楼做校门，正中一条汉白玉甬道，连我们五六年级的高小部宿舍，也是红墙黄瓦，一派皇家风范。

住在一丈五尺高的大瓦房里，冬暖夏凉。比皇宫更阔气的，是满校园的参天古树，不但汉白玉甬道两旁排列整齐，操场四周也绿树环绕，小动物园设在小树林中。更妙的是图书馆外几棵海棠树，秋天挂满红艳艳的果实，可是谁也想不到去摘一颗来尝尝鲜——育才学校从延安时期保留下来的革命传统，爱护公物的校规，融化在了每个学生的血液中。

享受皇宫的气派，也要尝试宫禁的苦头。为什么皇帝宝座有仙鹤形的铜香熏？万岁爷走动两步，必定有太监提着香炉紧随左右？那是因为臊臭的气味如影随形，任何鲜花脂粉味也压不下去。臭，是因为不洗澡。在古时候，沐浴是件大事，平日里一个半月洗一次，得上澡堂子，衣服洗多了不经穿，人洗多了据说容易生病。臊，更是皇家特色。太监被切了那话儿，解小便总是解不干净，再加上侍候皇上总不能三番五次跑茅房，憋不住了尿裤子是常事。

我们育才学校有现代化厕所，但是建在宿舍大院的东北角，半夜起床小便跑一百几十米，既不安全也容易着凉，于是每间寝室门口放个尿桶，月光底下可撒个痛快。在万籁俱寂的夜空中，忽然传来叮咚水声，有时还会此起彼伏，也是校园不可少的插曲。可惜的是，有人死也不肯参加室外有声有色的"派对",宁愿把尿撒在屋里(绝对不敢影射女生宿舍)。那正是我们班的齐凤书同学。

齐凤书比我们高出五六英寸,衣服也大一两个尺码,饭量也是一个顶俩,只是不敢喝水。特别是中午之后,几乎滴水不沾,奇怪他哪儿来一大泡夜尿?一年三百六十五天,没有一天不挂出那床破褥子和旧床单。他画的"地图"千姿百态,旧的没干透,新的再添一层。可怜他睡的床板,硬是给沤穿了一个洞,床板不能拆出去晒,我们寝室于是臊得跟太监房不分上下。

不但床褥臊,齐凤书身上也臊得厉害,连大伙儿排队去洗澡,他也躲着别人。也难怪,逢二进一地读了七年书,才跟我们上五年级,半大小伙子怎么好意思在小弟弟们面前亮全相?就算穿上衣服,齐凤书也离群索居。教室里他坐在远远的角落里,操场上没他的份儿,他右腿有点儿跛,体育免修。在宿舍里,所有床都贴着墙,唯有他的最旧、最破的床,摆在中央。同学两年,没听谁和他聊过天儿,好像连老师也没提问过齐凤书。干脆,他整个就是个隐形人,只是那股臊味,总是固执地表示齐凤书的存在。

我是插班生,被安排睡在齐凤书的上铺,比别的室友近几米,其实也臊不到哪儿去。最惨的是那股被孤立的感觉难道也传染给了我。到了新环境,受点儿气是难免的,只能是你随和点儿,难道让那么大的集体、那么多年的传统来迁就你不成?

我们班有个特色,吵架骂人不带脏字,而是脱口叫出你爹你娘的大名。幸亏不是在广州,著名演员马师曾的大名,十来岁的京城孩子没听说过,愣是把曾子的曾,叫成曾经的曾。你爱叫就叫个够,"马师层"可和我没一点儿关系。更万幸的是,老娘填的名字是"邝健廉",算是无名小卒更好。

同学父母的名字,也不用刻意打听,他们一拌嘴,爹娘的大宝号"安庆山、牛毕业"的一股脑儿都会抖搂出来。记不住也没关系,我初来乍到,哪能总想着和同学吵架呢?不到两个月下来,我在五年级三班也算混熟了。在一片温和的目光中,只有一双眼睛永远冷得跟钢铁一般。他是王惠清。他父亲的名讳,从来没人提起,那位王伯伯,是革命烈士。

家庭出身,在育才学校绝对讲究。1949年之前参加党的工作的,才叫

我和小学同学王惠清

革命干部，这种家庭子弟，能上育才学校的也是凤毛麟角。1938年参加革命的，叫"三八式干部"，也算最基本的"消费"了。抗战前的老红军家庭，算是拿得出手。省级、中央部级、大军区级的高干子弟，校园中比比皆是。元帅一级的领导人，也有几位是"育才"的家长。不过，革命烈士始终地位尊崇，虽然王惠清学习成绩不怎么样，纪律性一般，与同学关系也不密切，但天生一股凛然不可侵犯的劲头，从横眉立目中无时无刻不在辐射。

同学们熟了，不免在一块儿扯家常，这个说他爹打过平型关大战，那个讲他爸在直罗镇战役中负过伤，没有战功的就比"党龄"。我讪讪地正想避开，不料还是成了话题："马师层好像是非党群众吧？""和齐凤书他爷爷一样，民主人士嘛！"

我忍不住回嘴："我妈是党员。""哟嗬——差点儿忘了，你妈妈是1958年的老党员呢！""这会儿转正了吗？哈哈哈……"哄堂大笑之中，我躲出了教室。

王惠清挡住我："你爹娶过几个媳妇？"我没理他。

"你妈是第三个小老婆吧，还是第四个？"他斜眼瞄着我，金属一般的眼神擦出了我胸中一把火。

"跟江青一样。"我脱口而出。操场一片死寂，柳树叶的影子一片一片清清楚楚印在地上，纹丝不动。

"你再说一遍！"王惠清的眼火爆将出来，直喷我脸上，知道不该说的那两个字，被胸中不平之气又冲出了口。话没说完，王惠清一巴掌就扇过来。他个子不高，力气也不太大，罕见的是那股疯狂的气势，真是煞神附体：右拳、左掌、前踢后蹬，一下下都向咽喉、下阴招呼，不管我怎么挡，怎么还手，他完全是泼命地死打……

校园里打架，小学生分出输赢就拉倒，我倒在地上，正准备爬起来，王惠清一脚踩在我脸上，粗糙的球鞋底还使劲地蹍着……"三大纪律八项注意"不是有"不虐待俘虏"一条吗？王伯伯多半没教他。

有生以来，第一次挨这种狂打！老师的惩罚，也是闻所未闻：全班同学，不准和我说话一个月。

不说就不说吧，一时间我好像长大了很多，原来用心听课，作业会变得容易做了；哑巴的耳朵特别尖，女生的叽叽喳喳闲话也挺好笑的，再也没人用"马师层"来骂我了，算是意外收获。

漫长的一个月"刑期"过去了，北京迎来了初雪，红墙变紫黄瓦变白，从大殿远远望去，别是一番童话意境。深深吸进一口清冷的空气，谁第一个和我说话呢？"马鼎盛，这雪像白糖吧？"竟然是王惠清，从来不见笑脸的嘴角往上翘了翘。没等我下意识回答，他已攀着肩膀带我走到殿台大铜鼎前。"这儿的雪真是甜的，你不试试？"我半信半疑地看着齐肩高的铜鼎上，蒙上薄薄的雪花倒真有几分白糖的样子。

舌尖刚要舔到白雪，王惠清把我头一按，舌头紧贴上冰冷彻骨的铜鼎。我吃惊地一缩，随着舌面上剧痛，眼前是贴在铜鼎上的舌印，鲜血淋漓的一层皮肉活活地被撕下来，顿时溢满一嘴的血浆，还真是甜丝丝的。

整整一天没敢吃喝，也不敢去校医院，太丢人了，太气人啦！只有继续装哑巴。老师、同学们会怎么想？马鼎盛自动延长"刑期"以抗拒集体？

齐凤书拐着腿从我身边走过，慢慢地回过头，嘴唇动了动，没有出声。我想苦笑，舌头却疼得钻心。

妈妈，你不要结婚

大概在我小学五六年级的时候，有人告诉我，你妈妈要结婚了。好像没听见一样，我的眼珠转都没转一下，该干吗就干吗去了。

晚上，我却总也睡不着。是水喝多了吧？一趟一趟地起来撒尿。后来干脆坐起身来，在宿舍靠着冷冰冰的墙壁，用被子把自己裹得紧紧的。这一天终于来了吗？有个后娘还不够，非得添个后爹？

记得那年暑假回广州，到爸爸那儿去探望祖母。我已经长得比祖母高了，还是习惯往她怀里钻。记忆当中，祖母的怀里最暖和。吃饭时，父亲介绍，"这是王同志"。一张大脸很白很白，屁股大得不像话，样子记不清楚了，无非一个上海婆吧。一贯对儿子严厉的父亲，这次十分体贴，"叫王同志"。不用叫什么阿姨之类，我还有什么好说的？

那年父亲刚60岁吧？那位王同志30岁出头，直到父亲去世，四年中我没有同她说过一句话。直觉的敌意，好像也没怎么冤枉她。王同志过门也就是一年吧，祖母去世了。原先是何婶在做管家婆，我二叔把她抛弃后，何婶在我家十多年了，照顾祖母无微不至。王同志要进门，再大的屋子容不下两个管家婆，何婶能不走吗？

我是何婶带大的。在香港住跑马地黄泥涌道时，从记事起，妈妈就没在家吃过饭。我们老马家是个大家庭，吃饭时团团围一桌子，每顿饭何婶都要叫人吃饭，兄弟姐妹里我最小，三岁才有资格上大桌子吃饭，排到最后才叫：阿爷吃饭，阿嫲吃饭，爸爸吃饭……不记得叫过妈妈吃饭，连大年夜也见不着她。后来才知道，父母分居了，妈妈带着二姐搬出去住。何婶无子无女，一直带着我，上培英幼儿园、圣保禄小学。直到父母回广州定居，我又被"分配"到妈妈家住,同何婶分开了。一年后,不知谁告诉我,何婶要回香港了。我马上跑上楼,回房间收拾好小藤箧,冲下楼说要去跟何婶走,谁也劝不住。往日妈妈的权威极大,眼风一扫,我马上正襟危坐。这回却是喝也喝不住,直冲到大铁门,开不了锁,就大哭大闹,把小藤箧摔得一地衣物。"这孩子是疯了吗?"全家人莫名其妙。"我要何婶!"这号哭一直传出街外。

好在爸爸住得极近,也就是隔七八个门牌号码,何婶闻讯赶来,她是一路哭着来的,进门就抱头痛哭。"何婶不走,何婶守着盛仔。"她安慰我好大一阵子。果然,何婶没有走,倒是我走掉了。读完小学二年级,我转北京念书去了。

随身带着一件宝贝,是从香港一直带到北京的稀罕物抱枕(粤语:揽枕)。《红楼梦》里有诗记曰:"有眼无珠腹中空,荷花出水喜相逢,梧桐叶落分离别,恩爱夫妻不到冬。"这是说的"竹夫人",夏日取其凉意。我的私家揽枕,则是一年四季一日不可或缺的宠物。不抱着它是睡不着觉的。

典型的小资情调,一到住校就被"革命"了。育才学校的小革命家们,听都没听说过揽枕吧!听说妈妈要结婚这天半夜,我抱着枕头,突然感觉到已被戒除了的"揽枕瘾",原来就像胎记一般,与生俱来。揽枕的感觉,像何婶,还是祖母的胸怀?

祖母死得很突然,不过是夜里冻醒了——要是有何婶在,哪能不看天气预报,给老太太加盖丝棉被?——老太太披衣下床,去开柜子拿棉被,天寒地冻,一双小脚站立不稳,摔倒了,碰到哪儿了,就此爬不起来,在地上冻到天大亮。要是何婶还在,哪能这么大动静也听不到?她们的房间紧挨着的,父亲住二楼当然什么也不知道。祖母死得好冤。

跟着父亲住的哥哥,被妈妈接过来住,不用受后娘的白眼了。现在可好,又要有后爹进门了。这回我们哥儿俩往哪儿躲?宿舍门缝钻进一股风,吹得脖子一阵发凉。

不行,马上要写信表态!半夜三更翻不出像样的信纸,草纸也凑合了。月色有乌云遮蔽,好在心里明白,两句话就写完了。现成的信封早贴上了航空邮票，外加航空邮签，准时半个月一封家信，破天荒没有向老娘汇报学习成绩。心算着飞机送信两三天到，两三天回，怎么十天不见回信？等足半个月，妈妈的回信也是一张纸，循例问功课，问身体，根本没提我的草纸信。莫非撞了对头？

时隔两年，我上了初二，妈妈到北京开会，住在民族饭店，才旧事重提："是谁教你这么写的？"百分之百的心声，谁人教得出？信上写道："妈妈请你不要结婚，你结了婚，我就像哥哥一样惨。"这张草纸，要不是"文化大革命"抄家，准能保留到今天。

有位高级领导干部对我说："你妈妈还年轻嘛！"那一年，她该是三十五六岁吧？来我家的客人，上至七八十岁的老头儿，下至二十来岁的小伙子，我看着都可疑，一律不假以辞色。帮我补习功课，嘘寒问暖的，送礼物献殷勤的，没有不碰钉子的。好在我和妈妈见面的机会有限，彼此没有大麻烦。

小麻烦嘛，我也免不了。那年妈妈在北京疗养，住进颐和园，四合院里两室一厅的厢房，单元的大厅对着院子，五米见方的厅，两旁各一套客房。晚饭后做功课，我偏偏不在自己客房里做，要跑到大厅占张八仙桌。做完代数做生物，语文、历史的复习、预习颇费时间，转眼就是十一点。和妈妈一起吃过消夜，精神大振，熬到一两点不成问题。来访的客人在妈妈那边套房的客厅，再也熬我不过。

一书在手，甭管是《斯巴达克思》还是《上海的早晨》，有时看个通宵，一厚本长篇小说还真不够我看的。管你什么贵客，也没有谈天说地通宵达旦的道理。

我在北京读书，妈在广州工作，像这样给她站岗放哨的日子寥若晨星。我另一种本能的动作是自我放逐。小学毕业考初中那年暑假，我留在北京等发榜。妈妈打长途电话来询问，我骑车到邮局接听，收音沙哑，勉强对话，妈说不如回广州读中学吧？我不假思索地拒绝了。

作为名人之后，委实不容易，被人介绍一句是某某的儿子，本来无可厚非，但是，她是一个女艺人，又是离了婚独身的，三姑六婆的闲言碎语谁听

红线女（右一）与老朋友周巍峙、王昆伉俪

得过来？当儿子的有什么法子？躲在遥远的北京，耳根多少清净一些。娘要嫁人这件事对我来说，又是眼不见为净了。下农村插队四年之后，我被分到粤北山区一个机械厂当工人，学徒工还没出师那年，妈妈不到50岁。

妈妈结婚，当儿子的未免会尴尬，尤其是25岁的我。好在工厂的工友都很够朋友，没有谁当面提起。虽然工厂离广州不过二百多公里，五块钱火车票，四小时车程，但是，我的探亲假宁愿到两千公里外的北京过。首都，我也阔别五年了。

北京，看上去变化不大，每人每月一斤肉的配给，还是肥的多，瘦的少；满街人穿的不是"干部蓝"就是"国防绿"。我们老三届同学回城的不少，但没什么正经工厂可去，无非卖电影票、卖电车票，就算读两年"工农兵"大学，出来也是教中学。好多在北大荒挖地在内蒙古放羊的同学，两年也难回家一次。

不过，见得到的同学，都是一家大小亲亲热热的，那年头儿，没有几家离了婚又结婚的。

最模范的夫妻是周家叔叔，"文革"前的文化部艺术局局长。我父母亲1955年从香港回内地，周局长曾非常关照；我在北京念书，周叔叔还做过家长代表去我学校开会呢！他和王昆阿姨相濡以沫几十年，也一直关心我妈的家庭生活。这次我上京，虽然没向他们吐苦水，但他们还有什么不明白的？好吃好喝招呼我好几天，有空儿就说说我妈工作的成绩和辛苦。周叔叔说我妈这一辈子不容易，王昆阿姨也说我妈是个很要强的人，做儿子的，是不是得体谅她一点儿？

我想，该体谅的我也做了。因为哥哥调回城的事，我妈已经受到组织照顾，我再要求照顾，就作难了。听说，我只能在韶关的机械厂"建设共产主义"，我也认命了，就在山区熬着吧。但是听说那位原大作家、名记者到广州和我妈结婚后，只捞到个省作协副主席（副局级），比他要求的军区宣传部长差得多了，所以郁郁不得志，我妈还得老哄着他。和这么一位黑脸神做伴，图什么呢？

1977年，"文革"后第一次全国大学公开招生，我凭着北京老高二的底子，加上十年来没放下过笔，一直看书，总算考上了大学，户口也迁回广州。和老娘同桌吃饭，已是二十年前的记忆。尽管在人前人后，我妈老伴儿长老伴儿短地营造气氛，但那八成是做戏。她第一段婚姻，年纪差太远，性格喜好格格不入，好在事业上是最佳拍档。直到近年广州"红线女艺术中心"落成，才水落石出，人们看到红线女、马师曾六个字是如此密不可分。

我妈认为她第一段婚姻并非自愿，因此，自主的第二春一定要全方位成功。恰巧，同第一段婚姻一样，也不过十年光景，而且，最后一年，那位大作家患绝症卧床，我妈天天跑重病房照顾得无微不至，不惜工本。人家都以为国家一级艺术家，大富大贵，其实，我妈340元月薪照顾一头家，而那位老兄拿十一级高干工资200元，竟是一毛不拔全部存起来。治肝癌的药费、营养品是无底洞，"尽力而为"这四个字，我妈算是做得漂亮得体。缺乏感情的婚姻，有时用钱也能弥补。

早生华发的母亲，为了工作需要，一直染发。为了送走第二段婚姻，她让白发飘足一年。谁知道她不过50多岁！20世纪80年代，妈妈不仅失去了第二段婚姻，还相继跑掉三个亲生子女。我算是离得最近的，从香港去广州不过两小时车程，一年到头还能见上几面；姐姐定居台湾，因某种原因要"坐十年移民监"；哥哥在加拿大开餐馆，讨生活也是三百六十五天连轴转，一年未必能见一次面。我们忙，老娘更忙，大大小小开不完的会，东西南北出不完的差，就算打通了长途电话，她老人家也未必有空儿长谈。她的手机越

红线女母子四人

换越新潮,却是永远的忙音或录音——"机主已关机"。

有工作可忙,可喜可贺,哪一天她不在开会或排戏,那八成是在医院了。她的一身病痛,从消化系统、神经系统、内分泌系统,到肌肉骨骼,随便分十分之一给70岁的老太太,也够她的私人医生发财致富了——如果她请得起的话。我家有长寿基因,外婆享年103岁,外太婆94岁不得善终,"文化大革命"中她受惊吓去世时还是耳聪目明。我妈的体质很像她的母亲,看来比五六十岁的"中年人"还精神。

终于有一天,我们娘儿四个能重聚一堂,破天荒地打四圈麻将。我是逢和必吃,因为最低消费是三番,所以对对和最顺手,只要有的碰,哪管是放炮出铳也先图个痛快。哥哥姐姐笑我独沽一味,妈妈却夸我"情长"。哥哥毕竟是生意人,竹战高章得多,眼观六路,看透三家牌,赢牌固然不成问题,他的弱点是目标过高,又要打出章法,又要不时放我妈吃和,最好还能设法引出我来"放炮",对姐姐那头还要抽空儿堵她一章,八面玲珑之下,不免捉襟见肘,有时造化弄人,作茧自缚。妈妈对他的评价是"花心"。姐姐打情绪牌,输赢无所谓,只求做牌开心。她手风极顺,什么"清一色""大三元"也吃过两铺,犯了得胜不顾家的毛病,放牌让妈妈吃一铺"坎坎和"。又一回，大家已经摸到最后几张牌，明知哥哥不上不碰做大牌，她还为了博一手"清一色"，打出一张生章白板，给哥哥捞了个"十三幺"。我们一致笑她得胜不顾家，姐姐激动之余脱口而出："我哪有个家！"

一家人沉默了两秒钟，我忙乱以他语："你四海为家，不是更逍遥？"大家心里明白，她在"文革"中急就章的婚姻，虽然双方性格不合，却因种种原因离不了婚，出于下策出国十年，也难求佳婿。古今中外的"三高"女士历来让男子却步：社会地位高，年龄高还不是绝症，最要命的是眼界高，等闲人士难入法眼。姐姐从39岁离开祖国大陆，十多年后仍是名花无主。我们做老弟的，只能逢人便解释，"这是我妹妹"。

和姐姐在牌桌上的一番调侃，倒引起全家一番心事：母子四人难得一聚，曲终人散后，我妈仍然独居华侨新村。她没有少年夫妻的命，那"老来伴"的美好黄昏，更是难于上青天。

我妈也有过含饴弄孙之乐，姐姐、哥哥和我的儿女，分别同她一起住过六七年，那也是20世纪70年代、80年代和90年代的往事。到了21世纪的今天，连我也快要成为空巢一族的"老鸟"，才感到晚年的妈妈，确实应该有个老伴儿。不管怎样，我也希望她有个快慰的晚年。

广州的现代化建筑群拔地而起，随之而来的是数以百万计的流动人口，暴力犯罪的隐忧被掩盖在灯红酒绿的繁华之下。华侨新村是强盗光顾的重灾区，我家几乎每年被爆窃一次。有一次，一个歹徒竟把70多岁的女户主打成了重伤——看到妈妈头上缠满绷带，双手布满伤痕，母子相对无言。我想起在父亲百岁诞辰纪念活动时，母亲尽力把马、红粤剧艺术的精华重现舞台。当我们斗胆问到她第二段婚姻时，她也坦承"缺乏爱意"。唉！普天下眷属有几对是有情人？就算是一般的也总比没有强。

父母婚事

天下最无奈的事，莫过于"天要下雨，娘要嫁人"。其实爹要娶人才是古今中外更无奈的事。不幸生在帝王家，皇帝老子娶了一个又一个，生下弟弟一大堆，都是太子的天敌。老爹的新宠生小儿子，挡道的哥哥杀的杀、逐的逐。小民百姓家，有了后娘，就有后爹。我爹娶后娘的时候，我大概11岁。为什么大概？因为父母离异，我才六七岁已经跟母亲过了，那位王姓后娘同我总共没有见过几面，从来没说过话。父亲请我吃饭，是丰盛的西餐，还教我用银勺喝汤不要碰出声音。喝到最后把盘子向外倾斜，尽量舀干净。我问王同志（父亲不让我们叫后娘王阿姨）怎么不吃饭？父亲说我爷儿俩谈天，叫她干啥。在父亲的遗体告别会，新华社照相，有关人士请我站在王同志旁边，我死活不干。15岁的半桩男孩，有点儿摔跤底子，两个大人一时拿我没辙。事后一些亲戚朋友提起这件事，还说我小小年纪挺有个性。现在拿起我在父亲遗体旁的照片，看着50年前自己的一脸黑气，才懂得什么是不识大体。这种事在香港媒体的娱乐版面报道，触目的标题少不了是"名伶马师曾幼子大闹灵堂""马师曾遗体前，幼子与晚娘分庭抗礼"等等，总之是"亲者痛，仇者快"的社会效果。放到今天的案例，一个59岁的盛年男子，事业有成，已经离婚多年，迎娶一个三十大几的女人，家里念中学的儿子应该没有什么社会压力吧。

"娘要嫁人"的问题对我的刺激极大。当年一副愤怒青年的架势，相信惊动了母亲的领导方面，找我认真地个别谈话：说你妈妈年纪很轻，应该找个终身伴侣。一番义正词严我听而不闻，不是白眼相向，就是拂袖而去。当年在我眼中，接近母亲的除了油头粉面，就是人面兽心。有的前来搭讪，

父母亲标准合影，他们都属牛

我肯定叫他下不来台。在那无法无天的岁月，根本不知道自己违犯了婚姻法——干预他人婚姻。后来在"十年内乱"中，母亲好不容易结了婚，我也算同吃同住了三年。当时那种敌视的立场，有几件事印象很深。外婆同母亲相依为命一辈子，我妈是她的全部希望、荣耀和奉献的祭坛。老太太亲手奉上燕窝、人参、虫草、三蛇、炖汤这些滋补品，如今不但要同别人分享，有时我妈还把大部分喂给"那个人"吃。外婆同我们提起"那个人"都愤愤不平又无可奈何。我们听到当然心有戚戚焉，祖孙之间突然多了一个最热门的话题。"那个人"从内地调来广东一个文化单位担任副职，该单位一个朋友成了我们的热线小广播。说"那个人"本来提出要做大军区政治部宣传部长，以为他在华北抗日战争、东北解放战争和抗美援朝战争都是有名的军事记者，殊不知这些老资本都被后来不利的档案记录所抵消。"那个人"屈就的广东某文化单位有不少老红军时代的闻人名家，七级八级高干济济一堂。"那个人"只是区区十一级的"三八式"中年干部，在十来个人的办公楼开会学习，排座次在第六位，情何以堪。热线小广播说"那个人"长期不上班，连工资也不去拿。最损的一句话是反正有你妈养活。年少气盛的我能够忍住，不把话传给外婆听，都算是怕气杀她老人家。中越边境战争磨磨

1950年父母亲和祖母、两个姐姐在香港

蹭蹭那些年，"那个人"跑了几趟广西前线，我对军事的浓厚兴趣已经成为职业，军事历史论文也有好几篇。母亲偶尔给我看了"那个人"写的内参稿子，提到解放军用高射炮打越南人的地下掩体，说是创造性发明，让我对资深军事名记者的最后一点儿敬意烟消云散。在30年前的太平洋战争中，美军逐岛拔除日军的据点，对付倭寇精心打造的地下工事，用高射炮抵近猛轰是大见成效。虽然要保持起码的礼貌，不会当面揭短，但是知子莫若母，这个脑后有反骨的小儿子，越来越不把"那个人"放在眼里。

母亲夹在两个势同水火的男人中间有多么难过，我当时只顾自己的感受，并不懂得为人子的道理。直到1996年，外婆以103岁寿终正寝，母亲孤身一人住在华侨新村的大屋。僻静的街区，隔壁发生过灭门血案；窃贼多次穿房入户洗劫，母亲被强盗打成重伤。我才醒悟到，妈妈身边没有一个老伴儿，在情在理都是我们的不孝。所谓做人难，做女人更难，做单身的名女人最难；母亲前前后后难了整整48年。

74岁的男子结婚是司空见惯，换成女性又另当别论。40年前妈妈择偶可算艰苦卓绝，如今更是渺茫至极。做儿子的虽然开通，总不方便开口去找后爹，所以谈到"理解"二字，实际作用也就是礼貌层面。

我们是单亲家庭，没有严父慈母，只有严母。例如我哥哥，当时小三十的人了，娶媳妇还得老娘批准。那是"文化大革命"时期，哥哥与挺好的一个女朋友如胶似漆，好像她老爹是被政治审查过的高级知识分子，同我家全国人大代表就不算门当户对。婚事黄了。轮到我谈婚论嫁的时候，能够婚姻自主，对象父母都是臭老九，还有海外关系，不过已经是改革开放后第三个年头儿，大不了分开住。此后的大环境、小环境都利于我们母子比较平等地对话。1989年我到香港定居，老婆孩子陆续跟着来。十年后，我作为记者采访母亲，这种同事关系一直持续了14年，直到母亲最后的时光。

父亲和他的母亲

看这题目起的！不就是我爹和我奶奶吗？玩什么文字游戏？说真格的，二者大大不同。父亲与祖母感情之深，岂是我等小字辈可以理解十分之一的？所以，这里讲他们母子的故事，只不过从我的孩子眼睛中看过去罢了。

儿时的记忆，最忘不了的，莫过于好吃和挨打的事。老子打儿子，天经地义。我们老马家规矩大，小孩子们犯了错，要挨揍了，像高尔基笔下的童年，家法伺候！更差一级的，是不用等周末算总账，随时都是"秋决"的日子，现打现罚，决不赊账。

"阿盛，拿鸡毛扫（北京人叫鸡毛掸子）来！"听到这声断喝，我立即跑去找鸡毛扫，家中有七八把，总有一条轻些、短些、细些、软些的。后来听说软藤条打下去更痛，当年哪懂这么多？平时早准备好那么一把，塞在戏箱子之间的缝里。我家戏箱子多的是，一进大门，玄关两边就是十个八个高高地摞起来，如今终于派上用场。

拿着鸡毛扫，乖乖地双手奉上，然后自动趴在椅子上，才5岁的小人儿，瘦而尖的屁股刚好摆在顺手的地方。不问问为什么打吗？小毛孩子一天到晚淘气、捣乱，在家里还有点儿忌惮，到幼儿园，一玩疯了，什么错犯不出来？小而言之是摔了墨水瓶，撕破了书本；大则跟人吵嘴打架，谁记得那么多违例的事呢？总之老爹打就是了，省得总牵肠挂肚。

唰的一下，藤条抽下来，痛得全身收紧。还没回过味来，又是一记！死死地咬住牙关，可不能哭叫，父亲最烦孩子哭闹。你不哭，顶多挨五下，一哭就没数了。

第三下抽得狠了，实在忍不住"啊"了半声，自己赶紧用手捂回去了。

跟着两下又快又急，怎么五下还不够？

"阿曾！"大救星及时赶到。听脚步声是急了点儿，70多岁的奶奶是从小裹小脚，一步迈不了五寸，人没到，声先到，她颤巍巍的声音不高，但是父亲的手已慢慢垂下来。连忙搬把椅子来，扶奶奶坐下，父亲一边解说事情的缘由：原来是上课偷吃糖果，被老师罚站的过错。

"阿嫲（祖母）讲情，就饶过你这次。"父亲忙乎了一阵，气也顺了些。

我赶忙擦掉泪水，先多谢父亲教训，再扑到奶奶膝前，谢她讲情的大恩。她带我回房，用万花油擦伤处，加倍的火辣辣疼，但由奶奶的手擦上的药，想叫疼也不好意思。"你别以为小孩子嘴馋，上课吃一块糖，没多大关系，"奶奶摸着我的头说，"传了开去，人家不说你马鼎盛怎么怎么样，"是啊，谁晓得我是什么人？"外边只会说马师曾的儿子怎么样，只会说马师曾教子无方。"我怎么就想不到这点呢？怪不得父亲生气。

父亲每天清早必到祖母处请安。有时演出很晚才休息，第二天起床晚了，也必是第一时间去问候祖母。说也奇怪，他称祖母为"二婶"。从小带大我的，是我二叔的太太，正是我们的二婶，这个"二婶"的难题，由她解答再合适不过。

我们老马家是个大族，曾叔祖辈的马贞儒老先生，曾在武汉"两湖书院"做掌教。父亲的启蒙老师，便是这位方正而古板的老爷爷。我祖父这一房排行第二，但大房的没有男继承人，二房有义务献出长子过继到长房。父亲过继之后，称他大伯为父，亲生的父亲、母亲改称二叔、二婶了。时移世易，几十年，父亲都同亲生父母一起居住了，但是称谓不改过来，一直到"二婶"终老之日。

父亲有两个亲弟弟，哥儿仨提起祖母时，又称她老人家做"大大""阿大"。

这种叫法，我一直没有弄明白。二十年后，我在东莞做农民，当地人称母亲为"阿大"，发音是"搭（da）"，祖母是东莞人，莫非有不忘乡音之意？

父亲对祖母极为孝顺

尊称"大大",祖母确是一家之主。祖父是标准的纨绔子弟,从小靠父母抚养,婚后也不事生产,吃祖母的陪嫁而已。他的命好,妻子的嫁妆吃完了,儿子又能接上班。1920年父亲成名后,接祖父母去供养到1957年祖父去世,这位马老太爷好像没有赚过一块钱。

祖母的个子小小的,三寸金莲小得一步难迈五寸,但是腰板直挺,连坐姿也从不见东倒西歪。她在民国初年是广州少有的女教员,刚时兴不久的洋学堂,祖母去做学监,也教国文。年纪小的叔叔也跟着念过书。父亲在家里说一不二,但是,祖母的意思备受尊重。父亲成名后,祖母为他选了一门亲事,见过世面的父亲二十大几了,对传统的盲婚哑嫁极不乐意,不过终于奉了父母之命,娶了王小姐进门。

此后十几年,父亲在广州、香港演出,名气越来越大,收入颇丰。我的二婶做大家庭的管家,每年"家用"已是十万大洋,在20世纪30年代这算一笔可观数目。在祖母眼中,父亲的名和利,都不怎么令她开心。马家、王家可算书香门第,再红的粤戏演员,在老人家眼中也不是正经行当。30多岁的父亲,在祖母眼中永远是个孩子,作为有修养的母亲和老师,她不用开口反对什么事情,聪明的儿子,对母亲的好恶一清二楚,既然"不幸沦落梨园"而不是杏坛,父亲只好在戏台之下还自己一个读书人的本色。

父亲是名演员,后来还自己组成剧团做了班主,平日对方方面面的应酬,三头六臂也应接不暇。他干脆闭门读书,宁可结交一些文化人士,动笔写写戏本。三十年后,我在"文化大革命"中偶然见到父亲一份履历,他在职业一栏中填的是"编剧"两个字。比起演员的名和利,编戏似乎微不足道,但是父亲看中编剧的文人身份。他案头一方闲章,上边刻着"学而优"

祖母和四个儿子，左起：师奭、师贽、师曾、师荀

三个字，有点儿自嘲，始终不忘学子出身，也使祖母略为宽慰。

1960年，我放假回家（当时父母已离婚，我住母亲家），去探望祖母，拿出小学六年级的学生证，祖母戴上老花眼镜，仔细看了又看，抬起头看看我说："盛仔，你生日是三月十三日？""对呀，农历二月十三嘛！"

"不对吧，我记得是二月十二日的，阿曾（祖母一向叫父亲小名），你记得吧？""对，您记得清楚，是二月十二。"我一下子愣住了，对我来说这么重要的一个日子，竟然从一年级错到五年级，玩笑也开得太大了。从户口簿到学校的注册白纸黑字，记录在案，哪怕差了一天，也是我人生记录的错误，只好希望祖母记错了吧。

我说："嫲嫲，您也记得不清楚？"她微笑答道："别的事情会忘记，孙子的生日，几时几刻也记得清。""那我是几点几分生的？"我的牛脾气上来了，谁让我属牛呢？

"没大没小，怎么和嫲嫲说话的？"父亲不高兴了。

"没什么，小时候的故事，告诉他也好。"祖母记性极好，十一年前的往事，在八十几岁老人眼中，就像是昨天刚发生的。自幼缠足的祖母，每天洗脚是件大事，她的卧室不小，宽一丈，长两丈多，一大木盆水放进去，她关好门窗，自己慢慢洗涤。没有一个多钟头，她是开不了门的。那年我妈妈临盆入医院，祖母在家坐等消息，准备听到电话报喜之后，第一时间告祭祖先。本来应该8点半到9点，是她每晚"闭关"时辰，为了等候大孙子出世——那年头儿没有什么超声波探测，只是祖母凭经验判断是男孙——她打破多年老习惯，开着房门一直等待，整整一夜过去了，也没有电话声，天都大亮了，祖母实在没办法才关了门。我哥哥赖着不出世，把祖母折腾了一宿。

第二年，怀着我的妈妈又进医院了。这天吃完晚饭，祖母提前到8点"闭关"，性急的我却是提早报喜，又是8点一刻，不过是整整差了十二小时。祖母乐呵呵地讲完故事说："你们两兄弟呀，都和嫲嫲没缘分哪！"

看着祖母开心的样子，父亲乐得咧开大嘴，光有出气，没有笑声，两眼眯着，眼角的鱼尾纹开成一朵花。我们哥儿俩出世的故事，我是头一回听说，但是父亲还有什么不知道的？每次听祖母说起我们祖孙三代的事，父亲都一样高兴。

受传统思想影响极深的祖母，对长子的两个男孩子很是关注。当初，父亲离婚时，祖母坚持男孙一定要留在马家，只让姐姐跟母亲走出家门。1955年回内地后，我到了妈妈家生活，从小爱唱爱玩，不少人都问过，为什么我不继承父母的专业，像我姐姐那样学戏？应该是祖母的意见起了作用吧，马家阴差阳错，出了父亲这么一个演员，再下一代非得好好读书不可。说来也有趣，演艺的玩意儿我自小就喜欢，小学时上舞台演过活报剧，那是"大跃进"年代，学校一级的水平。上中学时说相声，"文化大革命"没书念了，下乡当农民，学革命样板戏《红灯记》，在公社巡回演出，赫然也是主角。回到香港，居然客串电视剧《狮子山下》中的一集"借东风"。有人说，如果当初我跟父母从小学戏，也许马派的表演能有个正式传人。到了知天命之年，也是父亲百岁诞辰，我有机会在广州南方戏院的舞台纪念父亲，唱他一曲《步月抒怀》，过足了戏瘾，这就够了。自问不是艺术界的材料，为人太不善应酬，对着书本会更愉快，笔耕通宵也乐在其中，想起在水银灯下通宵工作，我怎么也乐不起来。知我者，祖母也！

自从1957年上京求学之后，我同父亲、祖母见面机会很有限，每次见面，父亲总想多教些什么。一次我在他书房看见一本《老残游记》，随便翻到他折页之处，正是"大县若蛙半浮水面，小船如蚁分送馒头"那一回。看了一会儿，不觉得有什么好处，无非黄河发大水了，淹到济阳县城下，灾民逃难，官绅救济的故事，既不像《林海雪原》的战斗故事情节曲折动人，也不像《牛虻》的性格坚毅、爱情坚贞。我哪里知道，1959年全国灾情严重，而父亲曾因此上书毛主席，差点儿被打成右派！

三年严重困难时期，一碗白米饭也是奢侈品。父亲虽然有600元月薪，算是全国极高的工资，可是在黑市也买不到多少猪肉。他的烟瘾极大，罐装"三个五"50支烟，他一天抽一罐，这时也改了抽国产"凤凰"，便宜多了。对祖母的供应，尽量维持一贯的水平，有鱼有肉，周末煲老火靓汤，精华尽在那么一小盅。祖母娘家有些侄子，平日也有来往。在困难时期，王家的表叔每个星期天必来探望姑妈，祖母当然留他们吃饭，表叔们老实不客气，白米饭大口狂吞。勤俭持家的何婶好不容易操持出一桌像样的菜肴，父亲都不大动筷子，祖母更是频频让菜，王家表叔带来的表弟表妹们风卷残云一般地狂扫。最后，祖母把那一小盅补品也让娘家人享用。这本是父亲名下的"特供"物品，面有菜色的王家父子感激地进补，祖母看着，比自己吃下去还开心。父亲看着祖母开心，脸上只有关爱之情。

父亲真幸福，有祖母在身边教他读书。几位叔叔也在祖母督促下念书。父亲挣到钱，都交给祖母持家。她送二儿子去日本学医，送小儿子在香港读"皇仁"名校，连祖父姨太太的儿子，也入读了"华仁"。社会上称赞父亲"孝悌"，他对弟弟们负责，首先是从孝顺母亲开始的。20世纪60年代初，祖母去世，父亲悲痛异常，对二叔说："阿大去了之后，我六神无主，好像一点儿自信心也没有了。"他选了公墓的一处好地方，重金买下一块青冈石立碑，将祖母儿孙辈的名字全都刻上。他知道她老人家喜欢热闹。

我从北京回广州探亲，父亲特地带我去扫墓，教我记清楚地方，以后每年都要来看祖母。他在墓前慢慢跪下，尽管60年代不时兴跪拜，我和哥哥都戴着红领巾，他还是领我们向祖母行叩拜礼。这使我想起3岁那年，轮到我祖父这房正月祭祖，老马家四五代好几十口聚在一堂，按辈分向历代祖先牌位跪拜，连最小的吃奶娃娃，也被那肃穆的气氛所感染，不哭不闹。这里我们只有父子三人，但心情同样凝重。下山时，父亲轻轻说，君子之泽，五世而斩。没有多久，他患上咽喉癌。当时最好的医生，在北京友谊医院为他会诊，用最先进的放射性疗法，也没能拖上多久。

近年，因广州城扩建，祖母的墓被迁走，原来的大青冈石墓碑没有了，另立一小块碑，成群儿孙的名字只剩下一个，立碑者没有刻上父亲的名字。

这些人间的是是非非，都不是父亲所介意的。他和他的母亲早已重逢三十九年，他们的开心是永恒的。

北京市第四十七中

小学毕业考中学，当年北京有3个志愿可以选择。我傻乎乎的什么都不懂，第一志愿当然填上母校，第二志愿胡乱报考101中。后来才知道那是超一流的名校，比我们育才的初中部收分高得多。所以我这个第二志愿等于白白浪费。我们班的男生都说四十七中好玩儿，在风景秀丽的鹫峰脚下，是北京夏令营的胜地，漫山遍野瓜果梨桃，鸟语花香。12岁的我不假思索就把四十七中放进第三志愿。

母亲一个长途电话问我："要回广州读书吗？"我随口答："不回。"一言既出，立即忐忑不安。这么大胆自作主张！要是妈妈当面问我，答案多半两样。都说性格决定命运，我12岁4个月时是什么性格？广东话"死牛一面颈"，北京人说"死牛筋"。母亲在千里之外没声了，电话没挂断，我连她的呼吸声音都能听到，吓得不敢喘气。电话费很贵啊，我喉咙忍不住咕噜一响，妈妈轻轻放下电话。

我才想起来应该把北京市第四十七中学好生介绍一番：它是一所有悠久历史的寄宿制完全中学，由著名教育家李石曾创建。前身是私立北京中法大学附属温泉中学、国立北平中法大学附属西山温泉中学，将晋身为北京市20所重点中学之一。我怎么也想不到未来一年将是我一辈子最饿的岁月。

我过惯了育才小学的优裕生活，1961年闹饥荒，我们还吃大米饭、炒鸡蛋，考中学时期有水果吃；衣服脏了有洗衣房。庄则栋、李富荣拿了世界冠军，特地到我校专场表演。我们食堂的黄羊肉是解放军坐摩托车上蒙古高原拿机枪打来的。进入四十七中第一顿饭就等得我傻眼：注册后中午肚子饿了，饭堂空无一人；居然没有午饭，一天两顿，上午10点，下午4点。我的

我住校四十七中，周末回到七姨妈家，他们两老的晚年十分幸福

妈呀，从早餐饿到16点，分到五两窝头，二两稀饭。刚出笼的窝头热气腾腾，狼吞虎咽下了肚，看了10年《西游记》，今天才知道为什么"猪八戒吃人参果——不知道滋味"。我是吃了五两窝头——不知道分量。半斤干粮下肚不是这空荡荡的感觉吧？原来饥荒年代的数字游戏，一斤回归到解放前的老秤16两。所谓五两窝头只有三两一钱二分五的棒子面，再加上二两糙米的粥，实际是一两二钱五的粮食。谁知道这又合多少大卡的热量？总之，要靠肚子里这点儿粮食，顶到第二天上午10点，才有另外五两窝头光临。我人瘦小，胃却不小，才晚上7点半就饿，好不容易睡着，半夜饿醒。眼巴巴等天亮，先空腹上两节课，10点才开饭。一看餐牌是馒头，喜出望外。到手一瞧，怎么是紫色？所谓五两的馒头，怎么比五两窝头还小？敢情是死面馒头。一口咬下去，一

排牙印，嚼在嘴里像黏土，酸、馊，虽然饿得很，在喉咙里却难以下咽。伙房的何班长看着难过，说："城里的孩子吃不惯吧，这是战备仓库的老底，如今也得刮出来当粮食吃。"主食可怜，副食更次，北京居民每人每天半斤菜，一冬天的大白菜，一块菜帮子也不止半斤，储藏在菜窖又会损耗，煮熟放进嘴就剩下两口了。晚上做梦，上课做白日梦，离不开鸡鸭鱼肉蛋糖，那得等到国庆节，会餐每人一两猪肉，学校大发慈悲说每人二两！学校农场拉车的两头老驴，一头病牛，总算凑够数。本来10点放学，我非要等到16点会餐，把二两猪肉、驴肉装进掉了瓷的漱口杯，五两真正白面馒头塞紧杯口，然后屁颠颠回家过节。飞跑下山，在北安河站等长途汽车，半小时到温泉总站。排长队等46路汽车，挤不上去我扒窗户进车，紧紧抱着书包里的二两肉杯子，晃荡一个钟头到总站颐和园。排超长队等33路汽车，一站一站熬到中关村总站；转32路汽车下五道口站，走到北京矿业学院我七姨妈家，整整晚上8点。全家人等我吃节日大菜，七姨丈是留学美国加州大学的硕士，当时任矿业学院地质系副主任。说他40多岁的人，还没吃过驴肉。后来母亲到北京开会，才知道我狂吞五碗白米饭的饿鬼相。她补贴我20斤全国粮票，马上造就一个暴发户，拿住一沓机动饭票，每顿饭多买二两馒头或窝头，缩在被窝里静静享用。

在四十七中的一年也有开心事。少年不知愁滋味，有什么新鲜事都会激动一番。开设外语课，苏联老大哥嘛，俄语第一堂要学打嘟噜，"TRRRRRRUUU"，个个口沫横飞，学不会的第二堂不准进教室，站外边打好嘟噜再说。上了几堂就听说中苏翻脸，学俄语没用了，可以转学英文。到今天我只记得"牙、捏次、拿、唷"。我对历史课最感兴趣，一个个故事，跟看小说差不多。期中考成绩拔尖，封了历史课代表，只是收作业、发测验卷子，已经趾高气扬。古人说"文穷而后工"，大有道理。吃不饱，睡不着，学校实行所谓劳逸结合制度，每天只上4节课，体育课自由活动，保存热量。所幸北京四十七中的图书馆一流，俄文不学，苏俄小说可以照看：《旅顺口》《斯巴达克斯》《当代英雄》《巴格拉齐昂》《远离莫斯科的地方》，中国的《东周列国志》《上海的早晨》《志愿军一日》《红岩》《三里湾》《六十年的变迁》《骆驼祥子》《中国民间故事集》，西方的《堂吉诃德》《骑鹅旅行记》《格兰特船长和他的儿女》《格列佛游记》《一个匈牙利富豪》《吹牛大王历险记》《好兵帅克》《艾凡赫》……

我初中一年级肯定没学到多少课程，但是成绩单是亮丽得出奇，平均分五减（比最好的五分差一点儿），只要操行能评到良，这个学年就能拿优良奖章。可惜我小学六年一直评"中"，今年也不能摆脱"自由散漫"的评语。班主任孙宝城老师动了爱才之念，耐心说服班干部，为我在同学当中拉票。他说马鼎盛劳动观念不错，上山捡杏树叶给学校喂猪，拿自己的床单包回9斤树叶，说我经常主动去伙房帮厨。上课说话、做小动作也少了。少先队副大队长和班长都知道我上课偷看小说，进厨房切白菜心吃，感谢他们隐恶扬善。我拿优良奖章向母亲报喜。

我和中学班主任廖庆芝老师

我给周总理说相声

相声，没有谁不喜欢。

周总理，谁不爱戴？

我给周总理说相声的事，确是异数。最近有前辈提起，我还感到羞愧难当。

我们那一代人提到总理，根本不用指名道姓，就跟民国时，人们一说总理，绝对是孙中山先生。从1949年以后，神州大地上的总理，只有周恩来。

总理在文化艺术欣赏方面也是个大行家。我呢，当年连业余演员也不是，不过是贫嘴饶舌的小毛孩子，学了两段相声，能到总理面前献丑，全是老娘的面子。

1960年，粤剧《关汉卿》到北京献演，父母亲是主角，我也跟着白看几场戏。那天在后台，演员们特别兴奋，说是准备到中南海去演出。中南海本来没有什么特别，明朝、清朝的一座御花园罢了。新中国成立之后，就平民化了，跟中山公园、北海公园一样。再往后，成了中央的象征，一个剧团，能唱到中南海里去，那是最高的荣誉。咱们是小秃子跟着月亮走——能沾上点儿光。

进公园要点门票，进中南海更要一个个点数，"幸好"一位乐师突然上吐下泻，多出一个名额，剧团领导和有关方面商量，想把我的名字补上去。妈妈知道后，一票否决。

中南海咱们没进去过，好奇心肯定有，一盆凉水浇下来，心里别提多窝火了。

见多识广的妈妈，深明一人向隅、举座不欢的道理，她先表扬我最近的组织性、纪律性强了（连我自己也没发现），怪不得加入少先队的大喜就在眼前（她的消息比我都灵通）。再强调剧团进中南海演出是严肃的政治任务，要我开开心心地支持父母，完成总理交给的政治任务。

她把总理搬了出来，我还有什么好说的？自打我6岁起，父母在香港已不断提起这个神圣的名词，正是他，把我父母接回内地，使我们全家的生活，起了前所未有的变化。我来北京好几年，也只在国庆游行时，远远地望着天安门上总理的身影，从来无缘会面。

我从小就伶牙俐齿，偏偏在老娘面前就没了词儿。兜里揣着一把零钱（那是妈妈给的物质安慰），干脆去逛天桥吧。三张毛票一、二、五；六个"钢镚儿"（北京话：硬币）俩五分、仨二分、一个一分钱，差三分就是一块"大洋"！

小孩有了钱就吃呀，一根冰棍儿不过瘾，再来两根；前后三根小豆冰棍儿下肚，什么气也消了。在天桥左逛右逛，觉得还是听相声带劲。《关公战秦琼》是侯宝林的拿手好戏，故事很简单：民国初年，山东军阀韩复榘给他老爹做寿，请来京剧名角唱关公戏，过五关斩六将。韩老太爷看戏太认真，说："关羽是山西人，怎么跑到咱们山东杀人来啦？今天我非把山东人的面子争回来不可！"

这位老霸道便命令改戏，要山东好汉秦琼上场担纲，非打败关公不解气。这个大笑话有生活做蓝本，侯宝林把倚官仗势而又胡改历史的土霸王讽刺得体无完肤。我早在收音机里听过多少次，这回看到舞台上的表演，那丰富的面部表情、内行的京剧功架，把台下观众带入欢乐的高潮。

散场后，回到粤剧团所住的酒店，才知道大事不好！我没能进中南海的事，不知怎么传到总理耳中，一辆车开出来找我。就这么一个小学生进趟中南海的小事，真让总理操心了。

"上哪儿去了？"妈妈问。我没敢看她的脸色，心慌意乱地回答："跟侯宝林学相声去了。"小孩子吹牛皮也有点儿影子，偷师不也是学吗？

不久，妈妈带我进了中南海，说是总理请吃饭。黑色的吉斯轿车开进西华门，没走多远，拐个弯就到了院子门口。我们步入院子已见总理和邓大姐

母亲带我进中南海穿的就是这身衣服

站在台阶旁边迎客。轮到我握手了，总理的手又厚又大，虽然我是名不见经传的小学生，总理还是用力握住，极有个性地左右晃了两下，就像电影纪录片上看到的一样，一边含笑说："你叫鼎盛啊，跟侯宝林学相声吗？"真要命，以讹传讹，没弯可转了。四菜一汤的家常便饭，在1960年，比学校伙食好，可惜我一点儿也吃不出滋味，心中牵挂那差不多是"欺君之罪"！邓大姐一个劲儿给我夹菜："孩子正在长身体，多吃点儿。"我只好心慌意乱地大口吞饭，去盛饭时，在擦得锃亮的地板上差点儿摔得人仰马翻。

饭后，邓大姐看看总理，转过脸来问妈妈："有什么业余节目？"我难逃此劫了，老娘满脸笑容说："欢迎鼎盛给总理说个相声！"

单口相声最考功夫。还是说个《解学士》吧，小故事一个，说明朝才子解缙，幼年以对联难倒当朝一品丞相，相府管家曹安是小丑，这段相声只要背上好几副对联，还是容易过关。表演小顽童，正是在下的本色。

我站在长沙发后面，只露出小半截身子，减少了手足无措的局促。总理坐在靠背椅上，抱着膀子，悠闲而自在。我渐渐进入角色，居然背得朗朗上口，不知不觉已收了科。三位观众，一阵掌声，总理拍手节奏不太快，但掌声有回音，令我自信大增。邓大姐慈祥地笑，妈妈兴奋地叫道："再来一个！"

  我真是昏了头，什么高档次的相声总理没听过？我这点儿小儿科至极的包袱，敢在总理面前一抖再抖？居然一个人说起《关公战秦琼》来，还手舞足蹈地唱了一嗓子京剧："你在唐来我在汉，你我打仗为哪般？"这是关公的词，演秦琼的本来也一肚子气，这下再也忍不住地唱出来"叫你战来你就战，你若是不呀战——用手一指那韩老太爷——他不管饭（意为他不出粮）"。

  唱得兴起，我摇头晃脑用手戳指——没想到总理正坐在我指的方向，相距不到三米！好在我手未指定眼神已递过去，看到总理歪着头，无声地笑出来！我那手指本能地兜回，戳向左方。就这点儿小聪明，竟赢得满堂喝彩。

  长大成人之后，我才知道总理日理万机，忙得如厕时也要办公，在中南海常常一溜儿小跑，奔波于各办公室之间。高级干部向总理汇报，也争分夺秒，累得他每天的睡眠只有四五个钟头。

  我那两个破相声，起码浪费了总理十来分钟。

散步

民谚曰:"饭后百步走,活到九十九。"

我没打算活到那么长久,不过,饭后散步,确实习惯了几十年。在《大公报》时,绕着爱群道走;在《明报》时,走永泰道运动场;在《星岛》和《天天》时,附近也有街旁公园,如今《文汇报》报社楼下更是一条海傍道,风冷水凉,若不遇到烈日或暴雨,则爬上天桥,上坡下坡来回十来趟,那点儿伙食也消化得差不多了。

1962年,我家老娘在北京休养,颐和园里有些"游人止步"的牌子,每天晚上清园之后,母亲照例要散步,沿着长廊往东,走到知春亭,回过头再顺着长廊走到石舫。一个多钟头的穷遛,累倒是不累,只是闷得抽筋。她老人家可以一声不吭,我哪敢挑个话头?搞不好盘问我的功课,那不是没事找事吗?说是湖光山色,风景如画,可真叫"人在图画中",独自过上十天半个月,你和扫院子老大爷的感觉也差不多了。

实在无聊,就在心里找首歌来哼。那年头儿,最时兴"洪湖水、浪打浪",电影看过十遍八遍,连彭霸天的"石板开花无根底,穷鬼竟想上天梯",我也唱得有模有样。心里哼着哼着,可能是触景生情吧,"小曲好唱口难开"这一句,情不自禁地脱口而出,唱到"声声唱不尽人间的苦",才忙着收口不迭。

"接着唱呀,"母亲头也不回地说,"想不到你还挺抒情的。"

13岁的大男孩脸上火辣辣的,母亲不带教训语气的谈话,比昆明湖上的游船还稀少。我大着胆子说:"更抒情的我也会唱。"

"什么歌?"

"《蝶双飞》。"

母亲肩膀一颤,又接着遛开了腿,悠悠地说:"唱唱看。"

那是田汉先生的大手笔,虽然初中学生领会不了粤剧《蝶双飞》有多少内涵,但唱在嘴里已经非常过瘾:

"将碧血,写忠烈,化厉鬼,除逆贼。

"这血儿啊!化作黄河扬子浪千叠,长与英雄共魂魄!

"强似写佳人绣户描花叶,学士锦袍趋殿阙;浪子朱窗弄风月。虽留得绮词丽语满江湖,怎及得傲干奇枝斗霜雪?

"念我汉卿啊,读诗书,破万册,写杂剧,过半百……

"俺与你发不同青心同热,生不同床死同穴。"

一曲唱完,才感到长廊四下寂静无声,我深感兴奋之余有点儿后悔。

"谁教你的?""你呀。"家里的唱片听过不多次,只是那词太好,曲太妙,不由得你记不住。

"唱得像那么回事,可惜你不会用气,嗓子累吧?"

我再没敢请教她,怎能连唱几个小时,还能气定神闲。回去的路上,占据我脑海的不再是唱,而是吃:今晚消夜是糖水,还是炒饭?

给我猜中了,果然是扬州炒饭。"大米饭,炒鸡蛋,吃了一碗又一碗。"这支儿歌百唱不厌。三大碗炒饭吞下肚子,我抹抹嘴巴想,经常吃素,保持走路……太有道理了,如果不散散步,不是胖得跟猪八戒一样?天蓬元帅的名句是:吃饱了不挺尸,肚里没板脂。

妈妈带我泛舟昆明湖,左三是著名导演孙维世

看看伙房王师傅的肚皮，才知道什么叫"板脂"。他擀出来的面条，比机器做的龙须面更细、更筋实。"开玩笑！人家以前给朱老总做饭。"他的徒弟叫我们留神王师傅的肚皮。夏天他老人家光着大膀子擀面，动手之前，先拿块白布把肚子扎起来，以防肚皮滑到案板上，错把它当面团一起给擀了。

颐和园的休养所伙食好得不像话，顿顿四菜一汤，可惜我愣是吃不胖。也许和散步有关系，不过这习惯好得让人改不掉，一直到暑假结束。

开学第一顿饭，是熬洋白菜和蒸窝头，只要使劲多嚼几口，棒子面也有甜味。三几口就扒拉完的菜盆子，基本上用不着洗，盆子底连一点儿油星也看不见。清华附中大饭堂旁边的公路，沿着圆明园旧址能一直走到体育学院，两旁树荫越走越模糊，红日西斜，一摸肚子好像什么也没吃。"肚里没板脂"，穷溜达什么劲呢！

第二天，吃过蒸窝头和熬洋白菜，便信马由缰，又轧上了马路。渐渐地，班里风言风语地传出了"马杨合"。青春期的少男少女，对异性问题特别敏感，全班刚好二十六男、二十六女，谁跟谁一走得近些，马上被人配成一对。刘大有、苏熙华是对百分状元，自然是"刘苏合"；钟维光和杨荣杏都是课代表，那就"钟杨合"。

骆小海是书呆子一个，方开莉则是活跃异常的文娱委员，为什么配成"骆方合"，到今天我也没搞清楚。

杨凯莎高头大马，我初二那年比她矮一截儿，人家是1948年11月1日生，比我大四个多月呢。再者说，我从来也没觉得她有多好看，咱走南闯北，漂亮小姑娘见多了去了，一贯喜欢林黛玉，谁稀罕史湘云？

又到了饭后百步走的时光，没听到身后有脚步声，但感到杨凯莎就在视线之内。我顿时浑身不自在，好像腋下出汗，两个膀子要伸开才行。脚底下也像在拌蒜，这双鞋什么时候破个大洞？大脚趾想缩都缩不回去。

不知什么时候，她走到前面去了，我才第一次发现，那双辫子那么长、那么黑、那么粗、那么亮！辫梢还带点儿卷毛，在腰际欢快地跳动。有好一阵子，我的目光都不能离开左右辫梢，心也没敢往别处想。直到她转身往回走，我才发现自己几乎和她擦肩而过。一股从来没闻过的味，直透五脏六腑，心跳得连自己都听得见了。

当晚在宿舍受审，"遛了一个小时，都说些什么话？""别冤枉好人！""'马杨合'还有什么可说的？光拉着手就够劲啦！""坦白从宽！别是亲了嘴吧？"男生起哄的声浪一直折腾到熄灯铃响。

明天，坚决不去散步了！这一夜，卷毛的辫梢老在眼前晃。我始终没搞清楚，为什么空肚子散步，也会上瘾？

一块白面火烧

"一块。"

"一块。"

"又一块!"

压低嗓门儿的童声,在大饭堂上空此起彼伏。

北京市育才学校的大饭堂气度非凡。原是大清王朝的禁苑,一座大殿长十八丈,宽八丈,如今隔出三分之二作大礼堂,余下的是大饭堂,我们六年级近三百名男女同学集体用餐,大殿一侧还是绰绰有余。

六米长的饭桌,二十名同学面对面坐好,盛满白面火烧的簸箩放在过道一端,谁吃完了一个也不准站起来拿,只能轻声向身旁的学友说"一块",信息依次传到桌长耳中,他从簸箩里抓起一块冒热气的火烧,通过"人肉输送带",迅速到位。

二两重一个的火烧,如果只能再吃得下半个,也可以叫"半个",不过,今天没有谁肯叫"半个",因为饭后考试,叫半个火烧,岂不是半途而废?

虽然是1961年,全国处于严重困难时期,但是,从延安走到北京的育才学校,总不能让孩子们饿着了。虽不至于顿顿大鱼大肉,但大米白面是少不了的,像如今大考时节富强粉的火烧,真是越嚼越有滋味。一般的白面,是一百斤小麦磨出九十来斤面粉,多少掺了些麸,不免白中带黄。那年头儿不懂什么健康饮食,面粉筛得越精越贵。多过两筛子,那精面粉白得透亮,一百斤小麦才出八十一斤富强粉。国家为了节约粮食,严格限制富强粉的生产,老百姓逢年过节才配给一斤、两斤。

我们苦读六年，眼看要升中学，比什么过节不重要？"一块！"我打着饱嗝说，不吃够五个大火烧，哪能拿五分呢？饭后还有苹果，又脆又甜又多汁。"是山东的，还是辽东的？"我充着内行问。

"看清楚啰，这是地道北京西山生产，刚摘下来的，还带霜呢！"五大三粗的女同学接茬儿，怪不得人人叫她"刘媒婆"。"你报四十七中了吗？那儿苹果满山都是。"

我三口两口吞下了大苹果，鬼使神差地报考了四十七中。谁知道满山果树的中学在西山哪道小沟！

暑假快过完了，妈妈在长途电话里对我重复了这道难题。"其实也不算太远，"我当时不知哪儿来一股豪情壮志，"从西郊矿业学院姨妈家，坐31路汽车到中关村，转32路到总站颐和园，再转33路到总站白家疃温泉，再转远郊区班车坐二十分钟就到北安河村……"我对着入学通知书的交通指引，念得蛮顺溜，她听着已经不耐烦："转这么多次公共汽车，要几个钟头呢？"长途电话线的沙沙声，正好掩盖了我的慌乱。"穿过村子走十分钟山路就到校门口了。"

入学通知书当然写不下依山而建的北京市第四十七中学，从校门口走上大操场，再爬上初中部，最后登上宿舍区，总共要爬一百八十八级石阶，哪怕一个富强粉做的火烧也不够消耗的。

四十七中没有富强粉，倒有闻所未闻的混合面。

北京人习惯吃粗粮，棒子（玉米）面可以蒸窝头，熬稀饭，贴饼子，粗粮细做金银卷儿。高粱米也是可干可稀，白薯能烤能蒸，小米倒是稀罕物了。只有困难时期才有的混合面，教我们"育才"的同学开了眼界。酱紫色的小"馒头"，完全没有粮食的模样，暖暖的，拿上手沉甸甸的，试着掰一小块下来，倒像年糕一样，一捏一个坑。试着尝一点儿，咽到喉咙里还带点儿苦。

"哟——"刘媒婆人没进来，声音先到，"这小馒头倒像高级点心。"她一口咬下去，愁眉苦脸看着大伙儿，到底没敢吐出来。那年头儿谁敢吐一口粮食？一些工农子弟早就看她不顺眼，一顿饭没吃完，新的顺口溜已经传开：

我们两兄弟小时候衣食住行一样,严重困难时期就两样

"高级点心高级糖,高级老头儿上茅房,高级育才学校女,赶快嫁个高级郎。"

本来我也挺腻味"刘媒婆",后来看她一个下午呕着酸水,还得躲着起哄的男孩子,就发扬一点儿"育才精神"说:"刘梅,咱们去医务所吧,我胃里也酸得够呛。"

小小的校医务所,连走廊都挤满了人。一个高中的男生正口沫横飞地对低年级生演讲:"这混合面原来也是好粮食,无非高粱、玉米、小麦、大豆之类混合而成的,每年旧粮去,新粮来,总有些仓底货,积压的年头儿多了,又湿又碎,渐渐和地皮打成一片。要不是全国自然灾害,旧仓库也清了底,咱们哪能吃到这般古董货?"

听他这么一讲,在场的人没有不大冒酸水的。校医也不用望闻问切,一人一把胃舒平(复方氢氧化铝片),嚼到嘴里嘎嘣乱响,吞到肚子里听得到嗞嗞的化学反应,弱碱化合了强酸,人人顿时放松了眉头。从此,胃舒平成了时髦的饭后果。

直到中秋加国庆的大节日,好不容易盼到一顿大米白面加肥肉,饭后还有月饼和糖果。我挺着肚子望山头的月亮,心中漫无边际地遐想:"刘梅,你爸的部队是不是驻扎在香山?""是又怎么样?""老没见你回家?""有啥好回的?""起码吃顿饱的!"

"我妈不是亲的。"硬硬的水果糖差点儿噎在我嗓子眼儿里。眼前的"刘媒婆"好像换了个人,嘴变小,眼睛又大又亮,她的声音也从来没这么柔和:"我两个弟弟四个妹妹都是这个妈的,家里哪有我的地方?"

"那我比你强点儿。"这秘密我从不在学校说,"我爸另娶了个胖婆娘,我妈还是自个儿过。听说老有人给她介绍对象。""那你放假还不赶紧回去看着点儿?"

一放寒假,我马上坐火车回广州。学校发给我路上吃的三天的干粮,一斤半贴饼子,一斤半火烧,其中有一个是富强粉做的精品,我准备带回去给全家尝尝。

一斤干粮不算少,比每天的国家定量还多一点儿,但是慢车站站停,路途显得格外长,车上人人都闲不住的嘴,"蜜蜂牌"的卷烟八分钱一包,前后左右抽得烟气腾腾。不断地喝水,不断地撒尿,我肚子很快就饿了。棒子面贴饼子熬到汉口,粗面火烧挨到英德,谁知道在从化站一塞车三个半钟头,干粮袋连渣都抖搂清了,只剩香喷喷的精面火烧,轻轻摸上去滑不溜秋,要是掉点儿皮下来,给我在嘴里含一会儿也好呀,可它愣是无懈可击。最后,一把胃舒平也难把酸劲压住,翻上来,再咽下去……

赶回华侨新村的家中,等不及晚饭,外婆早送上一盒蛋糕,我忙不迭地往嘴里塞。"慢慢吃,没人和你抢。"她顺手端过水来,"不用粮票的。"嗯,原来是高级点心。

晚饭相当丰盛,一咬满嘴流油的猪扒,连骨头也透着鲜味的白切鸡,清蒸什么鱼无所谓,光是鱼汁就能拌白饭,碧绿的青菜久违了,"老少平安"(鱼片蒸豆腐)是换水土一定有的菜。我的精面火烧弄熟了上桌,妈妈首先掰一片,边嚼边说有北京味,外婆也有滋有味地咬着一片,姐姐哥哥也当个稀罕……饭后到花园逗小狗,见到狗食盘里一片白乎乎的。那不是我的火烧吗?小狗大模大样地左闻右闻,不肯上嘴。"阿黄……"姐姐一声唤,小狗扭头飞奔而去——她手里举着一块蛋糕。

与母亲在颐和园

母子闲话家常,在妈妈晚年是深情的期待。可惜我们聚少离多,一年见面几次都是来去匆匆,我回到广州探望老人家多数是顺水人情,甚至过门而不入。她有事到香港也不能每次都叫我吃顿饭、喝个茶。我们母子一场64年,也就是1961年冬,她住进颐和园介寿堂休养,直到1962年夏天,差不多每个星期天我都去住一晚。1962年暑假,母亲叫我住进颐和园补习英文,这一个月有机会经常和她闲聊天儿。13岁的我童言无忌,摆脱日常工作的母亲也难得有点儿放松的时光。颐和园晚上不对外开放,喜欢散步的妈妈和我沿着长廊溜达,它临昆明湖,傍万寿山,蜿蜒曲折。这长廊是世界最长的画廊。它东起乐寿堂之邀月门,穿过排云门,直到万寿山西端的石丈亭,全长700多米,共273间。

长廊枋梁的彩画不计其数,好在肚子里面还有点儿存货,《三国演义》的"三英战吕布",是两三岁时观赏走马灯听来的故事。吕布虽然是坏蛋,却武艺高强无人能敌。刘、关、张要哥儿仨打人家一个,曹操更没风度,足足派出六员上将围攻吕布,其中包括典韦和许褚这种超一流的猛将。听着我说得口滑,妈妈头也不回道:"你记得典韦和许褚不难,连夏侯惇、夏侯渊、李典和乐进四将也说得出,《三国演义》看了几遍?"母亲问得外行,讲故事虎头蛇尾的罗贯中让我规规矩矩看一遍也难。自从关公、张飞死后,《三国》就没有味道了,诸葛亮拜星星失败,剩下木头孔明只能吓唬司马懿,怎么能哄我再翻书?能够耐着性子看完60本《三国演义》的连环画,那是画得精彩;钟会和邓艾"二士争功"还有点儿故事性,"姜维避祸"就英雄末路了——我说的是罗贯中。母亲轻轻叹道,你喜欢看小说,会挑中外名著看很好,做功课有这么用心吗?煞风景的话题幸亏让"武松打虎"的长廊彩画解了围。我反问妈妈:"您看得出这故事假在哪里吗?"母亲怎么不清楚这个小儿子专门挑刺儿,"你说说怎么假?"

"《水浒传》描写道:老虎翻身又扑过来。武松又一跳,退了十步远。老虎恰好把两只前爪搭在武松面前。武松两只手就势把老虎顶花皮揪住,往下按去。老虎想挣扎,武松使尽气力按定,把脚往老虎面门上眼睛里只顾乱踢。老虎不住地扒身底下的泥,扒成一个土坑。武松把老虎一直按下黄泥坑里去。老虎叫武松弄得没有气力了。武松用左手紧紧地揪住老虎的顶花皮,空出右手拳头,使尽平生气力只顾打。打了五六十拳,老虎眼里,口里,鼻子里,耳朵里,都迸出鲜血来,一点儿也不能动弹了。"我说,"老虎身手敏捷,哪有那么容易按得住?咱们家养的猫,我试过按住它的头,它前爪立即抓到我手背,后爪翻过来猛蹬我手腕、小臂。"妈妈忙问:"你没事吧?""嘿嘿,戴了皮手套,穿了两件长袖衣服。"我得意地说。

我们看过《三打祝家庄》的彩画,宋江大队人马中了祝家庄十面埋伏,全靠"小李广"花荣一箭射落敌军的指挥信号灯笼。母亲问到《水浒传》的人物中谁的武艺最高强时,我说战绩最辉煌肯定是没羽箭张清,他前后打败了梁山泊大将关胜、呼延灼、董平等十七员马步头领。我感觉有问题的是张清的石头有效距离不过十来步,"小李广"花荣的神箭百步穿杨,浪子燕青的弩弓也百发百中,曾经射伤张清的马,或者手下留情,否则"一箭封喉"也容易。

弓箭是农业社会、冷兵器时代的战争之王。千古一帝秦始皇横扫六合,唯一担心的是匈奴犯边。蒙古王朝难言文化,不代表先进生产力,"成吉思汗,只识弯弓射大雕",但是,欧亚大陆多少文明国家还不是被迫臣服在控弦之士的铁蹄下?

母亲说:"后羿射日的故事,我们中华民族的想象力真是丰富,连主宰万物的太阳都敢一箭一个射它下来。我听你讲了这么多年的故事,有没有一些是你自己编出来的?"我一时语塞,思前想后,还真是没有。知子莫若母,她指出我有好的记忆力,能复述事情,有表达能力,甚至即兴表演得乐在其中，但是缺乏想象力。我想可能是天生的缺陷，多年以后考大学，报读广州中山大学和华南师范学院（即今华南师范大学），都填了历史系和中文系，全部收到入学通知，我从小酷爱读文学作品，但是有自知之明，缺乏想象力，即使一班哥们儿吹牛，最多夸大其词，不会无中生有。所以还是读历史实实在在。

  颐和园长廊的彩画表现中华文化的结晶，我从小就喜爱的《西游记》《水浒传》《封神演义》《杨家将》《岳飞传》《聊斋志异》《红楼梦》《今古奇观》等内容，抬头可见。我突然想到：这么多历史故事题材，怎么在母亲演过的戏里就没有？妈妈说："我演的戏你才看过几出？"粤剧著名的传统保留节目《仕林祭塔》不就是《白蛇传》里的故事？母亲在20世纪80年代中到香港演出，年届花甲的她把白素贞（白蛇）如泣如诉的唱段演绎得淋漓尽致。据说颐和园长廊的彩画有四幅与《白蛇传》有关的呢。我们起码找到了《断桥》和《送伞》两幅。

总理记得马尾云

时下的香港,"总理"辈出。随便一个民间机构,"总理"成班成排,数不过来。在我们青少年时代,神州大地只有一位总理——周恩来。

笔者有过无数绰号,"马尾云"是其中之一。这是总理给起的,而且,只当面叫过一次。

6岁那年,我随父母从香港迁居广州,家中大厅的一壁,不再是祖先牌位,而是伟人画像:毛主席和朱总司令。人们都认识,那是传奇一般的伟人。周总理在父母的口中,更加亲切。安排我们家回到祖国生活,是总理直接关怀的结果;马师曾、红线女能在粤剧领域创出一片新天地,有《搜书院》《关汉卿》这样的戏宝传世,同总理的关心也分不开。这些话,父母常挂在嘴边。

20世纪60年代初的一个夏日,总理泛舟颐和园,母亲带着我和哥哥随行。公园里游人如织,总理穿着短袖白衬衣、西裤、凉鞋,在人群中并不显眼。

我们小哥儿俩跟在总理身后两步,一行人沿着长廊走去,并没有发现前呼后拥的保安人员。去过北京万寿山的人都知道,颐和园长廊真不算宽,迎面而来的游人,同总理擦肩而过,即使有认出他来的,也只是笑着点点头。

我们在排云殿前的码头登上画舫,船舱内两排座位,中间一张长条桌子,摆些水果汽水之类。我们家的规矩,大人说话,小孩子不能乱插嘴,何况在总理的船上。船头没有顶篷,我们十三四岁的初中生怕什么晒!何况,还有冰镇的酸梅汤喝。喝完汽水,我留意到船头有一位叔叔,不像白面书生的秘书,但也不像高大魁梧的卫士;再看过去,船尾也有一位叔叔,看来是安保人员。

他们会带着枪吗？一想到枪，哪个男孩子不兴奋？盛夏的烈日晒得他们汗流浃背，一把手枪能藏到哪儿去？哥哥笑我连枪也没摸过，他却在陈郁省长的警卫员那里玩过真枪，"我还打过一枪呢！比放什么炮仗都大声。""真的吗？陈省长家能随便放枪？"我撇撇嘴。

小哥儿俩斗嘴逐步升级，他提起我给总理说过相声的往事，我可从来没向谁炫耀过，一来只是饭后偶然的余兴，作为完全外行的孩子，装神弄鬼地给长辈破闷解颐而已；二来是事后真有点儿怕，总理看过侯宝林多少次表演，他老人家记性又奇佳，八成听出我的错漏，还不敢叫这弱小心灵受伤害，听完了还要夸一句："你还会讲山东话。"那时我根本没去过山东，也不认识山东人，只是拿腔捏调地把普通话说歪两句就算交差。哥哥是从哪儿打探来的消息，在这节骨眼儿上，真是哪壶不开提哪壶。

我有点儿犯急了，拧身就要拔枪——腰上别了支小水枪，橡皮做的。

图中是当年清华附中校长万邦儒老师，他还记得有个学生给总理说过相声

拔枪的手被他按住,跟着那句耳语使我放弃动武:"别闹了,总理往这边瞧呢。"好,看在总理的份儿上,咱们另找地方决一高下。老天有眼,没多久我就胜出漂亮的一仗。

到北戴河度假,如今已不稀罕,21世纪的中国人,去纽约、巴黎、东京还是悉尼,都是闲话一句。记得在四十年前,能享受北戴河的阳光、海滩,还是中国人,特别是北京人的身份标志。妈妈要带我们去北戴河,过一个长长的周末。火车到山海关站小歇,我们哥儿俩溜下了车,宽阔的站台空无一人,天上有鸟,就望望天,我一指天边几朵白云说:"看见没有,明天准下雨。"哥哥嗤之以鼻说:"你怎么不说下雹子?"

"我看过书上说的。""我也看过书上说,你是诸葛亮,不过是'带汁'的诸葛亮。""你懂什么呀!天边那几片叫马尾云。"

"哪儿有马尾云呢?"不知什么时候,总理走过来。我脸上轰地热到耳根子,老老实实回答:"我们学的自然课本上说,那种马尾巴形状的云,是降雨的预兆。"

"好,我们明天记着看看。"总理说着,招呼我们上车。怪不得站台上没旅客,怪不得车厢里特别宽敞,原来是"专列"。连玻璃窗也好像特别大,我死盯着遥远的天边,生怕那几条马尾云离我而去。本来是随口对哥哥"掉书袋",漫不经心之至,谁知道居然"上达天听"!我丢点儿小面子不算什么,老爸老妈脸上不好看事大。

到了北戴河,我竟入住一座小洋房。这会儿好像肚子不饿,先跑到院子去找蚂蚁,巡视了一轮,大失所望,三两只觅食的大蚂蚁在草丛里东游西逛,却没有成群结队的搬家蚁族,看来明天的雨意不浓。

我睡惯了木板床,对软绵绵的沙发床很不习惯,觉得它弹力十足好像坐船。窗外的星空几乎令明天下雨的可能性降至零,

"天有不测风云"这句话，还不知是凶是吉。翻过来，倒过去，突然想到总理日理万机，怎会把黄口小儿一句闲话放在心上？就算天不下雨，也许他老人家也忙得没留意吧。又一想，要是真让我说中了呢？总理不提，难道我还厚着脸皮表功不成？这点儿虚荣心折腾得我半宿没睡。

耀眼的阳光射进床头，我还没睁眼，就知道大势已去。没精打采地爬起来，早饭的豆浆淡淡的，油条蔫蔫的，正像我那副倒霉样儿。妈妈规定我们上午做暑期作业，下午才准下海游泳。要背的古诗偏偏是"春眠不觉晓，处处闻啼鸟。夜来风雨声，花落知多少"。这一类有风有雨的诗，还有什么"僵卧孤村不自哀，尚思为国戍轮台。夜阑卧听风吹雨，铁马冰河入梦来"。这晴空万里的眼前，古诗就别拿这风风雨雨寻我的开心了。

午觉一醒，马上下海，虽然只有游二百米的水平，到了海里，盐水的浮力比游泳池里大得多，有点儿风浪也不怕。我们沿着防鲨网往外游，真有什么呛水抽筋的事，身边就有保险绳。海滩上人人都只有寸布蔽体，我想，即使总理在人群中也分不出谁是谁。可是谁都知道总理不下海游泳，那倒好，免得想起下雨的事……哎，不对，总理的胳膊不是有旧伤吗？那一下雨该会疼吧？可千万千万别下雨呀，这该死的马尾云！

一时想通了，心里顺畅多了。游出了拍岸浪区，大海挺平静的，游累了，整个人挂在防鲨网上，好像有什么小东西在碰我的腿肚子，定睛一看，是一群小鱼，也就是寸把两寸长，苗条的身子，灵动的尾巴，七八十条，聚起来像一团烟，散开如流星，忽而穿过网眼，忽而绕在我腿旁，小鸟一样啄着，痒得钻心，却不忍惊动它们。看到入神处，不觉一个转头的逆浪，呛了我一口咸水。

也该回去了。顺风顺水，游得分外得意，改成自由泳更感到速度的刺激，不知不觉手已划到沙底，站直身子才觉得背上凉凉的一阵水点，定过神来才知竟然是雨点！

谁说福无双至？盼来了阵雨之后，接着是总理的家宴。邓大姐在客厅招呼我们说："总理正忙呢，你们先坐坐，吃点儿水果。"妈妈亲切地叫邓大姐，我们也跟着叫。她正好在翻照相簿。时下的少年，爱看书不爱看字，邓大姐的历史照片簿上，我认不得几个人，总理留着大胡子的戎装照片，已不易辨认，毛主席头发长长的样子，也是头一回见。只好找照片中的字来看。臂章上有"八路"字样，同电影故事就能连得上——哎，怎么是"第十八集团军"呢？邓大姐说："那也就是咱们八路军哪，抗战时期还有新四军，土地革命战争时候叫红军……""那解放战争就叫解放军了，对吗？""也不完全对，"哥哥插嘴了，"还有东江纵队呢。"他在广州读华南师范学院附中，有不少干部子弟同学，多少懂点儿军队的历史。

　　妈妈说话了："你们还小，军队的历史有很大的学问，连大学生也学不完。"说得有道理，我是历史课代表，每次考试不是五分就是九十七八分，可惜，只懂得从猿到人，秦、汉、唐、宋、元、明、清，死背几个朝代，几个故事，几个人物，亲眼见到珍贵的历史照片，竟然一窍不通。"我上大学一定读历史，还要学军事史！"小青年一激动就爱下决心。不过，在总理家下的决心，起码得有个交代。

　　总理走出办公室，问谁要打乒乓球？那年刚好是庄则栋两夺世界冠军，连容国团算上，中国男子单打已蝉联三届，保持住圣勃莱德杯；全国上下一片乒乓球热，连妈妈也能挥上几拍。她同总理对阵，两人都是推挡，打和平球，我在总理身后帮忙捡球，打十几个来回也难得落地，完全体现友谊第一、比赛第二的精神。我从小喜欢体育运动，但先天不足，后天失调。瘦小的广东人，初中二年级还不到一米五，在北方同学当中老是吃亏，加上四年级就近视280度，四年后已经是左眼400度，右眼350度，打什么球也受限制。

　　终于轮到我上场了，平时习惯了猛抽猛杀，起码也是左推右吊，这会儿一点儿用不上，打长球、高球还得留神别带转，不免手忙脚乱，腋下出汗。总理打每一个球都很认真，连擦边球也努力去救，我回过一球擦网，在网上滚了半圈，他忙上前抢救，小球却弹出界外，总理"噢"了一声，随即吐出一口气，呵呵地笑了。

　　运动量够了，总理擦了把脸，走出院子吹海风。邓大姐和妈妈也漫步走出屋外。我们小哥儿俩开怀大战，十一分一短局比赛，谁赢了就用总理的拍子。打累了有苹果吃，东北特产，特大，特甜。

大厅另一头通向总理的办公室，是四面不靠墙的独立屋子，几乎都是玻璃窗，屋内正中一张巨大的办公桌，桌上左右两大堆文件，一张旧转椅，几支铅笔排列整齐，有个毛笔架，好像今天还没开张。一副眼镜摆在一边，还真没见过总理戴眼镜的样子，他年轻的时候看那么多书，怎么就不近视？一盏绿色灯罩的台灯，见证了多少历史事件，两部桌头电话，不知道哪一部直通毛主席？

　　饭桌上的主角是螃蟹。渤海边的毛蟹出了名的肥美，我们当孩子的喜爱螃蟹，更在于吃它时候的热闹。虽然贵为总理，他也亲自动手剥蟹吃。我想，既然桌上将出现乱七八糟的蟹壳、爪子和残渣，人人两手腥兮兮的，嘴边油晃晃的，闹不好还会有流血事件，所以也不必讲什么礼貌和规矩了。

　　最容易吃的也是有最大块肉的蟹钳子，我留到最后享用；爪子掰下，盖子揭开之后，先进攻最复杂的蟹身子。我最不耐烦一点点抠肉出来吃，只是一口咬下去，能嚼得动的就吞掉，嚼不动的吐出来，桌上一团团的像狗啃过的一般。顺着妈妈的眼光，看过去总理面前，一双大毛蟹还整整齐齐地摆在那儿，总理怎么不趁热吃？

　　邓大姐笑眯眯地让我看清楚些，我真的擦干净手，再擦清楚眼镜，原来总理早已吃完了蟹肉，再将空壳子重新拼起，不仔细看，还真以为是刚出蒸笼的呢。说话间，第二只他又吃得差不多了。总理并没用什么"秘密武器"，只是用蟹爪稍微帮一下忙，一剔一条，一剔一块，听话的白肉红膏就可以完整地送进嘴里，除了指间的蟹香之外，谁看得出总理刚收拾了一帮"横行将军"？

　　"这是雕虫小技，"总理劝我们多吃点儿，"鼎盛预报天气有功，请你吃个大钳子。"我兴奋得不知所措了，忙说不敢劳总理的大驾，"我要是吃坏了这钳子，您的模型就摆不成啦。"惭愧的是，到今天我也没学会吃螃蟹。

　　一年后，才有机会再同总理一起吃饭。

　　昆安表姐考大学，分到北京师范学院。她想办法查到自己的高考分数是平均八十三点几，足够上清华、北大的，极度想不通之下，就求我妈把事捅到总理那儿了。在中南海家里，总理细心听昆安表姐诉说了原委，边请我们吃饭，边做思想工作。四菜一汤的家常便饭，说的却是关乎民族兴旺的大问题："不知道从什么时候起，师范只能收成绩低的考生？都知道名师出高徒嘛，你平均八十多分不去教书，偏叫五六十分的去教，岂不是一代不如一代？"总理的亲侄女周秉德大姐姐正好在场，总理接着说，"你们秉德姐姐当年也是优等生，她主动要求读师范。"邓大姐也说："教书育人是大好事，应该恭喜你呀，我第一份工作，也是教书。"他们就跟严父慈母一样开导，表姐还有什么意见？毕竟是严肃的话题，当晚的气氛当然不比北戴河的螃蟹宴了。临别时，总理的握手还是那么认真，那么富有节奏感，"明天是晴转多云，还是间有阵雨啊？你这个马尾云！"

在场的人都知道这个故事，全世界人人都知道总理好记性。

这封"南方来信"是我写的

中国和越南曾经是"同志加兄弟"。在我们中学生心目中，越南人个个是英雄：敢于同最凶恶的美帝国主义做殊死搏斗，用土枪土炮打掉喷气式飞机，创造战争史上的奇迹故事。我们听得热血沸腾，恨不得插翅飞到越南南方，亲眼看看他们的战争。

当年最流行的小说《南方来信》，不是一般人能买到的。我们曾凌晨3点起床，从西郊飞骑自行车赶到王府井书店，想拔个头筹的幻想被黑压压的人龙打得粉碎。说是卖一千本，那条队伍都快排到东安市场了。

我们班有名李坚同学，绰号"李大屁股"。本来，他老兄的屁股也不算特大号，可惜他是河南人，管屁股叫"腚"，李坚贵为体育课代表，成天要发号施令，每当他大叫"立定"！大伙儿马上想起"李屁股"，这个雅号不胫而走，连体育老师有时候也忍俊不禁。

不知从哪天开始，"李大屁股"的外号没人再叫了，魔力来自一本《南方来信》。李坚的二叔碰巧是文化局的什么科长，芝麻绿豆的官儿，也够资格弄到一本《南方来信》，救了他大侄儿于水火。李坚尽可以得意扬扬地大喊"立定"了，不管男女同学，都排着队借看他那本宝贝书呢。

平日里"李大屁股"叫得顺口，如今怎好意思开口借书？只有趁别的哥们儿看时，搭着肩膀"打书钉"——货真价实的打书钉，也不怕自己这四百度的近视眼再添点儿散光。正看得过瘾，冷不防李坚扭动着屁股走过来，撇着嘴，阴阴地笑，这下我什么脸也丢光了。

嘴里说不看，心里发着狠地想，一连好几天没着没落，谁知柳暗花明又一村：我有机会得到了一本《南方来信》，还是一分钱不花的奖品！为支持越南人民抗美救国斗争,北京市中学生举行横渡昆明湖活动,只要参加并成功游过600米湖面,崭新的《南方来信》就到手啦!

全北京怕不止几十万中学生,就算新华书店印得出这么多书来,昆明湖也装不下。大会规定,必须证明有能力畅游500米者,才有资格报名。报名标准不可谓不高,足以刷掉九成中学生的参加资格。幸好去年我拿到了"冬泳证",测验距离不多不少,刚好500米。

别看"李大屁股"是体育课代表,这小子是力量型运动员,踢足球、推铅球是把好手,游泳池边可没见过他的表演。再者说,他手里有了一本《南方来信》,还用去颐和园受累吗?

当年正是十四五岁的男孩子,精力绝对过剩,有显示体能的机会,谁肯错过?这天的颐和园,用"人山人海"四个字已不足以形容的。东宫门外广场已经挤得水泄不通,各中学的校车远远地卸下人,便排着车龙离开。我校几百名同学跟着校旗,在人堆里泡了30多分钟,才拥进颐和园的门沿。

横渡昆明湖的过程构想简单,参赛者在排云门旁存放衣物,然后顺时针绕昆明湖边大半个圈,走十七孔桥到龙王庙岛,下水游645米,回到排云门登陆,即大功告成。

这个星期天,如果美国有U-2侦察机飞来北京,偷拍的照片会看到盛况空前:颐和园内滚滚人龙不见首尾,长廊两边不用说满街都是游泳大军,由东向西在排云门前大转弯180度,画弧形缓缓向东,向东南,转南而转西,至龙王庙码头完成一个阿拉伯"2"字的反面。组成"2"字的人数不算太多,大约两万人吧。看惯天安门前百万人集会游行的U-2间谍机,不妨欣赏另一奇景:20乘20人的方阵,一个接一个横渡昆明湖,碧绿的湖水被搅得浊浪翻滚,U-2机上不是还有什么红外线摄录机吗?今天颐和园的气温是不是高了两摄氏度?

在两万米高空的U-2,据说可以读到地面上的《人民日报》报头上的四个大字,它看得到我愤怒的目光吗?李坚不但参加横渡活动,他还在队伍里指手画脚!副小队长算什么屁大的官儿?偏偏有那么一点点权,也用在我身上。李坚把我编排在全校最后一个小组,400人一个方阵,刚好把我划到阵

我在八一电影制片厂参观越南战争时期的武器

外。得意扬扬的李坚一脸坏笑:"真是对不起啦,我们先下水了,笨鸟先飞嘛;你这么聪明,也不在乎这三分钟吧。"

看着他左摇右摆的大白屁股,宽大的泳裤也遮不住,真想一脚踹过去。你小子等着瞧,老子非出这口鸟气不可!400人排成方阵,怎么也游不快,3分钟后,李坚不过在100米开外。我一跳进水,就盯紧着他游向前去。都说活水比死水好游,这昆明湖与玉泉山一脉相通,怎么好像泳池一样,使不上劲?李坚的泳术实在差劲,不一会儿我就赶上了他。一圈肥肉围在他腰上,把他半个屁股都托到水面,一块竹牌子用小绳拴在裤带上,那是大会发的领书凭证。我把小竹牌拽下来,他就拿不到《南方来信》了。

泳术不高的李坚,心眼儿并不缺少,我的手还没碰到他的小竹牌,他已经一脚踹过来,我缩得回手可避不开肩膀,结结实实挨了他一脚。连环第二脚又到眼前,水中闪避不及,额角又吃一臭脚。手忙脚乱地升出水面,我早已呛了一大口湖水,一连串猛咳,引来救生小船。虽然咳得说不出话,我心里却十分清楚:一上救生船,小竹牌就会被没收,拿不到《南方来信》不说,李坚的奸计得逞令人无法忍受。

救生船划到身边,我只好沉入水底躲过一时。垂直的双脚居然扎进冰凉的淤泥里,昆明湖怎么这样浅?不是平均水深一米八吗?事后才知道,南湖水深两米多,这排云门到龙王庙之间,不过是一米五左右。脚下有了底,心中也有了底,急剧的咳嗽居然慢慢消失了。我两手慢慢划动,脚下不用踩水,而是踩泥,如此这般休息了一阵,倒好像到湄公河的枪林弹雨里受过洗礼一般,心中着实自豪了一阵。

游了几十米,想不到救生小船上竟坐着李坚!他一脸苦相拖住小腿,救生员还在为他推拿。该不是踹我那一脚太卖力气吧?老子的头岂是你轻易可以踢的?你小子也不在乎少一本《南方来信》,只是体育队长的架子从此倒下来啦。

一股油墨味扑鼻的《南方来信》,白色封面上一幅热带丛林的图画:椰树、竹楼,一个个战斗故事,我一口气看到最后一页,用了不到两个钟头。定价两毛一分钱的小薄本,却激发了我无边无际的幻想。原来游击战可以打得如此出神入化:土造步枪击落直升机,竹扦子能打退精锐的特种部队,轻巧的掷弹筒把喷气式机群炸得体无完肤,美军司令部门口的哨兵会大白天失踪。照理说,美军对丛林战并不陌生啊,二次世界大战,凶悍的日本鬼子,在太平洋遍布重兵,什么瓜达尔卡纳尔岛、塞班岛,双方投入精锐部队,反复厮杀经年,美军死伤数十万,积累下了丰富的热带雨林作战经验,难道越南解放军比日本鬼子有更强的战斗力?军事也像司芬克斯之谜,越难猜越有魅力。同学们都说长大了要参军,我戴上眼镜已足足五年,眼保健操也做足五年,近视度数稳步上升到四百大关,这辈子与战场无缘了,除了做梦——包括做白日梦。一本小小的《南方来信》,揭开了我做白日梦的新一页。

初中毕业考试,我最不紧张的是语文,特别是作文那部分,无非讲故事,或者借题发挥。这天,我们清华附中顶楼的图书馆,坐上一百多同学也不显得挤,两个人一张大桌子,人和人之间隔得老远,桌子之间也颇有距离,谁想斜眼偷看才是妄想,再说,写作文有什么好偷看的?

考场铃声一响,监考老师在大黑板上写了"自由命题"四个大字。尽管考场纪律三令五申,大家还是惊讶得倒抽一口凉气:毕业考试啊!根本就是全北京市升学统考的热身赛,谁敢决定漫无边际的自由命题?到底是名牌中学,气度不凡。

这一阵,我做梦都在想着越南战争,干脆咱就写他一封"南方来信"怎么样?故事好编,再玩悬一点儿,从一个美军的角度去写,管他是汤姆还是约翰,算是海军陆战队的精兵吧,远渡重洋到越南基地,第一个晚上就挨了炮击:越共小队摸到基地的壕沟边,用六○迫击炮一轮急速射,打光几十发炮弹就跑,匆忙赶到现场的美军一无所获,还踩响一枚地雷,里外损失好几十人,油料库也被击中,折了锐气的约翰发誓要报仇。

坐"眼镜蛇"直升机出发扫荡,约翰饱览了湄公河三角洲景色。老兵告诉他,升起袅袅炊烟的和平村庄中,可能藏着"越共"的部队,池塘边赶鸭子的小姑娘,随时会举起AK47自动枪。后发先至的"空中袭击者"强击机,对目标地区发起扫射轰炸,约翰和一个连的陆战队随后跳出机舱,落脚未稳的战友中,已有人踏中地雷,慌忙散开的美军又有人掉进陷阱,丛林中一阵乱枪扫射过来,一枪未发的约翰已中弹倒地。

求生的本能,使美军不顾伤亡,迅速收缩、构筑环形阵地,靠着空中火力支持,负隅顽抗。越共方面并没以人海战术密集冲锋,只是凭借丛林的掩护,三五成群地逼近,向美军施放冷枪,命中率奇高。美军强击机一轮扫射,火箭弹集束火力对散兵杀伤力有限,炮火及烟雾反而使"越共"有机可乘:一个炸药包不知从什么方向抛进阵地,重机枪连同射手一块儿报销。

增援部队飞速赶到,把死伤美军撤出战场。约翰失血过多,昏睡了三天,才在岘港基地的医院苏醒过来。比起缺胳膊断脚的战友,约翰还算是个囫囵人,大家都庆幸,能戴个紫心勋章回国休养。

岂料好景不长,越共军队夜晚摸到岘港,一轮迫击炮,把机场和港口炸得火光冲天。警卫部队慌忙护驾之时,越共趁机摸进兵营和医院,美制的燃烧弹大派用场。约翰躲进厕所,有充足水源保命,那些重伤员鬼哭狼嚎,招来警备部队,漆黑一片之中抓不到越共的士兵,又踩上地雷,随后也进了医院。约翰的战地日记也被越共军人缴获,最后一页是女游击队员"阮氏萍"补充的。

一口气写满三页稿纸,还向监考老师多要了一张。听到离场钟声,我才恋恋不舍地停笔。这种作文考试,拿多少分不在乎,能把白日梦写在纸上,本身就是人生一大快事。

等发下考卷一看,作文得了最高分数——不及格里边的最高分——59分。

因为文法和作文各占百分之五十,我的总成绩是77.5分,算良好吧。教语文的张老师是个小个子老太太,人很和气而执着,她特别讲评我的"南方来信",先夸我记性好,能把故事讲得有声有色,"但是,作文必须是创作,不能照搬原著"。我忍不住挺身解释:这故事不是抄的,是我编的。

张老师的老花镜从鼻梁掉到鼻子尖!"是你自己编的?"她老人家真的没看过《南方来信》,吃惊之余,命我把考卷当众读一遍……全班鸦雀无声,连"阮氏萍"的补白也听完了。突然李坚举手发言说:美军快速部队出击中的一段,像《南方来信》哪个故事,岘港夜袭一段,又像《南方来信》哪个故事;连直升机中弹、迫击炮偷袭等小段子,他也在书中一一找出似曾相识之处,真不愧是《南方来信》的小权威。

我不怒反笑了,也举手发言:"《红楼梦》写过表兄妹谈恋爱,此后谁也不许写表兄妹谈恋爱了吗?怪不得《水浒传》之后,没有人敢写打老虎了;赵匡胤千里送京娘,也在关羽千里走单骑之后,难道'三言二拍'就黯然失色?"说着说着,我动了感情,不是为自己,而是为我的"南方来信",如果因看过《南方来信》自己做白日梦,也算剽窃,那请老师别给作文的59分,我宁肯总分只拿48分文法分数,语文毕业考试不及格也认了。

毕业考卷的改分权限,在校务委员会。校长啦,教务主任啦,教高中语文的国家一级教师也成了我的读者。"初六一四班那个小广东人,戴个小眼镜还挺能编的。"对照《南方来信》之后,校务委员会拿出最后决定——马鼎盛语文总分90分!

心细如发的李坚帮我计算,扣除文法得48分,我的作文算42分,即百分制的84分,他搔着后脑勺儿纳闷儿地说:"这84分是怎么给出来的?"我只知道,总分是优秀,在清华附中语文毕业考试的历史上,还不多见。

此后的岁月,有关越战的书我越看越多。二十年后,我才踏上这块土地,听曾在血与火中厮杀的军人,讲述真正的战争场面:法卡山前16个火箭弹坑,就那么一阵硝烟过后,整整一个连的精壮汉子,无一生还。英雄连的连长,望着那排列整齐的弹坑,眼中没有激情,也没有仇恨。我们没经过战火洗礼的老百姓,怎么看得透那幽幽的眼神?

父亲马师曾给我的遗产

1955年，在香港上小学二年级的我随父母回到内地生活；34年后，我只身返回出生地"洋插队"。工作四年后置业。香港金融界名人詹培忠说我是拿到遗产买的房子。身为名人之后，被世俗之见误解，在所难免。何况父亲马师曾给我的遗产令我受用终身？

父亲是粤剧名演员，却不是科班出身。在20世纪20年代成名的大老倌多数没有读过什么书，像父亲那样能够自编自演的是个异数。他珍玩的私章"学而优"，虽然"名优"却不忘学人的本色。他对儿子的教育抓得很早，在我3岁那年请来一位老夫子，是舅公老爷吧？给我们兄弟发蒙。也不管你肚子里有几两墨汁，就得死记硬背《孟子见梁惠王》，乳臭小儿不知所云没有关系，只要能字正腔圆背诵二三百字就能免受父亲的责罚。鬼使神差在60年后，我递交广东省政协提案就派上用场——"王曰：'叟，不远千里而来，亦将有以利吾国乎？'孟子对曰：'王，何必曰利？亦有仁义而已矣。王曰："何以利吾国？"大夫曰："何以利吾家？"士庶人曰："何以利吾身？"上下交征利，而国危矣！'"欣然命笔后查书核对，居然没有什么错。历年广东省政府工作报告绝大部分是讲经济发展，人民生活的改善。政协委员大会小会发言也离不开"挣钱"和"花钱"这四字真经。我引用"居安思危"的警句，接连四年在大会自由发言中"抢咪（咪：粤语，话筒）"，发表盛世危言。两千多年前中华大地百家争鸣的开放气象，是我从父亲的启蒙教育承传下来的无价宝。

几年前我在政协的提案和发言中都倡议加强中国岛屿和海疆的主权维护和光复，如今中央政府部署在钓鱼岛的常态海空巡逻，以及对南海岛礁的关注,使我初尝政协议政的欣喜。当年父亲就职全国政协时,为反映20世纪50年代后期农民的饥饿问题上书毛主席。经历过国破家亡的父亲很知道挨饿的痛苦,在抗日战争走难广西八步的时候,全家老小几乎断粮。他为民请命的同时也是向党和国家领导人报知遇之恩。在旧社会"戏子"是贱人,随便一个土豪地棍都可以欺凌戏班子。父亲长期为抗日义演,在当时主政广西的张发奎上将那里弄了个上校

2016年我在广东省政协大会上发言

头衔,他以为方便行走江湖。岂料乡下一个土霸王要调戏女演员,剧团的护身符一钱不值,这土匪叫嚣"张发奎第九"!解放后父亲到了北京,周恩来总理称呼他"马老"。父亲连连说不敢当,说"最多是叫老马",这已经太客气了。周总理笑道"那你叫我老周"。那是父亲回到香港对我们津津乐道的伟人逸事。父亲在1957年是秉承"士为知己者死"的中华传统犯颜直谏,上书九重。我作为沟通上下信息的政协委员,应该知无不言,言无不尽。

父亲为反映饥荒问题上书毛主席,差点儿被打成右派。经当时广东省委书记陶铸缓颊,内部定性为"中右"。1964年初,父亲患癌症晚期,在北京同仁医院救治。他让我看《老残游记》第十四回"大县若蛙半浮水面,小船如蚁分送馒头",这是父亲推荐给我的唯一名著。初中三年级的我正是看《哈克贝利·费恩历险记》《基度山恩仇记》《斯巴达克斯》《李自成》《堂吉诃德》和《水浒传》的水平,没有把刚刚过去的三年严重困难同《老

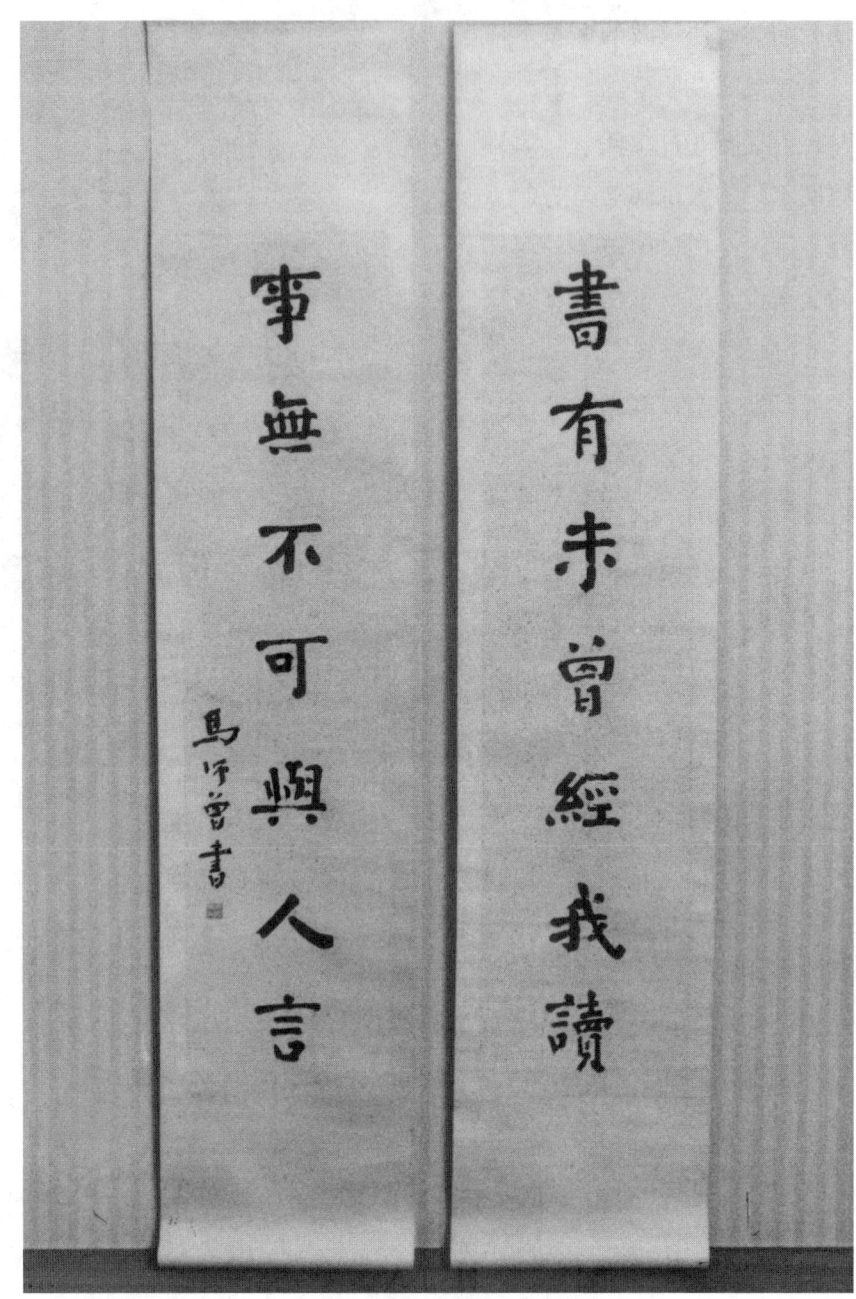

父亲的座右铭，此手迹我送给了广东省档案馆，高仿品给了广东粤剧院

残游记》的描述联系在一起的思维。父亲的书房，我们小孩子轻易不敢进去，也看不懂书柜里那套线装书《二十四史》。他晚年演出《关汉卿》和《屈原》，重温少年时代在武昌两湖书院经学馆攻读的国学经典，结合他大半生颠沛流离，引发对中华民族多灾多难的思考。父亲在生命最后十年由赖以起家的丑生行当华丽转身为老生，成功塑造关汉卿和屈原这等中华传统文化人的光辉形象，在舞台上呈现出民族戏剧家关汉卿和"居庙堂之高则忧其民，处江湖之远则忧其君"的屈原那种气质和风骨。

　　余生也晚，少年时代看父亲的戏，似懂非懂。成年后不断被中外媒体追问"为什么没有子承父业"，我直觉的答案是"大树底下不长草"，名人之后的巨大压力如影随形。即使我不在戏行，离开广州，到花甲之年还摘不掉"某某、某某的小儿子"这顶"桂冠"，如果我从小被带进粤剧界，唱得再努力也只能是狗尾续貂。不过父母给我的DNA与生俱来，表演欲在我的血液中脉动。我13岁进中南海在周恩来总理家中说相声，观众是总理和邓大姐，还有"报幕"的红线女。我学侯宝林的《关公战秦琼》，完全是跟他的电台播音练的，我妈还以为是侯先生亲自教的呢。小毛孩不知天高地厚就给周总理比画上一段，人来疯地还自作主张"安哥"（返场）另一段。后来经历"文化大革命"的四年农村插队、六年山区工厂，同中华民族一道熬过"十年内乱"，对父亲的唱词有了共鸣。在中山大学粉墨登场，我特地到广州粤剧团借戏服，自编自导自演一段小品《官气》，请学弟邓原帮衬。后来我到广东省社会科学院的"春晚"，应观众要求学唱父亲的名曲《步月抒怀》，自然知道在行家听来，我唱得荒腔走板，但起码能掷地有声，唱词能够声声入耳："吏恶官贪真堪叹，刑清政简再见难。附势趋炎吾不惯，卑躬屈膝太无颜。甘愿粗茶和淡饭，荣华富贵视等闲。非是老夫脾性硬，应留正气在人间。愿得天下英才而教育之，虽穷何患。"这段唱词在20世纪80年代中，同50年代中父亲改编上演的《搜书院》"一体能抓大众心"。

我在老家顺德演唱父亲的名曲《步月抒怀》

艰难困苦多磨砺

染血的矛头

不知从什么时候起我成了香港的军事评论员。

1991年，联合国决议要把伊拉克军赶出科威特，多国部队猛烈轰炸伊军四十多天。国际传媒只顾统计战果：看到伊拉克百万大军仅伤亡百分之几，由几千辆坦克、几千门大炮构成的防线依然寸土未失，众多资深评论家和军事专家断言，一场激烈的地面战争还在后头，多国部队不付出重大伤亡，不经过漫长的沙漠攻防战，很难降伏"世界第三军事强国"。

名不见经传的我，从美军的绝对空中优势上，感到伊拉克大势已去，尽管武器装备及兵员的数字没有锐减，但综合战斗力已被削弱过半。完全掌握主动权的多国部队，将随心所欲地发动地面总攻击，在伊军最脆弱的地点充分发挥自己的优势，科威特的解放复国指日可待。

一百小时的"沙漠军刀"战役，打得"共和国卫队"师团一败涂地。成千上万昔日的精兵悍将争先恐后地弃械投降，入侵科威特的数十万伊军被歼于一旦，令大多数军事专家和评论家大跌眼镜。

十年后，"9·11"事件揭开了新世纪反恐怖战争的序幕，国际反恐大军矛头直指阿富汗。此地民风强悍，宗教意识浓厚，境内多山，高原气候不利欧美雄师。国际军事评论界的主流观点，认为苏联侵阿损兵折将的前车可鉴，以美军为首的西方联军，很难打赢这场中亚山地战。

我是读历史出身的，偏偏不信这个邪。简单地做表面类比有什么意义？一场战争由无数因素组成，最根本一条是作战能力。苏联打不赢阿富汗战争，是因为强大的苏军死敌在欧洲，它只能动用少数兵力及国力打阿富汗，而整个西方世界加上伊斯兰世界都支持阿富汗人，捆着一只右手的苏军，怎么啃得下这块阿富汗鸡肋？美国打拉登和塔利班则完全不同，国际形势一面倒向美国。在"9·11"事件效应之下，拉登两翁婿绝对孤立，胡扯什么"人民战争"？几年血腥统治，极端的"宗教激进主义"把人民都赶到"北方联盟""南方联盟"旗下，还号召打什么"圣战"；殊不知，"人海"战术对高科技武装起来的美军好比"老虎咬天——没处下口"。力排众议的我公开预言，"奥马尔政权"撑不了多久，大规模地面战争打不起来，什么山地战、游击战也没有群众基础，只要美军以七分政治三分军事的策略，阿富汗人打阿富汗人会成为该战的基本模式。在国际主流传媒的声浪中，我的极其微弱之声"不幸而言中"。

美伊战争开打时，我忙于隔洋观察战况。国外媒体一再追问我："你什么军事背景？"我真的没当过兵，没上过军事院校，说起血肉拼搏的场面，倒有过那么一回，地点在北京，时间是"文化大革命"的"文攻武卫"热潮中。

作为钢铁学院的附中，我校的派性斗争基本上跟着"钢铁学院"走。他们分为"天派"和"地派"："革命造反队"属于"天派"，即"航空学院"韩爱晶和"清华大学"蒯大富那一派；"延安公社"则是"地派"，即是"地质学院"谭厚兰、"北大"聂元梓那一伙。我本来哪一派也不是，或算个"逍遥派"，整天熬炼筋骨，看小说，自得其乐，虽然有尚武精神，却同武斗沾不上边。

钢铁学院两大派各有据点，教学大楼是"延安公社"总部，"革命造反队"则占了图书馆大楼。就算我没什么"派性"，也非得亲近"革命造反队"不可，谁让它拥有图书馆呢？读书人嘛，窃书不算偷，每次进馆，至多顺手牵羊捎带一两本。第一次拿的是英国小说《艾凡赫》，小时候在香港，好像看过电影的，叫《撒克逊劫后英雄录》吧？只记得骑马打仗，骑士们顶盔掼甲，英武魁伟，手持长矛，面对面地硬撞，以落马分胜负。我把小说掖在后腰皮带下，外衣一盖，昂首挺胸大步走出去，谁管你有没有夹带私藏？看完之后不还，也不是贪心，只是为了公诸同好。况且，别人也有书交换。如此这般，白天举重、打拳，晚上闭门读禁书，不积极参与"文化大革命"，倒也自在逍遥。

　　偷书也有报应。那天我在校园闲逛，四处看着大字报，一个不留意就转到了"延安公社"地盘里。不能怪我太大意，那篇大字报写的是"5·16分子"张建旗如何密谋反对周总理，洋洋洒洒四十多张纸，我一路追看着，大字报栏一直延伸两条马路，最后一页不知让谁扯下来，或是粘得不牢，被风刮到地上。我想看个究竟，便捡起来再细看，不料闯了大祸。

　　几个人呼喝着跑过来大骂："你他妈的敢撕我们的大字报？！"我有口难辩。再看他们戴着半尺多宽的红袖章，知道是"延安公社"的武斗队员，手里提着红黑二色的水火棍子，好汉不吃眼前亏，只好被他们押到教学大楼总部。

　　"审讯室"照例高挂毛主席巨幅画像，两边大标语自然是"坦白从宽，抗拒从严"之类的警句。进门不容分说，腿上先挨了几记"杀威棒"，跟着就问"是不是'革命造反队'的"。听说我是"附中"的，马上叫个附中的"延安公社"分子来认人。我们班的韩方生一进门，我就知道大势已去。"这不是咱们班的马鼎盛吗？昨天又到图书馆偷回本什么外国小说啊？"好小子，一本杰克·伦敦的《荒野的呼唤》没马上借给你看，你就敢这么出卖老子？

　　挨一顿揍是难免了，我随手摘下眼镜，一来怕打坏了又得花钱去修，二来更怕碎玻璃扎了眼睛。没想到"延安公社"的武斗队下手这么狠，左右开弓的耳刮子扇过之后，后脑又遭一记猛击，就像脑壳里边响一口钟，心中顿时十分清楚，这是铁器不是木棒，想往死里打呢！我本能抱住脑袋蹲在地上，球鞋、布鞋往身上乱踢乱踹……不知过了多久，打手们也累了，把我关进厕所。我头脑冷静下来，咳出一口浓痰，肺里边不算痛，痰里也没见红，跟着撒了泡尿。还好，刚才没打出屎尿来，这会儿尿也没带血，四肢也没伤筋动骨，可见几年的拳击摔跤没白练。头上肿起了个大包，伤口已凝住血痂，鼻口流血都是小意思，我心里就想，怎能逃出这虎狼窝？

　　耳边突然响起《运动员进行曲》，这是"延安公社"每次武斗前的集合曲，大事不好！每逢武斗必有伤员，打红了眼的战士要打人出气，交换"俘房"是遥遥无期，说什么也得"三十六计走为上"。打开后窗，原来身在五楼，跳下去不死也得残废；爬水管呢？危险性也是五五开；正犹豫间，已听到门外开锁的声音，慌忙中钻出窗口，只见两根电线正好垂在窗旁。那火红的年代里喜事多，每逢毛主席发"最新指示"，北京城必定张灯结彩，华灯怒放。我情急之下抓住电线就往下溜，才爬了几节，头上的扫把、拖把就砸将下来，心中一凉，想到要是狗杂种们斩断电线可怎么办？耳边听着他们叫喊楼下同伙出来截我，心一急，从二楼半就松手坠下，幸好不是水泥地，又有一片松墙缓冲，着地即滚动卸力，爬起来就亡命而逃。逃者为保命，追者只是邀功，又拿着刀、矛等武器跑不利索，终于我逃出图书馆范围之内。"革命造反队"一阵飞石，截住追兵。

校医为我检查伤患，头上缝了三针，据说不至于脑震荡；四肢躯干皮肉外伤，包点儿纱布涂点儿碘酒而已。图书馆有几个床位，外边武斗，我就胡乱睡一觉吧。这一觉睡到肚子饿了醒过来，是凌晨四五点钟吧，才想起昨晚应该是还没吃饭。

好在武斗期间，饭堂二十四小时服务，以实际行动支持"文化大革命""文攻武卫"嘛！我是伤员，有鸡蛋捞面吃，鸡蛋好像咸了点儿，那是补血的吧，总之香得要命，呼噜噜一碗又一碗，第三大碗还没到嘴，《运动员进行曲》乐声大作，人们匆忙顶盔掼甲集结起来，我被派到楼顶天台观战。天空还是漆黑一片，三千瓦探照灯把大操场照出一道煞白的通道，操场对面的松墙后面，高音喇叭的音乐声突然停止，"延安公社"发表第十三号檄文，勒令"革命造反队"交出"5·16分子"张建旗的死党，也就是第一号勤务员（总指挥），还有武斗队长"小白龙"（萧百隆）；否则在30分钟内采取革命行动！埋伏在松墙后的"敌军"齐声呐喊助威，看样子有三四百人。

图书馆内"革命造反队"总部的队员有五百多人，但有半数是女生，一些教职员老弱病残，管用的也就一百多，眼看"延安公社"的战斗队形开入大操场，我方探照灯六盏齐开，照在钢盔和盾牌上，隐隐闪现杀气。他们喊着齐整的口令，站列在石块投掷射程外，整整有四百人之多。在大战前夕的死寂里，我屏住呼吸，不仅听到自己心跳的突突声，更觉得胸口的肌肉急剧地颤抖，怎么也控制不住，接着是牙齿打战，旁边要是没人的话，我早就站不住想趴下了。"有点儿紧张吧？没事儿，第一次谁都这样。"一只温暖的手拍在我脖子上，不疾不徐地按摩起来。"小白龙"是北京武术全能冠军，据说内功已有十八年根底。他手不大却很厚实，个子不高，块头也不是很大，一身单薄的运动装，站在寒风中给人十足的信心。几个武斗小队长也围过来，"别看他们人多，后排那一半都是凑数的，肯定还有女的！"他指着图书馆正门说，"我们有一百人出去先耗着他们，我带十八条好汉从侧门冲他们的后阵，这帮家伙准得垮。"几位指挥员分好任务，陆续下楼了。

不知什么时候，我已经一点儿也不害怕了。顺手抓起一支长矛，无非武术队的花枪，跟在人家后边，下意识地走去侧门。"小白龙"偃旗息鼓地带这支小队伍潜行。探照灯集中照着大门前的一片战区。双方怒骂，掷石，偶尔冲击一阵对方退回，伤者倒地不过两三人。看来"延安公社"这次攻击还是虚张声势，捞取政治资本的成分居多。我们兜了个大圈子绕到敌群侧后，小白龙银枪一招，二十人发足力疾奔，冲近敌方二十米时，手中的暗器一齐打出：不是鹅卵石，而是半英寸内径的铁螺丝母。二三两重的铁疙瘩打在身上皮开肉绽，被打中钢盔的也都头昏脑胀。每人三颗螺母打完，我们已冲入敌阵。小白龙一马当先，左右插花已是戳翻两条大汉，抱住大腿滚在地上叫爹喊娘，二十条"革命造反队"好汉一轮冲杀，令敌阵侧翼崩溃，中军腹背受敌，再招架两个回合，他们也就全线败退了。

正是"得胜的猫儿欢似虎"，我瞅准一名败兵，身单力薄，一心想捉个活口。谁知这小子空手溜得挺快，我提着花枪跑得弯弯扭扭，眼见他跳过操场外壕就是"延安公社"地盘了。情急之下我把花枪当标枪直扔过去，也是阴差阳错，十好几米的距离，却那么准就扎在他大腿上了！"缴枪不杀，优待俘虏！"我胡乱叫着赶上去抓住枪尾，他浑身哆嗦紧握住矛头。这句台词念得不伦不类，没想到他真的松了手，面无人色地在晨曦中翻着白眼盯住我。还是大学生，武斗队员呢！怎么长得跟大姑娘似的？不知是气是急，我连拔两下也没拔出枪来，这小子穿几条裤子？硬是拽住我的枪！忙乱中忽然瞥见操场上空无一人，双方不知什么时候都撤光啦，要是有两个败兵走过，我非当俘虏不可，于是怒喝一声："你他妈抱住树啊！"他应声照办，我使出倒拽九牛尾的狠劲，才拔出花枪，头也不回地撤了。

一只破塑料鞋

塑料鞋，人人都有一双。顾士青因此成名，也因此送命。

20世纪60年代，北京的中学生，谁也少不了一双塑料凉鞋。布鞋是传统节目，美观大方，斯文得体，可惜中学生太好动，人动，脚动，脚指头也闲不住。一般是大脚趾率先出头露面，跟着是小趾也透了气，不等前排各位都亮相，后脚跟处绽线已成定局，前后包头一打，已经失去布鞋本色。四五块钱，也就穿几个月吧。

球鞋，是小伙子的最爱。"回力牌"穿不起，没名没姓的篮球鞋也要五元一双。穿上了球鞋，不打球也闲不住，连跑带跳，见什么踢什么，包了胶的鞋头也经不住折腾。至于矮勒的网球鞋、排球鞋之类，轻佻的气质更是短命种。臭胶皮的豆豉味，是男生宿舍的特色。凡是开始思春的大小伙子，周末自然远离球鞋。

棉鞋，被贬称为"老棉窝"，形态笨拙，天晴捂出脚汗；下雪湿了，成了冻疮的温床。第二年打包皮打掌之后，怎一个"重"字了得。家里有钱有势的学生，总有法子弄双皮靴穿穿。在北京，最时髦的是"将校靴"，驻京大院进出的孩子，足以趾高气扬。

皮鞋，绝对是奢侈品，连中学校长，也视之为礼服之一，非十一、五一、元旦，是舍不得从床底下挖出来的。认真抛光去尘，穿上脚也浑身不自在，好像艰苦朴素的作风因此失色。至于雨鞋，人人都有，人人都可穿，北京嘛，能有几场暴雨？真的下起暴雨，怕你也赶不及回家换鞋。穿上雨靴，也免不了灌进那倾盆的雨水。所以，小孩子都有过这经验：雨鞋还是半新的，脚已经大得塞不进去了。

塑料鞋面世，令人耳目一新。首先是经穿，两三年不用换。其次是经脏，什么墨水墨汁，菜汤油腻，一擦即掉。三是透气，穿凉鞋嘛，连袜子也省了。脚汗再大的同学，一上课就把脚悄悄退出来，八个脚趾缝放肆地通风，高兴了还能双脚对搓几下，此乐何极？四是方便，日晒雨淋只等闲，去游泳是上上之选，更衣不用擦脚，左右一甩，蹬鞋便起，何等潇洒？

最神奇一条是省钱。两块八毛五的身价，以穿三年换算，比起只能穿一年的四块五的布鞋，不用中学生算也知道，是大大地便宜。何况，穿破了，不妨自己动手，只要一条破锯片，到伙房或锅炉房烧热了，把塑料鞋破的两边"焊"在一起，一秒钟的事。破鞋子又能再混两三个月。

"焊鞋"的活儿，人人都会，能修得天衣无缝的，非顾士青莫属。他的鞋子没什么特别，物似主人形，普通得像白开水，谁也不会看多一眼，直到他因爱护公物负伤入院那天。

日本教练大松博文到中国女排任教，掀起全国排球热，报刊宣传周总理关心女排成长和大松教练的小故事，更把群众性排球运动推向新高潮。我们钢院附中虽然穷，也买了几个新排球，比赛时充充场面。每个班都用班费另买个"私房排球"，免得课外活动时借不到公家球。一人五分钱的班费，最多买个塑胶球，砸在手上立见红肿，但男男女女乐此不疲。

唯一的排球场被我们校队照例占用，其余各班同学围成大小圆圈，你扣我垫也玩得不亦乐乎。顾士青极少参加体育运动，平日的体育课，除非记分的测验，他轻易不下场卖力气，总之及格就算，跟他学数、理、化完全判若两人。虽然他的学习成绩平平，但是记笔记、背定义的劲头，连最苛刻的化学老师包老师，也挑不出毛病。"可能是欠点儿灵气，"他私下对我说，"你马鼎盛要是有他一半用功，那门门五分是手拿把掐。"

后来才知道，他不爱动，是困难时期饿怕了。那三年他正是由小学升初一、初二时，每天只有半饱，被迫"劳逸结合"，学狗熊冬眠，减少热量消耗，能坐就不站着，能点头就不费劲去说话，省一点儿气暖暖肚子也好。这两年伙食稍好些，他也习惯了少动弹，何况，运动起来鞋子就不经穿。他家里有生病的母亲和六个弟妹，添双新鞋子，那是一个大数目。所以，哪怕是穿上最便宜的塑料凉鞋，顾士青也是小心翼翼。像这样大家围个圈子，排球飞到面前，才去打一下，他挺喜欢参加。年轻人嘛，谁不爱凑个热闹？

球来球往，一下子飞向胖胖的女同学宋麦粒，她捏紧双拳迎上去，球在她拳尖上一滑，便飞过栅栏，落到校园外边一棵树上。大伙儿一愣，宋麦粒不好意思地笑了，求助地望着身旁的顾士青。他呆了一下，便傻笑着走去捡球。铸铁的栅栏不过两米高，身手不算敏捷的顾士青没费多大劲就翻上去，伸手抓住树干，爬上两步便摘下排球。随着排球扔回校园，宋麦粒带头报以掌声，大伙儿继续玩起来。

上山容易下山难，谁也不知道顾士青是怎么出的事，听到一声惊呼，大家转脸望去，只见他头朝下翻进校园。按说从两米高摔下跟头，也不至于伤筋动骨，谁知他被铁栅栏的尖端钩住膝盖，铁尖插进皮肉里，整个人就倒挂在栅栏上，手也摸不到地。

同学们一拥而上，七手八脚把他解救下来。宋麦粒用绣花绲边的小手绢为他紧紧按住伤口，语无伦次地道歉和安慰。顾士青蛮有男子气概地说："幸亏穿着短裤，要不就刺坏了一条裤子。"

伙房运菜的平板三轮车火速赶到，化学老师"包二爷"自告奋勇，送顾士青去医院。北京医学院只是一望之遥，骑三轮车用不了十分钟。躺上了车的顾士青这才发现脚上少了一只凉鞋，宋麦粒急着说："就别管你那破凉鞋啦，还要命不要啦你！"急得他挣扎起身，硬要下车去找。宋麦粒赌咒发誓保证为他保存好那塑料鞋，顾士青才依依不舍地坐车离去。

宋麦粒跑到传达室打电话给她姐姐，姐姐刚好是北医附属医院的值班护士长，请她让急诊室做好手术准备。宋姐姐带人到医院门前，等平板三轮一到，立即抬病人上担架，送入手术室。医生是军医出身，作风泼辣，一上手就剪开病人右腿的裤管，一直剪到大腿根，也没见一滴血。他忙不迭地再剪左边，淤血倒有两处，但死活找不到伤口！

顾士青一跛一拐地走进急诊室说："包老师是摔坏了头部，请你们查一下他有没有脑震荡。"

原来"包二爷"慌不择路抄近道走乡间小道，过小桥时翻了车，把顾士青翻在地上,他自己却摔进沟里,脑袋不知碰上什么硬物,四肢摊开竟是晕过去了,吓得顾士青魂飞魄散,十几年来从没这么麻利过,奋起神威把"包二爷"抱上沟,摆好三轮车,忍着剧痛,骑了几百米。谁知到医院还没开口,已被那群医护人员不由分说抬走了"包二爷"。

宋麦粒找到凉鞋,发现那真是一件工艺品。纵横交错的塑料带子交接处是容易开裂的地方,顾士青预先用相同颜色的小塑料条精心"焊上",鞋带断口,他不是一"焊"了事,而是把两边切开斜斜的驳口,令"焊口"平滑,加上他穿起来爱惜,一直到鞋跟磨去大半,又补上新鞋掌,不仔细看,真跟半新的凉鞋一样。想找补料吗?破塑料鞋谁没扔过几双?

不用宋麦粒号召,顾士青舍身救排球、救包老师的好人好事,早传遍了全校,同学们集腋成裘,一双新塑料凉鞋第二天一早就送进了病房。包老师幸亏也没什么事,跑过来凑趣说:"我的新裤子可没人管呢!"谁都知道,他真正心疼的是那漂亮的小分头,被剪秃了一块,好歹给缝了三针。

要说穷人的皮肉也真是生命力旺盛,顾士青的腿连皮带肉内外缝了十一针,才第六天他就拐着上课来了,脚上还喜气洋洋地穿上新凉鞋。包老师上课公事公办,该测验的也是一点儿人情分都没加。人气急升的顾士青腿好了,脑子没变好,成绩也就是六十七八分。没过两天,大伙儿早把顾士青忘了,只有宋麦粒留意到,他早穿回那双旧凉鞋。新鞋子呢?不用说是让给更需要它的弟弟了。

"文化大革命"一开始,最清闲的是顾士青。本来他的工人出身,绝对是红卫兵的第一批人选,但天性好静的他,一听到大高音喇叭猛响,就头皮发麻,更别提斗人打人了。往后的派性武斗,根本不沾他的边,回家照顾弟妹是第一要务。只有毛主席发表"最新指示",他才扛着椅子去礼堂开庆祝大会,一散会就直接回家。他学会了全套的修鞋手艺,包老师全家的鞋也是他一手包办。经过了"破四旧"风浪的"包二爷",早就没了脾气,只是掏心里话教顾士青:"你家里太困难,供不起你念大学了,还是读师范好,能早点儿帮补家里。"顾士青感激地点点头:"我脑子这么笨,哪能去当老师呢。上了高中,再想考技工学校也晚了,大约能做个邮差什么的吧。"

出了"包二爷"家,他一路闷头走着,没想让宋麦粒拽住了:"你怎么一点儿也不关心'文化大革命'呢?出身挺好的你,就没点儿阶级觉悟?"

"我得赶快去平安里粮店。""你们家不是在地安门吗?""是,但是地安门粮店的棒子面太潮。""怎么你成天都是柴米油盐的?这么庸俗?"

顾士青停下步子,抬起眼皮看着她说:"我的小妹妹不爱吃地安门的棒子面粥,我得去买。"宋麦粒咬咬嘴唇说:"那你从东小门走吧,别走学院正门。"看他不理解的样子,她又说,"我们'延安公社'可能有革命行动,你小心点儿。"

为了赶时间,顾士青没绕东小门,也不敢走正门,只从南门直奔车站,没想到正碰上学院两大派的集会。大辩论变成骂战,再升级为武斗,你来我往地厮杀。迟钝的顾士青走避不及被卷入人群,混战之中,他莫名其妙地挨了两棍子,头破血流不要紧,总算逃出战团。

刚想走出校门,才发现挤丢了一只鞋。没了一只等于丢了一双,买双新鞋要省多少顿饭?顾士青返回战地,小心翼翼地躲开武斗队员,还真让他找回了那只破旧的塑料凉鞋,幸好没给踩坏。刚穿好鞋,头上又挨了一棒。"延安公社"武斗队杀红了眼,凡不是本社的照抓不误。

糊里糊涂做了战俘,顾士青只恨自己来不及在粮店关门之前赶到平安里。"延安公社"的人不由分说,乱打一阵之后,把他捆起来扔到墙角。那天正是钢铁学院最血腥的一场武斗,双方重伤十几人,轻伤过百。"延安公社"撤回总部的人,都拿俘虏撒气,顾士青不知挨过多少人的狠揍。他的呼救、求饶之声渐渐听不到了。

晚上9点多,北医附属医院接到电话,说钢院"革命造反队"有名重伤员,请准备急救。从汽车里抬下担架,来人便匆匆走开。医生掀开蒙头白布,看见顾士青面无人色,一试呼吸,已气绝多时,尸身已冰冷。院长再联系"革命造反队",才知道送死尸来的根本不是"革命造反队"方面的人。

午夜12点多,我们才被通知去医院,认领顾士青的遗体。全国性的"文攻武卫"运动以来,我们钢院附中被打死的第一个,居然是与世无争、无派无系的顾士青。在我们一班小青年心目中,死亡应该是很神圣的。到了太平间，只见铁架子一排排，像工厂仓库的储物架子，一层层竟然像生物实验室的标本格子。依照编号，我们很快找到顾士青的位置，一块粗白布，遮不住的斑斑血渍仍然殷红夺目。同学们才发现他瘦得皮包骨头，青灰色的皮肤上伤痕遍体。我不忍心看他的头部，反正致命伤至少有四处。如果是战死沙场的烈士，这血也流得有价值些，可是，顾士青只是为了去拾回一只破得不能再破的塑料鞋。

太平间里大半是武斗的牺牲品，有些是"黑七类"被批斗死的，或是自杀的。我们领回了顾士青，无非为了"报仇"而打下一场。

十二年京华梦未醒

1968年除夕夜,我灰溜溜地离开了北京。

同样是"上山下乡"知识青年,谁不是披红挂彩地登上火车,锣鼓喧天,彩旗飞舞,老师家长的叮咛,小弟弟小妹妹羡慕的眼光……

我却孤身一人,自行车后边驮个破箱子,全部细软在内。经过天安门广场,冷冷清清,不大像除夕夜嘛。因为投亲靠友的特别情况,我形单影只地出京,倒也罢了,前一天到"知青办"领路费时,人人都发给一本《毛主席语录》,偏偏我没份。虽说自己有好几种版本的"语录",但这关系到政治待遇问题。那位干瘦的女办事员一脸不屑地说:"你自己心里明白!"

当然明白啦,我不是受过"群众专政"吗?随着汽笛长鸣,我算是逃出了这块伤心地和失去人身自由的地头。三十九个小时南下广州的旅程,足够我回味十二年的过去。

1968年初夏,学校正式成立"革委会",我们"小革命造反派"彻底完蛋,三结合掌权的老师、同学和校领导,清一色是对立面"延安公社"的"老保"。作为"武斗干将",我被当众揪出来。也太看得起我啦,八条大汉团团围住,有"军宣队"在,还怕我动手不成?一霎时恐惧过后,我拖长声音问军宣队长:"这算怎么回事?""群众专政嘛。"

无非一间地下室,胡乱堆些旧扫把、烂墩布,一张铁床。"狱卒"是高一的小角色,送来铺盖我就睡他娘的。半夜提审,新立专案组几个同学,都是武斗时的手下败将,轮番熬审那一套,我只给他来个装傻卖呆。你不打我,又有一日三餐,没事就抄毛主席语录,练倒立式掌上压,两步助跑跳起摸天花板,三米高,轻易摸到。

告别北京12年户口。"文化大革命"中五姨妈全家福。前排左起：大表哥女儿长缨、五姨妈、二表哥女儿小晟、五姨丈、四表姐儿子海涛。后排左起：大表嫂碧珠、大表哥世舟、我、二表哥世航、二表嫂良娟、四表姐昆安

连续批斗了三次。全校批斗大会时，只觉得委屈，我们"文攻武卫"是为了保卫毛主席革命路线，"冲击""支左"解放军吗？那是他们支持保皇派嘛。经过多次熬审、批斗，我也习以为常了。关押了21天，也不够定什么罪名，只是拖着几个月不给分配。我校"招工"的去了丰台机车车辆厂，或是门头沟煤矿，务农的去了北大荒，或去了内蒙古放羊。我能投亲靠友回到广东插队，还是鱼米之乡的东莞县（今东莞市）海边，也算不幸中的大幸。

想想"文革"中屈死的人，我亲眼见过的有许老师，他父亲病死，倒成了阶级斗争新动向，把他老婆与家翁不和的琐事上纲上线。许师母出身不好，就吃定她"虐杀公爹"是阶级报复，逼她上了吊还不算，许老师又被诬陷为"帮凶""无产阶级的逆子"，批斗时毒刑拷打，把他的眼睛也打瞎了。我们那天正在球场玩，许老师攀上六楼的窗台，秃头上鲜血淋漓，我们眼睁睁看着他飞身扑下来，在空中的时间好像很长。他张大嘴，掉下地的那一秒钟，没有叫声，胖大的身子平拍下地，居然弹起有半尺高，声音大得像使劲摔门。我们飞跑过去看时，他瞳孔早已散了，嘴角滴出血，慢慢渗红了黄土地面。

这块有血有泪的土地，如今轮到我黯然离去了。

搞了两三年"文化大革命",我们没有功劳也有苦劳。毛主席共八次接见一千四百万红卫兵,我也做过纠察队员。站在金水桥头,身后是天安门,面对百万外地红卫兵,震耳欲聋的欢呼口号,最后汇成一句话:"我们要见毛主席!"

人潮形成的真正人海,在天安门广场,万众一心向天安门拥来。我们纠察队手扣手,组成三排人链,在人潮的浪涛面前奋力阻挡。退到金水河畔,有解放军人墙作后盾。

8341部队的解放军,不愧是钢铁长城。我的后背被硬硬地顶住,再也退不得半步。眼前是一堆外地红卫兵的面孔,南腔北调地呼喊毛主席万岁,热泪和臭汗流在一起,擦向我的肩头,避无可避。同陌生女性如此亲密接触,是空前绝后的一次。人浪一波波向前涌,我突然脚下一轻,足不沾地地全身悬空了。胸膛的空气被完全挤出来,人潮稍退时,本能地痛吸一大口气,也不管空气里浑浊的臊臭味——肯定不少人当场被挤出屁来——就算大小便失禁也不难理解。后来看到的电影纪录片,肯定同我们现场感受有天壤之别,毛主席的亲切挥手,在场红卫兵没几个看得清。我只知道,在人潮汹涌过来时,他早就走了。数十万红卫兵慢慢离开广场时,我们已做足半个多钟头的"夹心饼干",浑身上下湿透,活像跳过金水河。最后清场的任务是捡鞋子。布鞋(懒汉鞋)最容易被挤掉,带扣子的"白毛女"鞋也难幸免,解放鞋的鞋带太细,绷断了鞋带的军鞋也丢了一地。我们身经百战,早穿好高勒篮球鞋,力保不失。每隔几十米,就是一个鞋堆,齐腰高,真跟一场苦战之后打扫战场的情景差不多。

当天接受检阅的百万红卫兵们,忍住几小时的屎尿、饥渴、劳累、困倦,挤一身臭汗,掉一两只鞋袜,损失算是极小极小。真正拥挤的场面,在大串联时是家常便饭。东到苏、杭二州,南入云贵,西去新疆,北至黑龙江,我们见火车就上,有队插队,车门关上就跳窗户。从站台钻进车厢,那是一骗腿儿的工夫。遇到没有站台,碎石路基又有两英尺高,那车窗的扶手处,离地面足有两米开外,上上下下非要亮上一手不成。那是1966年12月底某天,我坐的火车离青岛仅30公里,定员108个座位的硬座车厢,足足挤进

268人。面对面的座位之间，本来几乎促膝而坐，此时再站上三四个人，通道早挤得转不过身，连小小的厕所也能站九条大汉，只要不嫌臭和闷。椅子底下是"卧铺"，行李架上也照睡不误，听说有人掉下来出了人命——死的是下面挨砸的那位。

列车一直停了五个小时，大小便忍不住的人，非跳窗户不可了。我们受过军事训练，又是体育好手，用飞跃板障的半招就能搞定：先伸出头和上半身，左手抓住窗框，右手向下撑住车身，后半身自然翻出窗外，此时脚尖不碰到地，也差不了一英尺，松开左手便安全着陆。找隐蔽地方放松一斤半斤之后，几步助跑跃起，踏一脚向车身借力定位，两手先后抓住窗边，引体向上，头肩已入窗内。这份自豪延续不了两分钟，马上会被车内的焦躁气氛所感染，心头充满沮丧。

元旦的钟声，提醒我身在空荡荡的车厢里。原规定坐三个人的长凳，我想睡哪张都随心所欲。比中央领导人的专列都自由。人啊，也是犯贱，越无拘束越不自在，干脆失眠了，只好跟着车轮飞驰的节奏，静心回想北京这十二年：1968年是武斗——被批斗。1967年是"大串联"，全国游荡，又在北京城里城外乱逛，做逍遥派虚掷青春。1966年是"文革"开始，突然天翻地覆，先是政治课的学期中测验取消闭卷考试，改为写批斗文章，人人口诛笔伐邓拓、吴晗、廖沫沙的"三家村"。虽然是千把字政论文，已经学习了革命大批判的笔法，培养了阶级斗争的思维方式，为在山雨欲来的"文化大革命"中做造反派、做红卫兵小将奠基。我初中的老同学骆小海，原是瘦弱书生型的好孩子，品学兼优被遴选为直升清华大学的"修正主义苗子"。他的将军家庭令他博览革命经典，树立"解放全人类"的胸襟，他和宋北林等密友创立了要捍卫毛主席革命路线的秘密组织"红卫兵"，立志破旧立新，防修反修，从批判现有的教育制度入手，同毛泽东"斗、批、改"的战略不谋而合，只有"十几个人七八条枪"的小青年沙龙，被毛泽东一封信捧为革新小将，得到随意揪斗干部、冲击党政机关，以"破四旧"的名义烧毁书籍，把文化及文化人打入另册，颠倒几千年来传统价值观念的特权。总之，让学生打倒老师，青少年打倒成年人，然后再把几千万青少年送下乡，去接受贫下中农再教育。这一幕空前绝后的滑稽戏,如果不是落到我们头上,倒是历史别开生面的一段插曲。1966年史无前例的"文化大革命",并非一夜间形成,回顾过去的七八年,哪怕一个中小学生也能看到一些蛛丝马迹。

1965年,北京人最大的话题是革命历史大歌舞剧《东方红》。我在人民大会堂看完这场戏,完全被其革命豪情震慑住了,原来中华民族曾经灾难深重,只有共产党才能救中国,只有跟着毛泽东,才能从胜利走向胜利。不但党、政、军各大机关团体动员力量各自排演《东方红》,连大专院校也能演出几百人上台的革命大歌舞!我这个毫无舞蹈细胞的老粗也被纳入钢铁学院《东方红》演出队。《东方红》中的几十首歌曲家喻户晓,军队学习《毛主席语录》的风气吹到民间,全国掀起对毛主席的个人崇拜热潮,以通俗易懂、老百姓喜闻乐见的形式有效推广到每个家庭。

1964年,是中国扬眉吐气的年头儿。10月1日刚庆祝完新中国成立十五周年,半个月后便迎来国产原子弹爆炸成功的喜讯。没过几天,苏修头子赫鲁晓夫下台了,真是国内外形势一片大好。早就听说"赫秃子"倚仗核武器威胁我国,还年年逼债——打朝鲜战争借下的军火债。本来抗美援朝战争是整个共产主义阵营的事,朝鲜出地方,中国出兵,苏联出武器,结果中国死了几十万人,苏联免除了战争威胁,倒要中国人用猪肉、大米和水果还了十几年债。这下可好,我们有了原子弹,"九评苏共中央公开信"在政治上义正词严,正如赵朴初诗中写到的:"秃脑壳顶不住羊毫笔……蘑菇云升起红戈壁。"苏修总书记"呜呼噫嘻"了,毫无疑问,这都是毛泽东思想的伟大胜利。

素有收集瘾头的我,从小收集过香烟盒、邮票,如今珍藏领袖相片。公开卖的六分钱一张,新华社先后发行的几十张,我全套在手,高干子弟家里有绝版货色,我也挖空心思搞到手,无非甘辞厚币,投其所好。"文革"期间,我靠"串联"全国弄到的毛主席纪念章,换到毛主席在战争年代的生活照片,一张是他同江青打乒乓球的,江青背对镜头,毛主席右手持横拍,身穿破旧军装,长发散乱,看上去打球很投入。另一张更有生活气息:江青在洗脸,弯腰向脸盆,三条腿的木架子撑着脸盆,背景是延安的窑洞,毛主席站在江青身后,排队等洗脸,宽大的裤脚下面是一双布鞋,上衣没扣好,敞着怀，内穿土背心，手里拿着毛巾。一个小战士提着铁水壶站立一旁。那年头儿热水洗脸也是奢侈了，两口子合用一盆水不浪费。这些珍贵的收藏，可惜在后来的武斗中全部被抄走。

除了国家大事之外，1964年也是我家的一个转折点。患喉癌的父亲去世，对我来说非常突然。不过几个月前，他还蛮有精神地走上中央人民广播电台，向海外同胞拜年，为了加多几把粤语声音，连我也上了电台客串群众。广播大厦内戒备森严，每道楼梯口都有持枪卫士站岗。父亲泰然自若，三分钟的春节祝词，他一口气朗诵完毕，时间掌握得分秒不差。他编写的"题四句"，我只记得有一段是讲"莘莘学子"，最后一句是"学遂其志"。父亲赖以成名的"豆沙喉"虽不是声线甜美，但咬字吐音有如斩钉截铁，很善于带动听众的情绪。回到新侨饭店，父亲带我吃西餐，看着我狼吞虎咽地扫光一份牛排套餐，他只是看着我吃，自己一点儿也不吃。问他为什么不吃，父亲解开脖子上的纱布，露出茶杯大小的伤处。中间伤口深深的，呈鲜红色，那是放射性治疗，听医生说已经把癌细胞消灭了不少，从红枣大小缩到黄豆大小了。我那时15岁，不懂父亲患了绝症，只记得他问过我，长大想做什么，有没有想过像周总理那样，我吓了一跳，看父亲又不像开玩笑。望子成龙的心，哪个父亲没有呢？

父亲的遗体告别仪式上，摆着周总理送的花圈，还有朝鲜、越南大使馆献的花圈……父辈的事业成就和社会贡献，只让我辈惭愧。如今南下广东，在父亲的奋发之地，我这做儿子的只会有更大的压力。

一抹朝阳透过车窗泻在我脸上，岭南的空气清凉而湿润。哥哥在信中说："我向生产队长猛吹你劳动态度一流，一米七六身高，68公斤精肉，下地干活儿一个顶俩。"也许吧，就是靠着吃窝窝头长出的一身块头，可以在广阔天地里贡献力量，才享受"投亲靠友"的优惠。我想，在北京的十二年生活，何止给我一条壮汉的体魄，应该更有北京人的精神。算什么精神也说不清，总之和广州仔、香港仔不同吧。哥哥信中还说："有香港的亲戚接济，我们在农村不愁吃穿。"哎，糊涂的老兄，我们是革命的知识青年，怎么能收香港的金钱呢？

家书大事年谱

　　1957年夏天，我奉命离开父母身边，到北京求学，直到1968年冬，回广东省务农做知青，其间12个年头儿，同母亲的联系主要是家书一纸，每个月三四封。老妈最关心儿子的学习成绩，身体状况，组织纪律。知子莫如母，我从小不让人省心，定时汇报令人烦闷，但总比当面向严厉的娘亲交代容易腾挪，由此定期的"奏折"要认真对付。尽量报喜也报忧，每年拣一件大事说说，我青少年时代的母子关系就基本清楚了。在此，《红楼梦》给我最有用的一句话，是贾琏向离家日久的叔父贾政禀报管家事务，"挑可说的都说了"。

　　家书目录——

　　1957：丰年好大雪。

　　1958：大舞台清洗小角色。

　　1959：近视300度。

　　1960：加入少先队。

　　1961：三年严重困难时期。

　　1962：唱《蝶双飞》给母亲听。

　　1963：身体发育。

　　1964：身体是革命本钱。

　　1965：人民大会堂开会。

　　1966：未发出的家信。

　　1969：下乡再教育。

1957：丰年好大雪。

在北京第一年过冬天，大家都说我好运气，碰上丰年好大雪。那天早晨上学校，从东四六条的东部，走到十二条的西头，七点钟上课，六点半就要洗漱穿戴整齐，吃完早饭背上书包出门。为啥不坐车？一是等车时间不好掌握，而且从东四七条坐到张自忠路，没多少里程，两头徒步还得走两公里。再说省下几分钱交通费，买什么吃不好？像今天踏着没过膝盖的白雪，跟跟跄跄走到学校门口，买两分钱烤白薯，热气腾腾咬一口，"虽南面王不易也"。

这是不错的家书内容。零用钱对我来说至关重要，从小就是闲事不管，饭吃三碗。住在五姨妈家，少有腥荤到口，肚子饿得特别快，上午四节课，第二节后的课间操都没劲做。揣点儿零食起码解解馋。学校门前是小贩的乐土，两分钱就有交易。最初我吃烤白薯要剥皮，被同学笑话，"白薯皮带点儿土就不敢吃？有点儿煤渣我们照吃不误"！他们自认是劳动人民的艰苦朴素精神，我成了小资产阶级穷讲究的生活做派。两分钱还能买煮蚕豆，"半空"花生或麦芽糖。实在孤寒拿一分钱也能买点儿铁蚕豆，那玩意儿轻易咬它不动，含在嘴里慢慢磨，上课一不留神能噎个半死。还有"酸枣面"，酸枣又小又酸肉又薄，磨成粉只是一个酸，没啥吃头，所以便宜。买一分钱随时舔一舔，相当生津。学校说它不卫生，严禁我们买。其实我从来不吃酸东西，肚子饿着还吃酸枣面，不是有病嘛！三分钱的冰棍儿就是糖精水，越吃越渴。五分钱小豆冰棍儿真材实料，几乎半根都是红豆，吃起来又面又甜，有多少课堂烦恼也烟消云散。这些小学生之间的私房话，跟老娘可没法儿说。

1958：大舞台清洗小角色。

"梆梆梆、梆梆梆"，大门外又有要饭的到了，老保姆给我两分钱去打发。古今中外何时何地都少不了"丐帮"，开门一看，是个小老头，脸上瘦得皮包骨头，我不等他张嘴，赶紧把两分钱放进他的瓦钵里："好走吧，您哪。"北京街头一班小角色里边，三教九流少不了要饭的。"大跃进"滚滚洪流将首都大舞台的小角色横扫干净——卖糖葫芦的、吹糖人的、捏泥人的、剃头挑子的（音叉和铁棍组成）、焊洋铁壶的、修锁的、整伞的、补鞋的、补竹帘子的、摇煤球的、弹棉花的、织凉席的、卖假药的、算卦的、卖爆米花的、收破烂儿的、耍猴的、卖蝈蝈儿的、"磨剪子磨刀——磨老太太后腰"打磨东西的、"冰棍儿败火——拉稀别找我"卖冰棍儿的、"萝卜赛鸭梨"卖沙窝萝卜的。

1959：近视300度。

我的视力减弱，上课看黑板不清楚，老师将我从第三排调上第一排，还是不行。于是通知家长，要配眼镜啦。真是自作孽不可活，完全是我看书入迷造成。当然不是挑灯苦读，否则早就写信给母亲自夸功劳了。我一生两大兴趣之一看小说，另一个兴趣是体育运动，可惜8岁的我还没发育，瘦小的广东仔在人高马大的北方同学中不堪一击，南蛮子"鸟语"更是成为笑柄。一肚子苦水怎么在信中吐？还是留一点点自尊心给自己。在陌生环境中，只有小说是我最忠实的朋友。在那火红的年代，学校经常停课。全民打麻雀，停课三天，老师搞反右运动又停课，大炼钢铁又停课，大把时间看小说，灯光不够亮也眯着眼睛看，走路也看，坐汽车摇摇晃晃也看，我不近视谁近视。300度镜片架在10岁顽童眼前，几年后加深到800度。

《水浒传》是老朋友，一身武艺的林教头，在高太尉的淫威下一忍再忍，妻子受高衙内欺凌，自身还被诬陷，流放三千里。仇人烧了大军草料场，给林冲扣上个死罪。走投无路的林教头杀死走狗差拨、狗头军师富安和卖友求荣的陆虞候，踏上逃亡造反的不归路。

《林海雪原》最精彩的一段故事是"智取威虎山"，杨子荣进威虎厅同"座山雕"等群匪对答黑话那一场戏，我能一字不差背下来，并将所有角色都表演个遍。有体育老师批评我裤头掖着本《没头脑和不高兴》，讽刺说："人家黄一萍同学，看的是长篇小说《林海雪原》，你拿着儿童文学上课，以为还在二年级吗？"我心里说怪不得人家说他"四肢发达、头脑简单"，嘴里嘟囔一句"好叭嗒"！体育老师听不懂喝道："你说啥？给我再说一遍。"我大声回答"天下大奔拉"。全体师生愣住了，只有黄一萍同学微微冷笑。她听出了我在说土匪黑话对答。儿童文学我也爱看，《洋葱头历险记》的主角是洋葱头，小说的名言"谁家有洋葱，谁就有眼泪"。好像是大实话，其实也是双关语。谁都知道切洋葱会流泪，但是有钱人家怎么知道只吃得起贱价洋葱的必定是穷人。我们北京东四六条六十几号小胡同住家多是小市民。每当洋葱收获时节，市场大贱卖。偶尔一餐把洋葱用作配菜，口感不错。若是顿顿饭当主菜吃一个星期试试？厨房里葱爆羊肉的芬芳，次日变成茅厕中特色洋葱臭挥之不去。保证你明年都不想提洋葱。

张天翼著童话《大林和小林》讲一对双胞胎兄弟，成长在赤贫和富豪之家。富二代大林被娇纵成"何不食肉糜"的白痴，算术教师狐狸收学费只要一块鸡蛋糕、一块鸡蛋糕、一块鸡蛋糕，因为1+1+1=111，所以大林要交付111块鸡蛋糕。貌似烂梗，其实背后有深意。道光皇帝深居九重，相信一个鸡蛋价值三两白银。该书批判封建继承制度产生"五世而斩"的宿命。

《西游记》给我无限想象空间，孙悟空七十二变，如来佛一只手掌变大到无数个十万八千里，观音菩萨变妖精，唐三藏变斑斓猛虎，白骨精变美女，仙家聚则成形、散则成气……其实万变不离其宗，就是违反物质不灭定律，在志怪小说中，可以无中生有。一只几百岁的石头猴子能够大闹天宫，喝令苦历过1750劫、每劫有129 600年（共22 680万年）的玉皇大帝让位给他坐。可见儿童想象力没有不可能，生活中一切不开心都消失在白日梦里。

父亲工作极忙，稍有亲子时间，他更愿意用讲故事代替督促我们学业。父亲博览群书，口才无人出其右，讲到得意处神采飞扬，把我们带进故事，身临其境。其后我读林汉达《东周列国故事》，知道父亲喜欢春秋战国历史，并从成语深刻认识历史的过程。人们熟悉的成语如一鼓作气、围魏救赵、退避三舍、假途灭虢、结草衔环、完璧归赵、鸡鸣狗盗、狡兔三窟等，从人物、语言到故事结构都精彩绝伦。可惜后世作者连抄袭都不会，胸无点墨的商业文化投资阔佬，包装出一个个浅薄自恋的畅销书作家，用重口味调料毒害广大受众的文化味蕾。面对"劣币驱良币"的社会潮流，我只能明知不可为而为之，大力宣扬中华传统文化。最欣赏《曹刿论战》，明知其文学创作痕迹，仍然不掩其"评论战争"之精辟。

1960：加入少先队。

"红旗在前面招展，红领巾在胸前飘扬……"20世纪50年代的校园歌曲，同学们唱得意气风发，我却唱不出口。那些班干部一升上三年级就加入中国少年先锋队，顺理成章兼任少先队干部，随着同学们陆陆续续戴上红领巾，"先入为主"的宠儿纷纷佩戴小队长、中队长的臂章，一道杠、两道杠的威风凛凛。母亲来信总是关心我入队了没有，涉世未深的我哪里懂得入队的窍门？第一关，是少先队中队干部的提名，然后由全班少先队员表决。走笔至此，可以明白我为什么在三年级、四年级到五年级整整三年也与红领巾无缘。我同少先队干部并无宿怨，多半是道不同不相为谋；与我有讲有笑能打能闹的同学绝对不包括少先队干部。眼看同学们一个个光荣加入少先队，到了五年级，我终于成了"举杯邀明月，对影成三人"的孤家寡人。我对孤独已经习以为常，但是对被排斥的感觉还是感到难受。1959年第一届全国运动会，我们北京育才学校参加开幕式团体操表演，大家兴高采烈投入排演，开幕当天我一觉醒来，宿舍空无一人，自始至终没有人告知我为什么团体操表演没有我的份儿。好久以后才知道全运会现场小学生一律有红旗一角在胸前飘扬，马鼎盛没有资格。给母亲的信绝不可能坦白自己的无地自容。很久很久以后，好消息同坏消息一样毫无征兆，1960年7月14日，我被批准加入中国少年先锋队，当辅导员老师请唯一新队员讲话，我没有受宠若惊，反而"人来疯"大发作，自作主张向同学们讲故事，《西游记》的"大闹天宫"，《水浒传》的"武松打虎"，《三国演义》的"赵云催归"（父亲一场戏印象极深），《儒林外史》的"范进中举"，等等，一发而不可收。人人听得面面相觑，不知道是这小子疯了还是大家傻了，怎么会举手同意他入队？其实我也弄不清楚，应不应该成全五年级三班做红领巾班。既然号称少年先锋队，就应该先锋才够资格加入。全班同学通通都是先锋等于不是先锋。这种离经叛道思想当然不能写给母亲看。

北京市小学生作文比赛，我得了奖，赶紧向母亲报喜。本来是命题文章：《我最敬爱的人》。同学们都敬爱老师、父母或者英雄模范人物，我心目中的工友老靳大爷才值得歌颂。有的高年级同学叫他老靳头，他也点头。看着他头发斑白，短得贴着头皮，据说是自己动手剪的。脸皮黑得见不到眉毛，乡音浓得没人听得懂。还是全运会团体操我留在学校那天，傻乎乎上食堂找饭吃，老靳大爷带我进伙房凑合了一顿。他给我讲志愿军故事，才知道"大爷"才三十出头，出生入死的第二次战役令靳大爷短寿三十年。有个高年级同学的爸爸是抗美援朝时靳大爷的团领导，他说老靳头从死尸堆里救活战友，应该是个英雄，但是因为得罪上级委屈一辈子。

1961：三年严重困难时期。

报喜不报忧是人类的劣根性。实在非报忧不可了，就强调客观原因推卸责任。所谓三年严重困难，是指1959—1961年中国缺粮食，大规模饿死人的历史事件。可据国家气象部门记录，那三年并没有出现大规模自然灾害。不是三年灾荒，而是大饥荒，正如刘少奇坦白"三分天灾，七分人祸"。再说农民饥荒也不止1959年开始的三年，1957年毛主席已为农民挨饿而流泪。毛主席曾经说过：我这个人听不得穷苦老百姓的哭声，看到他们流泪，就忍不住要掉泪。那年他叫卫士回家乡调查，看农民生活有什么困难。12月，一个卫士从老家带回了几个用黑面（荞麦面）和糠皮做的窝窝头给他，毛泽东掰开一块放到嘴里，刚一下咽，泪水就不停地滴落下来（糠皮是小麦、荞麦、稻谷等粮食加工磨去谷壳麸皮等下脚料，平时作为猪、鸡饲料。如果人类食用，则粗粝难以下咽。荞麦面粉黑色，碱性很强不好消化。荞麦壳韧性很好，难以嚼碎）。毛主席对身边的人员说："吃，你们都吃一吃。吃啊，这是农民的口粮，是种粮人吃的口粮……"当天，毛主席吃不下午饭和晚饭，他困惑地说："我们是社会主义吗，我们农民不该吃窝窝头吗？"

我在北京远郊区读初中尝过一年的饥荒滋味。住宿学校的同学每天两顿饭。据说是老北京人的习惯，上午十点，下午四点，主食是窝头、棒子面稀饭，面条和馒头是褐色的"面粉"做的，你怎么嚼也不会起面筋，何况肚子里面早已伸出手，将食物咽进空荡荡的胃囊。米饭是稀罕物，为了显得多些，伙房的水没有定量，饭煮成差不多粥的模样。副食主角常年是大白菜、萝卜、洋白菜，其中土豆极受欢迎，那东西是淀粉哪。总之，盐是充足的，保证那一点点蔬菜够你下饭。有时一块老咸菜疙瘩能叫一桌子六个同学都吃不完。出了饭堂，整个学校找不到半点儿能进嘴的东西。山下北安河村小卖部，也没有食物，除非你有粮票。我当年如有足够的粮票，一定去小卖部买一盒"代乳粉"，够不上"特供"级别的七亿人民，见不到牛奶粉，可以买"代乳粉"，主要成分是黄豆面。拿舌头舔进嘴里，屏住呼吸，伴随唾液慢慢品尝，享受进食的满足感。晚上饿了，舔它两嘴，做个甜梦。

学校围墙外就是农田，漫山遍野的庄稼长势喜人。一场雨过后，玉米拔节的声音，好像"夜来风叶已鸣廊"。若是太平盛世，游人顺手撅一根玉米秆，像吃甘蔗一样嚼出汁水，清甜可口。在"民皆鼓腹而歌"的岁月，"吃甜秆"虽然糟蹋点儿粮食，但无伤大雅。而今是三年严重困难时期，一碗棒子面稀饭救一条命的关头，谁敢撅一根玉米秆，人民公社社员跟你拼命。玉米地有人日夜巡逻，而白薯地则有机可乘。我们当然不敢偷白薯，连白薯藤都不敢动。三十年后人们大鱼大肉吃腻了，炒一碟白薯苗换换口味，一洗肠肚腥荤。当年拿白薯藤剁碎同棒子面蒸出"菜窝窝头"，是遵照毛主席指示："告诉农民，恢复糠菜半年粮。"他指的是野菜。我们上生产劳动课得知，猪草包括蒲公英、蕨菜、车前草、益母草、野生苋菜、艾叶、艾草、榆钱树叶、柳树芽、野木耳、猪毛菜、蚂蚁菜、扫帚苗、养心菜等等。我记不住更认不清，最多是蒲公英、车前草、猪毛菜和蚂蚁菜能收集一些。榆钱树叶是上等货色，农民守护得森严壁垒，我们不敢奢望。大多数野菜苦涩难咽，没有营养又难消化。好在我们北京学生再饿也有粮食定量供应。不至于同饥饿农民抢野菜吃。同学们等农民收割完毕，再到白薯地捡点儿漏网之鱼，有的白薯根比较粗，含淀粉。还有零星白薯藤，虽然太老，猪都未必欣赏，但是我们洗干净用火烤得半焦，嚼起来有点儿粮食味道。

毛主席还指示："忙时多吃，闲时少吃。"学校就此制定"劳逸结合"教育方针，缩减课时，取消体育课，让同学们实现"闲时少吃"。每星期上课五天，每天四节课。第二年我转学到清华附中，每天早自习，上午四节课,下午两节课,晚自习又是两节课,星期六是下午才放学。体育课像数理化、中英文一样重视,不及格毕不了业。大家都是中学生,只能承认"同人不同命"。我们老百姓改变不了命运,只得努力减轻一点点饥饿感。我发现新的食物途径:农民还会种烟草。当烟草生长到收获时候,顶端的第一、第二、第三片烟叶不是目标,它们含尼古丁太少,而第五片烟叶太老,口感不达标。农民收获后总会有遗弃物残留地上,都是我的宝贝。残破的烟叶洗净晾干后,是买不到配给香烟的烟民们用于吊瘾的恩物,愿意付出食物去交换。

  我对当年用弹弓打栗子的故事津津乐道。十丈高的栗子树,经历多少朝代更替,任凭你王孙公子花街柳巷,帝王将相宫廷盛宴,京城栗子永远是坚果之王。慈禧太后老佛爷心爱的点心是栗子面小窝头。在三年严重困难时期,我等小饥民看栗子,好比土地爷瞧人参果,闻也没有福气闻一下。农民收获栗子用竹竿,超过五米高就鞭长莫及,栗子树也识相,结果实不会太高。我们没有竹竿,更不会爬树,开始捡石头去扔,命中率不及1%。能超过5米射程的只有弹弓,俗称崩弓子,广州小学生称作弹叉。用自行车内胎做弓弦,精挑细选石子做子弹,苦练的动力是香甜充饥的板栗。冬天太阳下山早,我用5分钟吞掉晚饭,匆匆上山,在晚霞中透过遮天蔽日的树叶树枝找出珍贵的毛栗子。运气好的话,在夜幕降临前能捡到一两颗毛栗,挖出两三颗板栗,已经喜出望外。在宿舍火炉盖放上一颗板栗,不时翻动,看着外壳转深色变焦,突然爆开,香气充满臭鞋味道的男生寝室。在同学馋涎欲滴的目光中,得意扬扬剥开栗子壳,一边吹气一边咬着栗子肉,快活似神仙。

1962:唱《蝶双飞》给母亲听。

1959—1961年,在中国历史文献中通常被称为"三年严重困难时期"。初中一年级学生的粮食定量每个月23斤,每天不到8两。为了每顿饭显得多些粮食,也为了节省柴火,我们北京市第四十七中学每天开两顿饭,再实行16两一斤制,这样一顿饭差不多有六七小两,看起来吃饱肚子了。但是副食品奇缺,每个月见不到几次鱼肉鸡蛋,蔬菜定量每人每天半斤,大白菜帮子一片叶子都不止半斤。有时上劳动课派去厨房帮手,剥洋白菜(又叫卷心菜、椰菜或包菜)时,偷偷把菜心揣几块拿回宿舍生吃,甜甜的很有嚼头。要是饭堂做熟了分到每个同学碗里,只有一点点,两口就报销。一顿饭狼吞虎咽很快下了肚,还没走出饭堂就盼着下一顿,上午10点盼到下午4点还容易过,下午4点可怎么熬得到第二天上午10点哪。那天我姐姐送来20斤粮票,真是老天开眼。忘了是哪天的信中提起吃不饱,母亲何止雪中送炭,简直是火焰山送铁扇公主的芭蕉扇。当时我打躬作揖感谢老姐姐马淑明,不想她柳眉倒竖,娇叱一声:"你叫我什么?"我连忙改口叫"马棣良",她冷笑两声道:"本小姐现在叫红虹。"原来她读中央音乐学院附中主修钢琴,据说手指发炎要改行学唱戏。人人都说她早就该唱戏,父母在广东省粤剧院做院长,姐姐何苦跑去北京学钢琴。母亲给她请名师开小灶,学习绸子舞蹈,在粤剧青年训练班专门排练《天女散花》折子戏,没多久在《金鸡岭》一剧中担纲饰演洪宣娇,女一号正式登台公演。母亲有意无意透露点儿消息,算不算拿姐姐的成长来敲打小弟弟?她老人家知道我是属牛的,对牛弹琴白费劲啦。姐姐从小才艺出色,学习钢琴,跳芭蕾舞,不论何时何地都是风云人物。记得我家刚刚从香港搬回广州,姐姐在北区中心小学大操场上表演唱歌《哩哩哩》(朝鲜歌曲),下面有上千同学观看,我在其中听得莫名其妙。

　　有亲戚朋友说我蠢,你母亲叫你回广州念书还不干。看看你哥哥近水楼台先得月,小学已经拥有照相机,到中学换一部"海鸥牌"双镜头;几年前得一杆气枪,打下麻雀穿成一串招摇过市,过两年嫌旧了,再换一支压风的。就这样,老兄还嫌爹娘偏心,他从小就长得比弟弟矮,体重也差几斤。我就纳闷儿,他吃的大米白面大鱼大肉都长到哪儿去了。政府明文规定,高级知识分子有营养补助,包括肉、蛋、糖、油等副食。老百姓家的孩子吃不到嘴,可以唱"高级点心高级糖,高级老头儿上茅房(厕所)",我是不敢唱给母亲听。

　　在颐和园休养的日子,是我同母亲仅有的独对时光。划着小船,我下意识哼着《蝶双飞》,母亲听了几句,意外地叫我放声唱。唱就唱,如果说有一样东西能将我同父母融合在一起的,非这首红腔马调《蝶双飞》莫属:将碧血，写忠烈，作厉鬼，除逆贼。这血儿呀，化作黄河扬子浪千叠，长与英雄共魂魄……

说来也奇怪，《蝶双飞》的焦点在于民族主义、爱国主义，但是对我们生长在红旗下的中小学生，更激动人心的是黄继光、张积慧，早一点儿的张自忠，古代有岳飞。随便一个也比关汉卿名气大。此外，说到"发不同青心同热，生不同床死同穴"的忠贞爱情，我第一次看《关汉卿》大戏是10岁，唱给母亲听是13岁，嘴上没毛的孩子懂个什么同床同穴。

一曲唱罢，母亲说，难为你唱得下来，谁教的你？"还有谁，就是你咯。"我的那点儿记忆力、对中华传统文化艺术的喜好和不怯场的表演欲，还不是拜父母所赐？然后呢……然后是几十年后，"养儿方知父母恩"。年少气盛时完全不懂得感恩。对母亲"畏威"是与生俱来的，"怀德"则久久欠奉。

1963：身体发育。

青春发育期的少年，最需要父母的性教育。可怜我是双重的先天不足，父母离婚时，我本来是按照祖母方案，"男归男，女归女"应该由父亲抚养。可是父亲早一个月回广州，当时我患肺炎，要留在香港做完一个疗程，所以晚一个月跟母亲一起离开香港，自此就一直同父亲分开，身体发育一般由父亲指教功课，母亲自然没有责任。我只有"自学成才"啦。一个狂风暴雨的下午，有女同学趴在书桌上饮泣，开始老师同学都没有在意。她身后的同学发觉不对劲，跟旁边的同桌窃窃私语，后来发展到传递小纸条，说哭泣的女生尿裤子了。惊动到老师出手解决问题。后来大家才知道，那是例假到了。有一门《生理卫生课》，语焉不详，况且某一节课是男女生分开讲授，更增加神秘感。女生们逐渐加穿"半截小背心"，把男生镇得心跳加速。嘴上没毛的男生越来越自卑。我在香港五六岁上小学，在北京比同班同学年纪小，看见人家身高体重日新月异，我的自卑感与日俱增。只能在给母亲的信中抱怨南方人品种不够优良。

体育老师胡震中一米六六，居然进过江苏省排球队，他现身说法鼓励大家努力锻炼身体，改变先天不足的命运。他扬言：经过系统性训练，人人都能成为国家等级运动员，比如男子100米跑12.6秒，跳高1.55米，推铅球9米等等，无论如何也能选一项达标。胡老师见我长得瘦小，弹跳力好像还行，就训练我跳高。清华附中特别注重体育运动，规定每天六点起床，五分钟内整理内务、洗漱小解后跑出宿舍大楼，大操场晨练25分钟。此时宿舍楼、教学楼大门紧闭，数九寒天你想偷懒活该挨冻。下午两节课后规定半个钟头体育运动，加上课间广播体操，全校集队跟着音乐做足功课。在"尚武精神"氛围中，我的体能有明显进步。初中三年级秋季学校运动会，为争取班级荣誉，大家纷纷挑选心仪的项目拿分，单项前六名可以得分，第六名得1分，以此类推第二名得5分，第一名则是7分。我选报跳高、铅球和标枪。上标枪课时，胡老师先讲授分解动作，同学们徒手熟练了动作要领后，再教持枪方法。有的同学总是拿不准标枪投出的角度，甚至将标枪直接插到眼前的地上，笑弯了全班同学的腰。有位叫李玉尺的同学太过分了，他一边怪叫一边丑化同学的动作，气得胡老师罚他去捡标枪。这李玉尺身高1.76米，是全班第二高，在初中男生里可算出人头地，不幸是"假大个儿"，他脖子长而四肢短，手摸高不到两米二，输给身高一米六几的同学。他的姓名可不能念得快，不然就变成"驴迟"，正好是李玉尺的外号。胡老师的江苏口音重，当下喝令"驴迟"站到30米外捡标枪。同学们一个个练习原地投枪，大多都投不过20米。"驴迟"大大咧咧站在25米处，指手画脚看同学们的笑话。轮到我拿起标枪，两脚不丁不八站好，胡老师看我学习分解动作时领会得快，即令"驴迟"站远一点儿。谁知道他不识好歹叫嚷：姓马的过不了20米。话音未落，标枪飞到眼前，"驴迟"吓呆了，眼睁睁看着标枪将他那大裤衩子对穿，戳进地面的枪身微微颤动，是"驴迟"发抖吗？胡老师跑过去一看，有惊无险，"驴迟"毫发无损。后来校运会成绩公布，我参加的三项比赛共得12分，标枪拿了第二名。"驴迟"说我占了便宜，按年龄编在男子丙组，和初中二年级同学比赛，胜之不武。我说挣分为班争光，你当时要是站在标枪投掷区，我准能投更远。体育成绩冒尖，自觉增添男儿气概，洋洋自得向母亲报捷表功。

1964：身体是革命本钱。

4月21日，父亲突然去世。虽然他身患癌症，但是接受放射性治疗后病情稳定，不久前同我吃饭，虽不能正常进食，但是看着我狼吞虎咽吃西餐，十分开心。闲话家常中还谆谆嘱咐我一些做人做事情的大道理。父亲在19日晚约几位好友"竹战"（打麻将），输得皆大欢喜。21日晨，父亲被送往附近的同仁医院抢救，打强心针也回天乏术。后来我们才知道心脏病才是父亲的杀手。公告写癌症使得大家容易接受。

父亲遗体告别仪式在医院太平间附近举行，周总理送了花圈。全国政协及文化部有关领导在场，共十几个人。追悼会回广州举行，北京的悼念从简。现场照片可见我独自站在父亲遗体左方，工作人员请我站到右边，我拒绝同遗孀并列。剧协的林叔叔是父亲好友，过来拉我去右边，15岁的我比他高而壮，他拉不动。这一幕可算大闹灵堂。当时我记得母亲说过薛觉先52岁早逝是娶了年轻护士。父亲续弦年轻30岁的娱乐圈人，岂不是薛马同途？现在懂得我当时年少偏激，实在不孝。

父亲走得突然，近在咫尺的死亡震撼令我彻夜不眠。刚刚满15岁思考死亡，确实太早。我努力填写恐惧的答案：首先是漆黑一片，视觉消失。更可怕的是死寂，连自己的喘息也听不到。身体就像悬在空中，完全失重，没有触觉。到地狱了？连牛头马面、刀山油锅都不见。我从来不是三好学生，不是乖儿子，阎王爷不会看我爱讲笑话就放过我这小子。胡思乱想的念头，忍不住挑可说的写信给母亲。不出意料，回信教我好好学习雷锋，"革命人永远是年轻的"。

古今中外各种宗教都拿死亡来招揽信众。没有人体会过死亡，无知产生无穷恐惧。我也想知道升天入地的法门，可惜一直遇不上令我信服的接引者。幼年在香港逢年过节拜祖先，马宅大厅供奉列祖列宗的主牌。新中国破除封建迷信，父亲特地在一间四白落地的"陋室"设供桌，香烛祭品如仪，我们行礼对象只有"马门堂上历代宗亲"楷书一纸。祖母庄重酹酒，龙头凤尾的图案生猛灵动欲飞。

父亲走后，陆游诗句在我脑海萦回不已："死去元知万事空……家祭无忘告乃翁。"我理解"万事空"是指人生在世,死亡已经一了百了。我比较接受"人过留名,雁过留声",先人只要还有后人在怀念,他就不朽。怎样去做"一个高尚的人,一个纯粹的人,一个有道德的人,一个脱离了低级趣味的人,一个有益于人民的人"?苦苦思索通宵,才悟到:身体是革命的本钱,必须将"广东仔"锻炼成毫不逊色的北京汉子。今年目标是长成1.7米高、65公斤的小伙子,要在初中同班男生中超过平均值。

  我本来不应该玩拳击,左眼800度近视,医生说眼球变得椭圆,受到重力打击容易造成视网膜脱落,瞎了!年少轻狂的我开玩笑说,不怕的,无论玩什么体育运动,只要有对抗性,眼部受伤的可能性不比拳击小。再说练习拳击身手敏捷,躲避危险有利于保护眼睛。果不其然,学习拳击第一课就是养成自我保护意识,先学习挨打。拳击运动有严格的比赛规则:打击部位只限于头、胸、腹部(腰带以上)的正面(后脑严禁击打)。标准的防守姿势是:侧身而立,腰膝自然微微弯曲,后拳保护下巴昏迷点,手臂防卫胸腹。前拳抬高到不妨碍视线,肩膀耸起保护另一个下巴昏迷点。双脚随着攻防需要不停滑动。第一次观摩正规拳击练习是在北京体育学院,见到大名鼎鼎的拳王,1953年、1956年、1957年、1958年最轻量级全国冠军王守忻。我们这些没入门的小毛孩当然没资格拜师,顶多由他的徒子徒孙指点一二。拳王的步法出神入化,他随时滑动到对手重拳的盲点,神速出拳,点到即止。然后解说对手的破绽。我觉得王守忻就像坦克一样,将火力、机动力、防护力和信息力完美融合,难怪四块金牌在握。可惜1958年全国拳击比赛出了人命,从此禁止比赛18年。

  玩了大半年拳击,开始练习比赛,哪有什么拳击台,草草划出五六米见方的场地,师兄弟就开打。逐渐有围观者下场,我们来者不拒。一个细高挑儿过来要跟我练练,看他白净面孔四肢修长,估计是快拳手,正合我意。一开锣这哥们儿跳过来就是左右开弓直拳连珠,我绕着他等待再衰三竭,见他脚步稍乱,出拳乏力之际,拨开拳头闪进圈内,右勾拳命中上腹部,虽然不是胃上神经丛,也叫他弯腰抱腹矮了一截。

  这些校外活动得意之作,每个男孩子都想对父母炫耀,可是我不能。我不想叫母亲担心。

1965：人民大会堂开会。

1965年是"一二·九运动"40周年，北京举行大规模纪念活动。国家主席刘少奇等领导人出席，北京市市长彭真讲话。人民大会堂坐满了大学生、中学生，我的座位是三层楼最后一排最左边的通道位。北京人进入大会堂不新鲜，过年过节有联欢会，周巍峙叔叔忘不了给我入场券。《东方红》革命大型歌舞剧，母亲带我观看，位置相当好。这次进入人民大会堂完全不一样，我是作为学生代表参加正式的政治会议，规格之高，就差毛主席没到了。我在想，母亲作为第三届全国人民代表大会的代表，所坐的广东省代表团的位置在哪里？好多有关的问题要请教母亲，毕竟学校的政治课没有讲到。

宪法规定：中华人民共和国的一切权力属人民。人民的象征无处不在，国务院是中央人民政府，军队是人民解放军，所有权力部门名字通通有人民，诸如人民银行、人民法院、人民警察、人民医院、人民广播电台、人民邮政、人民政协、人民币。我们从小就被告知：作为中国人民一分子是无上的光荣，当今世界上还有三分之二的劳动人民生活在水深火热之中，等待解放。毛主席教导："领导我们事业的核心力量是中国共产党。"我天生不是领导的料，最怕写思想汇报，也不懂得接近组织。读书成绩中等，体育运动好玩。知子莫如父，老爹判断我是"中人之资"。

1966：未发出的家信。

史无前例的无产阶级"文化大革命"，在人类历史上都是极具震撼性的浩劫。我当时身处革命风暴中心的北京城，感觉并没有什么惊天动地。多少年来已经习惯"毛主席挥手我前进"，只不过身为"黑七类"，没有资格做红卫兵去"破四旧"罢了。"破四旧"运动波及普通市民家庭，随便一条牛仔裤、一双高跟鞋、一副墨镜、一张解放前的中学毕业证书、一张莫斯科风景明信片，都算"封、资、修"罪证。我校低年级女同学的床褥里藏有十条绸缎被面，红卫兵抄出来示众。原来她父亲是中外知名的物理学家钱伟长，

"两弹一星"的顶尖功臣。当时作为大右派劳改犯的子女便难逃此劫。我没有受父母"资产阶级反动学术权威"所累,只因为北京红卫兵眼高于顶,中央一级的文化艺术大明星一抓一大把,粤剧的红线女可排不上号。毛主席亲笔写信支持清华附中红卫兵,其造反宣言《无产阶级革命造反精神万岁》的执笔者骆小海是初中同班的哥们儿,有天突然跑来问我借刀子。因为两年前父亲病危时偶然给我个大红包,十块钱一张的大钞票,我心血来潮买了把藏刀,刀鞘插两根骨头筷子那种,插在裤腰显摆了两天。我奇怪于骆小海一个瘦弱单薄的小个子,学习成绩极好,但是体育课差点儿不及格,如今想拿刀子捅谁?他们创立红卫兵不是搞教育革命吗?我骑自行车经过张自忠路,人民大学墙上刷着各种斗大美术字,大滴红漆血染一般。两个剃"阴阳头"的拉一辆平板车,芦席下盖着几具尸体,遮盖不住鞭痕累累。广州来信含含糊糊提到母亲被批斗、抄家,关进"牛棚"。我的信寄不出,就当日记写下。《人民日报》发表"横扫一切牛鬼蛇神"的社论,很有毛主席《湖南农民运动考察报告》的味道,1927年是"有土必豪,无绅不劣"。1966年是凡是当权派必然是"走资派"。

8月18日毛主席接见百万红卫兵后,我趁着"大串联"跑回广州看母亲,临离开之前将未发出的家信付之一炬。

1969:下乡再教育。

"作为知识青年到农村去,接受贫下中农的再教育,很有必要。"我们响应伟大领袖号召,下乡第一件事就是听贫农协会主席讲阶级斗争政治课。东莞县长安公社下岗大队的麦树雷老人家,同时是中共珠江纵队老游击队员。他满口土话听得我云里雾里,大概是讲土改运动:斗争我们村大地主大恶霸麦定唐的故事。后来慢慢我们跟麦树雷混熟了,两杯玉冰烧酒下肚,一根大前门给他点上,贫农协会主席的政治课像空烟盒一样丢到脑后。他道出"千年田,八百主"的历史规律。土改划定的阶级成分,是按照解放前那三年算的。如果地主在三年前破产,卖田卖地没有剥削了,他就算贫农。反之,一个中农在那三年内买了田地收租,剥削率超过25%,他就算富农,划为阶级敌人,革命对象。贫农协会主席的堂弟对我耳语道："东莞县海滨地区历史环境复杂多变，前几年是国民党统治区，后几年变成日占区，再往后又是中共游击区，当地人可能变化身份好几次。这位老游击队员不但做过伪军、国军，还当过土匪。你们大城市书生读死书，哪里知道乡下的混账世界？"

我同母亲学习过《毛泽东选集》里的《湖南农民运动考察报告》，就知道一切权力归农会的革命规矩。在土改运动中，贫农协会掌握划分农村人口阶级成分的大权，解放军工作队和乡、村当局基本上以贫协的意见为基础，三方面一同讨论就可以决定各人及各家庭的生死荣辱。在解放后20年的今天，地主家庭的第二代成长在新社会，全部接受红旗下教育，为什么还要背上"地主仔"的阶级烙印，一辈子在参军、入党、上大学等方面备受歧视？母亲"顾左右而言他"，问我有没有收听香港澳门电台？我们长安公社地处珠江口，是"逃港"重灾区，知识青年"逃港"成风。母亲的担心后来不幸言中，当然与我无关。

当地农民对我们知识青年比较照顾，给予正式人民公社社员的待遇，每人分到自留地半分水田，相当于33平方米（一亩地约合667平方米，一分地约67平方米）。对农民来说那是不可多得的聚宝盆，一家五口人，拥有四分之一亩农田的经营权。如果用来种水稻，一年两季收获，可以有400斤稻谷进账。不过我们东莞县是粮产区，吃饭不成问题。农民都在自留地种菜，古语有云"一亩园十亩田"，种菜当然辛苦几倍，但是收入也翻几倍。公社社员在公有制的大田集体出工，一收工纷纷跑向自留地，真的是"上工一条虫，放工一条龙"。我们见识到农民全家老小在自留地不遗余力浇水、施肥、除草、松土，边种边收，不到天黑不回家。农民把土地的经营权、农产品的支配权看作命根子。

我们知识青年在学校读书时候，遵照"最高指示"要"斗私批修"。那不过是喊喊革命口号，刷些灭资兴无的大字报，批判走资派和资产阶级反动学术权威，归根结底是要消灭马克思深恶痛绝的私有制。当你身处占中国人口大多数的农民当中时，宣传公有制会叫身无恒产的公社社员想起轰轰烈烈的人民公社化大锅饭，接踵而至的就是农民没有粮食吃的惨痛历史。

长安斗牛士

据说，属什么就像什么。

我属牛，当然，头上没生角，鼻子也不穿环。只是脾气倔，脑筋不会转弯。年轻时候，还有几斤力气。

十八、二十二，是人生最美好的日子。一去不返的青春，我是在长安度过的。不是李白卖五花马换酒喝的古都长安，而是广东东莞县的长安公社。如今广厦林立的长安镇，二十五年前，我们下江村南坊生产队还是每个劳动日只值八角九分钱的穷乡僻壤，比起海边的"沙区"生产队只有三毛钱一天，却又是鼓腹而歌的乐土了。

长安人好吃，那年头儿吃猪肉要票，鸡鸭鹅是逢年过节的稀罕物，偶尔分两条小鱼，也解不了馋。于是，生产队宰牛，便是打牙祭的盛大节日。

夏收夏种一连苦战五十天，全村男女老少都掉了一层皮——实在是没有肉可掉了。生产队牵来七头牛，那是用两条大犍牛，同山里的兄弟队换回来的老弱之牛；耕牛绝对不准杀，犯禁者轻者徒刑，出身不好的私宰牛者，只有死路一条。

我们在城里长大的孩子，谁知道怎么宰牛呢？只知道每人连骨头带内脏，能分到两斤牛"肉"。半年前，那该死的保管员欺负我们新来下乡，又不懂事，一个大牛头分给我们七个广州知识青年，还把牛舌头扣下了。

这保管员当过几天兵，人称"海军犍"，自称是擒拿好手，仗着一身蛮力，对我们作威作福。后来才听说，这家伙不过是仓库兵，那两手庄稼把式，完全是花拳绣腿。

经过"文化大革命"的洗礼，我们多少也学过两招拳击摔跤；不过，到长安是接受贫下中农再教育,可不是要同生产队干部较量来的。

海军犍在街头见到我,开心地笑着问:"等下再领个牛头,回去煲粥啊!听说淑仪的手势一流嘛。"

这小子不提我们的女同学,我还能忍得住火。"你不要欺人太甚。"我一把揪住他的衣襟。

"怎么,想试试革命军人的斤两?"海军犍捏着我的手腕,当兵的手劲不含糊。我拧腰一带,见他脚步虚浮,心里暗暗高兴。

身后小丘名厦岗,脚下良田名东新围,亩产800斤谷,这麻袋湿谷180斤,我独自甩它上肩

好事的小伙子起着哄要看摔跤,他们早就想看场龙虎斗了。100公斤一袋的硝酸铵化肥,能踏着湿滑的跳板扛上船,全生产队只有我们俩,保持着不掉下水的纪录。我摸过他的底细,大大方方地让他先抱住我后腰,"抱紧了"。我扣紧他的双腕,一伸右脚倒钩住他的右脚腕;这招"缠丝脚"在蒙古式摔跤术语里叫"缠刁",普通得很,却很实用。没学过破解法,即使力气大三成,也难取胜。

母亲从山区"五七"干校回广州,我插队下乡

海军犍抱住我,左扳右扭,我用左脚前后跳动,同他的双脚保持三足鼎立。只要他不倒下,我就不会被摔倒,谁叫他死抱我不放呢?

不消一袋烟的工夫,海军犍锐气尽消,呼吸沉重,脚步踉跄。我趁他左脚移动之际,把他右脚向前一挑,扣紧双手,和身向后猛挺,两人一齐仰天摔倒。我一百五六十斤全压在他身上,他腹部硬逼出一股浊气,不大不小吃了个暗亏。全村的大姑娘小媳妇,起码有十天安生日子过了。

生产队长茂公公是海军犍的堂叔祖。全村七百来人都姓麦，没有不沾亲带故的。他公事公办地对我说："海军犍摔伤了，你代替他宰牛。"庄稼人忌讳宰牛，当过兵的才不信邪。我好像也充当过红卫兵，不懂有什么好忌讳的，哪怕我属牛呢。

踩住牛鼻绳，牛头正好在我膝盖前尺半左右。我高高举起一柄十二磅的开山铁锤，照准两只牛角之间，不知轻重地敲下去，黄牛应声便倒。一把牛耳尖刀，从胸颈之间轻快地插进去，殷红的血浆，随着半尺长的白刃喷薄而出。只是呼吸之间，一头老黄牛就此了结。

我机械地手起锤落，黄牛一头两头机械地走完最后一步。打谷场上充满孩子的喧闹，就地开剥的死牛被井然有序地分解成一张皮，四只蹄，头尾去掉，五脏掏空，剔肉后的骨架也被迅速砍开，每家人都有骨有肉有内脏，分配的斤两早已列表在案。"地富反坏"分子打入另册，"上山下乡"知识青年，好像在正册上。一桶桶水冲净了打谷场上的血污，人们好像安静下来了。

最后，一条水牛被牵了过来。比起三百来斤的黄牛，它算庞然大物。牛的肥瘦看屁股和肚子交界的胯骨尖附近，一般牛有块下陷的三角区，这头牛却结结实实地长着一大块膘，这哪是什么老弱之牛？茂公公还教过我：牛的善恶看角尖。如果牛鼻到前额算一个平面，牛角尖在平面之下的牛，凶不到哪里去。就算它想用角抵人，角尖也很难顶伤人的要害。

我面前这条公水牛，一副板角伸开足有五尺宽，角尖朝上，明显高出平面。在我们村，这种牛要戴上角架——用一块厚硬木板，架住牛角尖，以防触人致命。它一双牛眼瞪得溜圆，布满血丝。我事后才知道，这条公牛正在发情。亢奋的公牛，连猛虎也退避三舍。据说在西班牙，也绝对禁止斗牛士冒险犯难。

当时我什么也不懂，什么也没想，只是宰到第七条，真有点儿累了，一半是兴奋和紧张所致。快些干完活儿，到井台上冲个凉，等着吃牛肉炒芥蓝吧，淑仪的拿手好菜。

我踩下牛绳，举起铁锤，加足三分气力，对准两角之间——原来牛头顶毛有个旋涡，同人类的头发何其相似——一锤下去，那公牛看准了锤头一闪,本应是闷浊的头骨下塌陷声,变成牛角断折的轰然巨响。三尺长的弯角应声落地,牛头上剩下半尺长白森森的角髓,带着鲜红的血迹。

二三百人倒抽一口冷气,我根本听不见,脚底的牛鼻绳被闪电般抽去,我也毫无知觉。只知道牛没有倒下,它跑了,该死的大畜生!我本能地奋起直追,双手擎着十二磅铁锤,跑的速度肯定空前绝后,打破本人以往的纪录。

人群四散奔逃,躲在墙后的,爬上树杈的,都为我呐喊助威,顺手把拖鞋、砖头、小板凳之类,从四面八方掷向公牛。全村人又惊又喜,"文革"时代,难得的一场好戏呀。

我扑上去补了一锤,只中牛后颈,打谷场四面有墙,仓库和生产队的门早已关得死死的,狂牛只能绕着三亩地大的场子乱跑。第一下虽然打偏了,脑震荡是免不了的,要不然,它怎么想不起来回头撞我一下呢?

越南和云南都有赛牛的风俗。长安在陈济棠时代是小有名气的渔港,也兴过一阵赛牛,至今留下"好睇('睇'同'看')过赛牛"的俗语。据茂公公讲,公水牛狂奔的劲头,不在日本大洋马之下,他老人家在四十年后,又目睹一场"赛牛",乐得口水都挂在嘴边。没牙的瘪嘴哆嗦着笑:"抓住牛绳呀!"

狂牛的鼻头早拉豁了,好在指头粗的钢环深深地穿入牛鼻梁上,粗如儿臂的牛绳,长长地拖在地上。牛跑外圈,我跑内圈,从地上抄起如狂蛇乱舞的牛绳,比垫接100公里时速的扣球,难度各有春秋;我在排球场上或有失手,仅有的一次斗牛场上,不容再失。牛绳在手后,我随手绕在石碾子的轴上。

狂牛的鼻梁突然被500斤石碾子拉住,牛绳绷得笔直,钢环硬是拉开了豁口。牛头被拉住的十分之一秒,牛身向前猛冲,就在钢环崩脱的瞬间,700斤乌黑的身躯四蹄朝天地翻倒在地,亮出砖红色的肚皮。我赶上去,死命补上一锤,沉闷的骨折声,打开了打谷场所有的大门。雷鸣般的一阵喝彩声,令我浑身筋肉顿时松弛,我累得比那水牛只多一口气了。一位邻居小孩送上我不知何时甩掉的胶拖鞋,比鲜花实用得太多了。

我拖着颤抖的脚步,走回宿舍,不无自豪地向淑仪讲起斗牛故事。她头也没抬,边炒着芥蓝牛肉边说:"我知你实得(粤语:一定行)啊。"

粉墨生涯

2000年广州中山纪念堂举办"粤剧艺术大师马师曾百年诞辰纪念演出晚会",我奉母亲命令凑个热闹,学着唱一段先父戏宝《步月抒怀》。有记者问是否家学渊源,我赶紧否认,千万别拖累父母的盛名。记者又问,你初次登台唱戏有何感想?我说当然是百感交集,不过那是30年前的旧事。当年革命样板戏大行其道,为了庆祝中共九大,全国城乡都学唱样板戏。我们珠江三角洲喜欢唱戏,长安公社哪个村子没有个土台子?我们两千多人一个村就有个毛泽东思想宣传队,正儿八经登台唱大戏,不过那是粤剧。大队支部书记说:"咱们不是有北京大学生吗?"他老人家喜欢见官加一级,我们接受贫下中农再教育的小青年当然要听党的话。这就接受任务排练革命现代京剧《红灯记》"刑场斗争"。我饰演地下交通站负责人李玉和,毛泽东思想宣传队的队长建和饰演日寇宪兵队长鸠山,一号花旦傍娣饰演李铁梅,二号花旦兰瑞饰演李奶奶,侯宪补和日寇伍长有几句对白,几个日本鬼子没有台词,随便甲乙丙。我立下军令状在一个月内登台演出,完全是敢死队的姿态。农民宣传队这几位连广东话也说不来的青年男女,学唱京剧!不是"人有多大胆,地有多大产"?还是"不怕做不到,就怕想不到"?

糊弄出一台戏说难就难,说易也易。我让队长建和带领《红灯记》剧组全部人马,驱车30里直奔虎门公社太平镇,方圆百里唯一正规电影院,革命样板戏《红灯记》电影门票一毛二分钱,咱们是集体票八分,售票员刚好是长安公社的女婿,听说我们一天连看五场,干脆只收三场的钱算了。我以男主角和导演兼师父的身份叫大家做笔记,事后查看笔记才知道这班农村青年基本文盲,扮演李铁梅的一号花旦傍娣记录了三句半,是状元了,其他人多半交白卷。这下我死了心。首先把小铁梅的主要唱段《爹爹给我无价宝》拿下,这个十七岁的姑娘还真不含糊,跟着胡琴不到三遍就唱下来了;我赶紧把大队长(大队长叫安哥)请来检验"阶段性成果",傍娣越唱越来劲,唱道:"爹爹呀!你的财宝车儿载,船儿装,千车也载不尽,万船也装

革命现代京剧《红灯记》厦岗大队剧组,前排左一饰演李奶奶、左四饰演李铁梅,二排左一饰演鸠山,后排右一饰演李玉和B角

不完,铁梅我定要把它好好保留在身边。"那简直是热血沸腾,一气呵成。大队长眉飞色舞说:"今天晚上就预演!老马你们俩一人一段。"我拍胸脯保证没问题,《雄心壮志冲云天》那段太长,只唱《要使那几万万同胞脱苦难》好办。当晚小铁梅唱完《爹爹给我无价宝》,几百乡亲掌声雷动,字不正没关系,腔圆就行。我忽悠完一段,完全没有准备的琴师拉走了调,我干脆拿着麦克风走到一边去清唱。革命样板戏就是大众化。

回到广州向母亲汇报学习革命样板戏的故事,再献唱一段《雄心壮志冲云天》,少见她捧腹大笑。一时兴起拿出胭脂眉笔,亲自教我化妆。我心说您是艺术大师可不是魔术师,怎么能把儿子画成"钱浩梁"?您生出来的儿子,800度大近视,摘了眼镜别把小铁梅当成李奶奶就不错了。母亲谆谆教导:"你没有钱浩梁那么大个子,但是比你们村的"鸠山""李奶奶"高不少吧,在舞台上绝不能哈腰去迁就他们。记得你是头号英雄形象,从头到尾都得挺胸昂头。"我说:"是不是像苏联军队检阅,一个个都落枕似的拧着脖子?"

叫我扮演李玉和期间，最难过的事情是摘了眼镜。从9岁起这眼镜就一直架在我鼻子上，打排球激烈的鱼跃、侧滚也绑得紧紧的。如今要脱掉它，剩下0.1的弱视，三米以外就分不清小铁梅或李奶奶。为了看清楚些不免眯着眼，伸头探脑的，没有半点儿英雄形象。我向母亲诉说苦恼，她问我："看过白驹荣的戏吗？他双目失明还能进中南海怀仁堂给毛主席、周总理演出《二堂放子》。"我知道妈妈也有一两百度近视，而且有散光，"那您的眼神是怎么练的？""用心。"她简单回答。当时我没在意。后来开会坐在许海峰旁边，请教他一个大近视眼怎么能夺取射击世界冠军？神枪手的回答也是"用心"。

　　我看了《红灯记》的剧本和电影中李玉和的舞蹈身段，诸如"双腿横蹉步"，变"单腿后蹉""单腿转身""骗腿亮相"等等；凭着我球类和田径的体育运动底子，依样画葫芦可也。因为会场只能坐三百来人，在我们大队上演两场，到公社参加会演，可见兄弟大队有演《智取威虎山》的，有演《红灯记》第一场，那交通员跳火车一个筋斗翻下来，不幸真的摔伤了，李玉和把他搬到后台费老劲了。台下哄堂大笑。没想到我也有出洋相的份儿。那是巡回演出到上沙大队，他们可阔气，打谷场能容千人，舞台也是木板的。为了我们那场"刑场斗争"特地搭了高台让我们登上去亮相。可惜是用小学校的桌子和条凳搭成，我和小铁梅一前一后搀扶李奶奶爬上摇摇晃晃的斜坡，狭窄的通道，李奶奶又有畏高症，我还得保持英雄形象，两只近视眼照顾到台下的观众，就顾不到脚下的书桌。按照剧本我们应该三人挽臂向前，勇敢坚定，昂首登上高坡。没料到李奶奶一个闪身，我本能反应去捞她，触手轻软，别是碰到农村女演员的禁区了。我们还在众目睽睽之下，无论如何要把革命现代戏的政治任务完成，三个人拉拉扯扯通过两米多高的书桌走向后台。《国际歌》乐起，我们应该在后台高呼"打倒日本帝国主义，中国共产党万岁，毛主席万岁"了。偏偏此刻我的脚镣卡进课桌的裂缝，用脚拽几下，高台摇摇欲坠，随着啪啪几声枪响，我半个身子还在观众眼里，只能保持英勇就义的造型。眼明手快的司幕员火速为我遮丑。这种乌龙在珠江口地区不至于小题大做，升级为政治错误，日后还成了野台子佳话。

怀念周总理

1975年1月13日至1月17日第四届全国人大在北京举行，2885位代表出席。母亲参加多次全国人大代表会议，因这一次最保密，当时对我们只字不提。多年以后才断断续续透点儿口风，主要是怀念周总理。我们从报纸上看到四届人大会议批准了国务院总理周恩来所做的《政府工作报告》，号召"在本世纪内全面实现'四个现代化'"。母亲当年以邝健廉的名字列入大会主席团，在主席台，母亲坐的位置距离周总理很近，看着总理消瘦的脸庞和略显迟缓的举止，她找了个机会走到周总理面前，问候周总理身体健康。已经身患绝症的总理自然地回答："还好，谢谢。"大会闭幕的那一天，邓颖超大姐带领邝健廉再次与周总理做短暂的交谈。这是母亲最后一次见到周总理。

1956年5月，红线女第一次上北京演出，周总理没有通知粤剧团，自己买普通票入场观看《搜书院》。演出结束后，周总理到后台看望演职人员，和大家一一握手问候，周总理问红线女："你拍过电影吧？看得出来，你唱得不错。"然后指出了她应该在舞台艺术上，注意夸张的戏剧表演身段。

周总理在学生时代就上舞台表演，成为政治家、军事家后，同时指导文艺战线工作，他在电影及戏剧表演方面，有高深的欣赏水平，对红线女的文化艺术提高一直关怀备至。1957年红线女随团前往莫斯科，参加国际青年联欢节演出，行前周总理特地请来程砚秋，一起研究红线女独唱的演出服装。按照周总理意见改动，红线女风格迥异的唱腔，配合富有中国特色的服装，令各国的艺术家为之倾倒，红线女实至名归获得金质奖章。

红线女主演的现代戏还成为粤剧艺术上的里程碑。1961年，她主演《刘

1982年红线女在北京演粤剧《刘胡兰》之"大庙斥敌"

红线女到"黄草岭英雄连"体验军人生活

胡兰》到广西,周总理看过演出后,鼓励红线女说:"你演刘胡兰的气质还可以,不过你太纤弱了,生活气息也不够,应该到北方去接触接触生活。反映现代题材的戏,是要下功夫搞好的。"遵照周总理指示,红线女多次深入农村体验生活,身体过敏发烧仍然下水田挑担。后来又到部队接受军事训练还打枪。后来在粤剧现代戏《山乡风云》中,红线女饰演的游击队女连长刘琴"惯从杀气学刀兵",得到从国家领导人到工农兵的肯定。

在工作上的指导之外,周总理对红线女生活上也关怀备至。1960年,周总理到广州红线女家做客,品尝过她母亲的厨艺,由衷夸赞老太太的梅菜蒸猪肉做得地道。总理还多次提到潮汕工夫茶的艺术性。后来周总理再见到红线女,总会亲切询问她母亲的安康。周恩来在红线女的书房看到她写下"吾日三省吾身"的座右铭,颇有感触,红线女将这幅字送给总理。周总理去世后,邓颖超大姐把这幅字交给红线女说:"我现在把它交还给你,希望你也能记住总理。"

20世纪60年代,邓颖超大姐也曾代表周总理到访华侨新村友爱路20号的红宅,还送给红线女母亲谭银彩老太太一枚玉戒指做见面礼,并乐呵呵地祝老母亲愉快地活到一百岁,还亲自拿起照相机和红线女母女照相。在"文革"的艰难岁月,我外婆常抚摸着戒指求上天保佑好人。

1969年红线女从"五七"干校回到粤剧院,只能做拉大幕,烫戏服,扫大院,卖饭票的杂工。她多次要求演戏都被拒绝。1971年初秋,由周总理亲自点名,红线女才参加有关"三国四方会议"文艺晚会演出。总理和外宾都上舞台来向演员们祝贺。总理握着她的手道:"好好学习,要经受得起考验。"随后,邓大姐请省委让红线女到北京检查声带,还和以往一样把她接到中南海去谈心。邓大姐还让她讲讲自己多年来的情况让总理听听。红线女说让总理休息,总理笑道:"这就是最好的休息!"红线女对"文革"很不理解,向总理略说了些感受。总理说:"有些事情,我们是有责任的。"

1972年夏日,红线女去总理的家。总理介绍香港曹聚仁编写新中国成立十周年有关的文艺集子,其中有介绍粤剧《关汉卿》的图文。红线女爱不释手向总理要书。总理说:"不行。要把它送到历史博物馆,让大家都能看到。"

最让红线女难忘的是1973年那次,周总理已经身患重病,人明显消瘦了许多。红线女很久没有在报纸上看到周总理的活动。她非常担心地问候,周总理笑着回答道:"没有什么问题,中央让我休息一段时间,现在不就好了吗?"邓颖超在一旁接过话说:"你们关心恩来同志,就像他关心你们一样。现在好了,你可以唱一段给总理听听了。"红线女即为他唱了一段,周总理听罢非常满意,随后又问起了毛主席给她写座右铭的事情。红线女将事情原原本本地讲了一遍说:"第二天,毛主席就派人送来一个信封,其中有毛主席的书法'横眉冷对千夫指,俯首甘为孺子牛',同时附有一封短信,是对我的鼓励。"这封信后来在动荡年代上交组织。周总理刚开始只看到了毛主席亲笔题写的那一幅字,感觉毛主席不会单独写这几个字,肯定是写给某个人的东西。追问之下,才知道这幅字是写给红线女的,而且还有一封短信。了解了事情的经过,周总理问红线女想不想取回这封信,她求之不得,但周总理说毛主席写的东西必须保存起来,但可以给她一份复制品让她带回去。临别时,红线女请周总理写几个字留念,周总理一字一顿地说:"假如

周总理请红线女到家吃饭

我不死的话,一定会给你写的。"红线女愣住了,无法接受。

1974年,总理进了医院,红线女写信给邓大姐向总理致以问候,并表示相信"道路是曲折的,前途是光明的"。大姐告诉红线女说:"总理知道健廉也懂得'道路是曲折的,前途是光明的'这句话,很高兴,希望健廉能坚持到底!"(红线女在四届人大使用邝健廉的本名)

在国庆宴会上,红线女拉上身旁的杨春霞走去向总理敬酒,她和总理紧紧地握手,说:"总理啊,我们可真想您哪!"总理说:"我真想见见你们。"红线女说:"我举杯祝总理身体健康,但是请总理千万不要喝酒。"总理说:"谢谢你,这杯是开水,不怕的。"总理也举杯沾唇。红线女一直默祷总理健康长寿!

以上事例摘自《敬爱的周总理永远活在我心中——记总理关怀教导我的二十年》（来源《南方日报》，作者：红线女，写于1987年。）

因为1977年"清查'四人帮'有关的人和事"运动的政治压力，红线女抑郁了十年之久，最后经广东省委批准的结论性意见是：

（一）邝健廉同志与江青没有政治上的关系，更没有参与江青的阴谋活动；

（二）关于说邝健廉同志反对周总理的问题，已经查清，并非事实，应予以否定。同时广东省官方大报刊登红线女署名长文，表示政治平反。

红线女在这篇长文中，回顾了20年来周总理对粤剧的深切关怀，对红线女政治和艺术生命刻意栽培，让不明真相的民众知道红线女对周总理和邓大姐的无限感恩之情，绝对不可能做"反总理"的事情。十年前在广东粤剧院批斗红线女的黑手，一度令她崩溃，甚至有过自杀倾向。我目睹妈妈唯一完全失控的场面，因怕她伤害自己而出手，不料她一招裙边腿，幸好我本能躲闪，但还是大腿中招，疼痛难忍。可见一些人对红线女"反总理"的诬陷使得她几乎绝望。如今广东省委给红线女政治平反，让她焕发晚年的艺术青春。

利用26年的夕阳无限好，红线女做三件事：

1.培养接班人，作为艺术总指导，红线女打造红豆粤剧团。

2.以红线女艺术中心做粤剧的"发动机"，研究、整理、保存粤剧资料，包括不同流派的文字、影音和图片等。用"走出去""请进来"的各种活动形式凝聚粤剧大文化。她不顾年高、伤病缠身，不断巡走两广粤剧地域，甚至于飞美国、加拿大及东南亚各地，不遗余力推动粤剧文化发展，奋斗到最后一刻。

3.红线女活到老学到老，集编剧、导演和表演艺术家于一身，努力向粤剧大家的方向前进。可笑有的老同行，还死抱着私人恩怨，四处散播仇恨女姐言论。我有时忍不住在母亲面前嘟囔两句，可她一门心思扑在粤剧上，对流言蜚语不屑一顾。此时，我才懂得母亲已经吃透了毛主席的真传："他骂的是他自己。"

工伤

  1974年，6米龙门刨床，两条道轨各长6米半，重十几吨，从河边厂火车站拉进我们煤矿机械厂第一车间。本来不是我们第二车间的活儿，黄指导员看见停工待料的一班人抽烟吹牛，还不临时拉夫？我们一窝蜂跑出厂门，只见超长的龙门刨床固定在粗木平台上，下面是一组10厘米粗的钢滚筒铺向厂门。起重班的师傅们在前前后后指挥龙门刨平台被钢滚筒支撑着慢慢移动，我们一群外行七手八脚越帮越忙。不知道怎么搞的，我的右脚突然被钢滚筒压住，眼睁睁瞧着钢铁滚筒一寸两寸碾上我的脚面，彻骨的疼痛远比不上那一刻的极度震惊。十几吨重的龙门刨床起码有一两吨叫我连鞋带脚承托起来，右脚四条跖骨齐齐折断，另一条跖骨断裂。不幸中的大幸是我那天穿了翻毛皮鞋，如果穿布鞋或球鞋，脚掌就报销了。黄指导员忙着张罗人力抬我去工厂医务室，起重班的老陈师傅说不要动他，十几吨滚过去，骨头一定断了，工厂医务室没有办法的。马上送韶关市医院。工厂革命委员会调出唯一的202吉普运送伤员，又要快又怕颠，难为了关司机和护送的工友。真正的痛是接骨的过程，"老中医"不过四十出头，已经有36年经验，连野战军伤员也登门求救。他指挥四位工友把我死死按住，也不用照X光，噼噼啪啪四下就接上骨头，按上分骨垫，不轻不重包扎好就走，开止痛片等等琐碎事自有助手办理。第二天回到广州，进著名的越秀区正骨医院，照X光说接骨完好率95%，像这种跖骨折断错位的病例，接骨完好率80%就不错了。提起韶关接骨"老中医"的大名，广州同行都知道。医生说我虽然脚背也破损，好在不是开放性骨折，否则两个月也难痊愈。那天我哥哥和姐夫奉母亲之命去白云路火车站接我，夸张地推着一张轮椅，原来误解了我们工厂的电报，以为我的脚整个断掉。回到家发现唯一的电风扇从妈妈的房间降临到我的"狗窝"，享受破格待遇未必是好。第二天在正骨医院住院，晚饭已经有不少肉，加上例牌骨头汤，家里更送来母亲的专用补品——金钱龟汤。虽然是伤员，咱还是25岁的精壮汉子，一碗浓浓的金钱龟汤下肚，半夜就大见成效。中医不是说金钱龟对遗精等症有奇效吗，在我身上就应验了，我们病房十几个人，我一个"铁拐李"遗精还湿了床铺，半夜三更怎么收拾？

那时全国"批林批孔"运动热火朝天，医院也要贴满大字报，帮忙抄大字报的还有一位海军林叔叔，他虽然是地勤人员，没有出海，但是一肚子"参考消息"。1974年初，中越西沙之战，当时宣传得热火朝天，说是小艇打赢大舰的卓越典范。

鉴于越南南方民族解放阵线军侵占我西沙甘泉、珊瑚、金银三岛，解放军南海舰队广州基地扫雷舰队10大队396、389号舰和榆林基地猎潜艇73大队271、274号艇，进至西沙永乐群岛附近巡逻，再派猎潜艇第74大队281、282号艇驶抵西沙永兴岛附近支援；海战于1974年1月19日爆发！这天一清早，越南南方民族解放阵线海军不顾中国政府多次严正声明和警告，派出3艘驱逐舰和1艘护卫舰，再次侵入我西沙永乐岛海域。战场的形势明显是敌强我弱。从装备上看，敌方海军3艘驱逐舰和1艘护航舰，最大的1770吨，最小的也有650吨，总吨位达6000多吨；舰上装有127毫米以下口径的火炮50门。而我舰艇编队的4艘战艇最大的才570吨，小的却只有300吨，总吨位加起来仅1760吨。解放军4艘艇仅装备有85毫米口径火炮16门，其他是双管小口径火炮。经过几小时激烈海战，中国海军共取得击沉敌方海军护航舰1艘、击伤驱逐舰3艘，毙伤其"怒涛"号舰长及100余官兵的战绩。在收复甘泉、珊瑚、金银三岛的登陆作战中，中国军队和民兵还生俘对方军队范文鸿少校以下官兵48人。而我方代价：274号艇政委冯松柏等18名官兵牺牲，另67人受伤；389号舰也遭重创坐滩。

在反复阅读新华社报道及官方报告后，我总觉得这一战并不是"集中优势兵力打歼灭战"，毛泽东一贯主张不打无把握之仗，怎么会打出现代化海战使用冲锋枪扫射甲板，扔手榴弹"海上拼刺刀"？记得1955年打一江山岛时，毛泽东集中10倍火力、5倍兵力，取得制海权、制空权后，他老人家还一再叮嘱前敌总指挥张爱萍要谨慎行事，通过总参谋长粟裕指示张爱萍要有绝对胜利的把握才好用兵。20年后已经身患重病的毛泽东为什么冒险打西沙？

海军林叔叔揭秘：这一仗根本是海上编队的下级指挥员拍板拼命的。越南南方民族解放路线军的军舰大炮粗，过分轻敌，妄图以势吓退解放军。他们叫嚣"撞也撞沉你中国佬"。退无可退的解放军只好破釜沉舟血战一场。扫雷艇贴近"李常杰"号进行集中近射，猎潜艇发挥速度优势穷追猛打，不让敌舰拉开距离发挥大口径炮的优势。我艇以"贴身"战术靠近敌舰，用10条炮管一齐向"怒涛"号猛轰，使该舰中弹起火，爆炸沉没。

海战结束后，双方都开动宣传机器打心理战，越方当局称中国海军派出实力强大的"科马尔级驱逐舰"，使用了"冥河式导弹"。历史是胜利者写的，中国打了胜仗，收复了西沙，其他都不重要。只有我们历史佬才关心事实真相。战后不久的1974年5月，中央军委从东海舰队抽调3艘导弹护卫舰紧急南下，支援南海舰队，毛泽东要求破例"直接通过台湾海峡"。以往20余年，解放军舰艇从东海到南海，须绕道琉球群岛，经太平洋，穿巴士海峡。据说蒋介石亲自下令，破例向我海军舰队亮起"请通过"的信号。

"文革"中极"左"思潮彻底否定马师曾

大概是"四届人大"前后,华侨新村发出一封信要我放弃父亲的姓氏。其中对于马师曾阶级分析振振有词:红线女进入戏班是封建制度的奴婢身份,马师曾作为封建戏班主对她压迫剥削,被迫同居且无社会地位,即使老马与梁氏夫人离婚后,红线女已经生下长女淑明,仍然是妾,身份不明。再生长子鼎昌大摆筵席时,马师曾还老大不情愿地说:"这就算两夫妻啦?"所以在今天趁着"批林批孔"的反封建时代浪潮,作为子女,应该为母亲红线女摆脱最后的封建枷锁,破除马师曾遗留在你们头顶的姓。至于姓邝、姓红随你们挑。

我看到这信上通篇的"文化大革命"极"左"思潮词句,岂有此理。马上回信驳斥:你们翻老账必须全面翻。我的父母亲通力合作20年,只说20世纪40年代的胜利剧团还不够,请看20世纪50年代香港的真善美剧团,马师曾是雇员,红线女是班主。关于这段历史,是不是也请革命老干部略做阶级分析?中共土改大纲规定:划分阶级成分以解放前三年为准,马、红的主仆地位刚巧在"回归内地"时翻了身。马师曾在香港房无一间、地无一垄,其职业是剧作家、演员——算个城市小资产阶级吧。谁能将他划入阶级敌人?

在这次"改姓运动"中,姐姐充当了钦差大臣"招讨使"。为了招降我开出了难以拒绝的条件——马鼎盛可以从粤北山区调回广州。这是我梦寐以求的,盼望能够结束流放边区的劣境,但是为人子者,我绝对不准抹黑马师曾的阴谋得逞。姐姐实在"招"不成就"讨",她义正词严扣政治帽子的招数可是小瞧弟弟我了。12年北京市民户口不是白混的,首都的政治氛围令人经风雨见世面。"文革"开始,我在大鸣大放的大字报和大辩论的风浪中,

1953年红线女在香港建"真善美剧团",图为排演《清宫恨史》

学习看穿论敌的虚张声势。在我们学校派性斗争失败后,军宣队对我实行"群众专政"。造反派私设黑牢监禁马鼎盛,全校开批斗大会,我坦然扮演替罪羊,面对捏造的罪名我态度诚恳,引用毛主席语录"有则改之,无则加勉",但是对诬陷的罪名决不接受。相信老姐姐会如实上报这个小弟弟接受过贫下中农四年再教育,懂得应付阶级斗争风浪,本身已经是自食其力的工人阶级一员,还是工厂的理论队伍骨干,学习马列主义毛泽东思想的认真程度,恐怕革命老干部也要刮目相看。我有句话谅她不敢向母亲复述:"说到改姓,外祖父是商人,剥削阶级的邝姓并不馨香。外祖母谭银彩是半妾半奴,纯粹的城市贫民无产阶级,母亲何不改姓谭?"

姐姐给父亲泼脏水,造老人家生活作风的谣不堪入耳,我对哥哥都无法引述她的原话,只能引用粤剧《苦凤莺怜》中"余侠魂"的名句:"唔同个老窦佢就无份?"(粤语:就好像她父亲没她事一样)哥哥深以为然。但是他有苦衷我理解,在人屋檐下怎能不低头,何况因为"逃港"大罪被母亲调回广州，因祸得福，吃住在华侨新村，大恩图报说："我实在顶不住了。"多年以后兄长也不堪回首。我在几十年后旧话重提，今天的年轻人难以理解，甚至不感兴趣。老一辈正是唯恐民族惨痛历史被集体遗忘才喋喋不休。姐姐被蛊惑造了母亲的反，得到"文革"派的赏识；她一个资历甚浅的青年演员，受委派去上海学习并移植革命京剧样板戏《海港》，之后回广州担任粤剧女主角方海珍书记，革命风头一时无两。她老公的家庭成分被认为是什么五类分子，有碍她解决组织问题，划清界限就离婚啦。为了要挟丈夫就范，竟然将夫家三代单传的学龄前幼子藏到八千里外的中苏边境，改姓为"红"。加叙这一段并非为揭人隐私，而是回顾制造伦常悲剧的时代，确实会以反封建的名义开展封建专制的家庭内战。

少年夫妻老来伴。红线女同马师曾离异后，有过几个选择：一位是老领导，在周恩来的秘书任上筹备新华社，他作为广州两大报纸《南方日报》《羊城晚报》的"教父"，也是提高红线女政治及文化水平的导师。一位是中国顶尖电影演员，我们只有一面之交，但是对他女儿印象颇深，这位大姐姐是著名舞蹈家，我看她跳"三圣母"时是九岁。虽然我们的父母没有缘分，但是母亲和这位大姐姐情分很深，她来广州出差时常住在我家，早晨练功身手不减当年。还有一位是舞台搭档。在政治运动中循例批判红线女司空见惯，但是此公添油加醋上纲上线并划清界限。事后几十年，组织上对红线女早做平反，此公依旧喋喋不休，在海外宣扬其对红线女的恨意。

说到"老伴儿"，是红线女在"文革"中复出后，决定共度余生的选择，他最适合当时的政治环境。同女姐前三位选择相比，"那个人""左"得出格，他1973年从河南山区"入赘"到繁华的广州，但其名作家的身份在广东省作协没人买账，他在华侨新村发出自己只能成天"围着红线女转"的怨言。愤懑之余，唯有将马师曾批倒批臭，方能稍减自卑感。当年我确实穷困潦倒，三年月薪18—22元，用了十几年的被褥、蚊帐、棉大衣补丁摞补丁，一个月见不到几次腥荤，但是父亲遗传"君子固穷"的骨气，令我绝不出卖姓氏。坚持姓马换来母亲的判决：希望你在韶关建设共产主义。我上北京找周巍峙叔叔讨个公道。他也是刚刚"解放"恢复工作，收到国庆25周年

马师曾创作粤剧《屈原》角色及剧本

酒会请柬,十分欢欣鼓舞,和司徒慧敏文化部几个老局长挤在堆满杂物的斗室,笑谈找不到一件可以见人的衣服鞋子去见周总理。我不识时务插嘴诉说"那个人"的蛊惑,周巍峙叔叔稍后告诉我:红线女带老伴儿进中南海见邓大姐,获合影留念。联想到周叔叔虽然重返岗位,但是原来级别的住房被挤占,"文革"新贵气焰嚣张,这不是一时半会儿能够改变的乱象。我慢慢才明白,"那个人"挟极"左"潮流鸿运当头,我不愿意成为识时务的俊杰,姓马的活该受难。

回家过年是背井离乡打工仔最大的愿望,但是我宁愿留在山区的工厂过革命化春节。实在是无法面对"那个人"那倚官仗势的面孔。姐姐的丈夫家庭成分不好,父母亲都是右派,继父还是劳改犯,所以这段婚姻就触礁了。哥哥女朋友的父亲好像是广州邮电部门高级工程师,"文革"开始被批斗抄家,几年后从"干校"回归,已经恢复领导工作,甚至参加邓小平主持的科技会议。这样家庭出身的女孩儿,怎么就不够条件进入两个全国人大代表的革命家庭?只能说明当时"那个人"革命老干部拿极"左"思潮控制红宅。被极"左"思潮横刀夺爱的哥哥只能找一个城市贫民家庭的女工,凑凑合合娶妻生子,没几年就离婚了。

当时"那个人"挖空心思罗织罪名,说马师曾是漏网右派,甚至是封建戏班主,"那个人"不允许马家儿子继承老马的姓。马师曾在"文革"初被红卫兵、造反派大批判,不但文字鞭尸,甚至去广州"银河"革命公墓砸碎马师曾墓碑,挖出骨灰倒进沟渠。但是在红线女复出后,有关部门出面修复墓碑,找我们要父亲的遗照按照"文革"前原样安置在墓碑上,为首任广东省粤剧院院长恢复名誉。谁还敢对抗中央的口径,给我父亲扣上"封建戏班主"的反动帽子?红线女在人妖颠倒之时违心否定马师曾,但是日久见人心,母亲终于看清"那个人"面目。

《粤剧大师马师曾诞辰110周年红线女、马鼎盛追忆》(《羊城晚报》2010年10月5日):

1956年3月,马师曾红线女进京演出《搜书院》,周总理是自己买的戏票,到前门大众剧场看演出后,总理特意到后台来看望他们。后来在一次为昆曲《十五贯》举行的座谈会上,总理还提到了粤剧,肯定了粤剧改革的成绩,肯定了马师曾红线女对粤剧的贡献,并说:"昆曲是江南兰花,粤剧是南国红豆,都应该受到重视。"所以,粤剧就有了"南国红豆"美称。

红线女:"他演戏很真,对我影响很大。'马调红腔'这些讲法都是同行及戏迷们说的,几十年前已经有这样风格的讲法。"马师曾一生参演的剧目有《关汉卿》《屈原》等共计429个,其本人编剧及参与撰写的剧本97个,参与拍摄的电影58部。他自己编、导、演的剧目不胜枚举,保留至今的也有300余个。

回到新中国后,马师曾先后担任了广东粤剧团团长、广东粤剧院院长,当选为中国文联全国委员会委员、广东省文联副主席,中国戏剧家协会常务

1957年,广东省粤剧院院长马师曾与副院长红线女讨论工作

理事、广东分会副主席,还当选为广东省人大代表、全国政协委员、广东省政协常委。马师曾都尽力尽职。

记者:与马师曾合作了那么多年,您觉得马师曾的舞台魅力是怎样的?

红线女:他演起各种角色来都能形神兼备。不同的角色,他会认真揣摩不同的人物性格,在艺术借鉴上他改编了很多电影剧本,因为他的古文功底很深,能写出迎合大众口味的唱词,很受观众喜爱,成为我从艺60年学习的榜样。跟其他人比起来,我觉得他演戏很真,很动情,一般演员没有动情的。他对我的影响是很大的。

在母亲临终前几个月,突然半夜两三点打电话给我,絮絮叨叨讲到我的手机快没电了。全是回忆片段,讲马院长的工作、生活琐事。还恍惚在梦中的我听得莫名其妙,甜丝丝的,非常受落(粤语:同意)。只感到母亲反复强调马老师一生两件事:他对国家和人民的热爱,对粤剧文化情有独钟。"我学习了一辈子,赶不上大哥一半。"

帮妈妈抄大字报

"清查与'四人帮'有关的人和事",也算是给"文化大革命"画个句号。母亲本来是"文化大革命"的斗争对象,《5·16通知》公布"文化大革命"的三大任务之二是批判资产阶级反动学术权威嘛。到后期她坐上广东文化局副局长的位置,好像是"文化大革命"的得益者了。在批判红线女的大会上,有人把她当第四届全国人大代表也当作"投靠'四人帮'"的把柄,其实红线女第三届全国人大已经当选代表,其后第七、第八、第九届也接连当选。我那年回家探亲,碰上母亲又要上台示众。她为了交代与"四人帮"有关的人和事,就把一次见面的经过也拿来揭发,用大字报的形式贴到广东粤剧院,我们兄弟帮忙抄写。记得大字报并没有什么政治内容,不过是江青对王曼恬发脾气,好像喝令她去取一件东西,反正东西不重要,否则我应该有印象。又好像是看她穿的衣服不顺眼,叫她马上去换。王曼恬是毛泽东的大姨表兄王星臣之女,是毛的表侄女,"文化大革命"时任天津市委主管文教的书记、革委会副主任,兼任国务院文化组党组成员,分管全国美术工作。粉碎"四人帮"后,王曼恬作为"'四人帮'在天津的代理人",被隔离审查。1977年1月,王曼恬自杀于审查批判中。江青比王曼恬还小一岁,不过辈分大,王曼恬得叫她表婶。按照职务也差好几级,江青有谁不敢骂?像这类鸡毛蒜皮的揭发,革命群众当然不满意。一些名演员先后上台批判红线女,情况和"文化大革命"开始的批判会不同。妈妈已是饱经沧桑,她走上台念完检讨后,顺手拉过一把椅子,坐在台口,不动声色地听着,用笔记着。一个经常同台演出的名演员声色俱厉地控诉红线女不准他悼念周总理。政治立场站得真好,日寇攻占香港时,一些艺人组织"协和剧团"之类的时髦戏班,为汉奸当局粉饰升平,如今来表现阶级感情,倒是爱国不分先后。母亲在省粤剧院检查后回家吃饭,我家的传统:在饭桌上是"一言堂",妈妈食不言,大家无语。本来担心她情绪低落,看到她饭量不减,我们有点儿放心;在小花园饭后百步的老习惯却取消了,母亲上楼不久,好像有粤剧的声音。再细听,居然是粤剧《桂枝告状》的唱段。我有十几年没听了,那应该是母亲和父亲在香港录的唱片。"文化大革命"抄家不是给"破四旧"了吗?此时此地突然放老唱片,不会是随手拿起来的排遣。整段"赵宠写状"的对唱记不清楚了,我还能信口唱出母亲扮演桂枝指控后母杨氏那几句,"她不遵妇道,贪风月暗地搭上情郎。明来暗去,处处又骗得我老父慈。爹爹贩马出外,她把我姐弟鞭笞。我姐弟那时,迫得远处流离。"还有父亲扮演桂枝的丈夫赵宠唱那两句:"春花悬梁虽身死,于令尊大人吖都绝无干

1957年马师曾、红线女出演《桂枝告状》

系，又何来是和非？"桂枝接唱："只因贪财官受私，苦打爹爹，才弄到如斯。"此情此景跟着唱片哼将起来，我不觉就放了声。《桂枝告状》的主题是辩冤。母亲在"文化大革命"是挨整的对象，如今否定"文化大革命"，她又成了"运动员"，怎么不冤？她的对头人，上上下下多得很，同样的罪名是红线女"通天"。

多少年来，不管什么政治运动，母亲都能"京信常通"；特别是有疑难问题，她不依靠北京依靠谁？我在"文化大革命"中也替她寄过信给邓颖超，她写的信封是"北京，中共中央，邓颖超大姐收"，落款是"红线女"。比较特别的是，她写的"邓"字并不规范，竟是"丁"字旁一个耳刀。这样简简单单一毛钱的航空信，就能寄到邓大姐手上？

"你几时学到这两句《桂枝告状》？"妈妈问。北京五姨妈家的唱片，除了西洋古典音乐、《莫斯科郊外的晚上》等苏联歌曲之外，肯定是马师曾、红线女的粤剧最多。听来听去随口哼哼罢了，妈妈说我的唱词是父亲修订过的。1956年父母亲在上海拍摄粤剧《搜书院》艺术片期间，母亲特地向昆曲大师俞振飞学习全本的"吹腔"《贩马记》，为丰富粤剧《桂枝告状》做准备。1957年，父母亲整理传统剧目并演出《桂枝告状》。"文化大革命"的红人，连去世的马师曾也不曾放过，将人家在广州银河革命公墓的墓碑被砸烂，挖地三尺要把马师曾的骨灰倒进阴沟。尘归尘，土归土，彻底的唯物主义本当如是。不过给马师曾重新立碑于广州银河革命公墓之前三年，在华侨新村又能够听到马派的唱腔，可见公道自在人心。

马、红论金庸

1981年,邓小平自称是金庸迷的消息一传开,金庸武侠文学在内地立马就受到人们的追捧,风靡一时。我在"文革"初期有幸看过金庸的只言片语,立时五体投地。如今母亲拿到全套金庸小说,我在深圳也高价买到几套,母子俩顿时有话可说。我早在20世纪80年代初就发表有关武侠小说的评论。我认为武侠小说之所以能够流行甚广,是因为它的宗旨是锄强扶弱。古今中外任何社会,都是弱者居多。他们受强者的欺压,没有办法解脱,非常希望有侠客、大侠来帮他快意恩仇。不但是弱者喜欢武侠小说,强者也喜欢:因为小说里的大侠有决定平常人的生死的权利,同当权者的地位及心态吻合;更重要的是武艺高强者认为自己有判别是非对错的能力,可以以个人好恶判断谁该死谁该活。这一点使古今中外有权力的人如帝王将相、富商学阀,以及方方面面的强者,也喜欢武侠小说。母亲想想说,你说得好像有点儿道理,不过听起来不够厚道。

在反复欣赏金庸武侠文学之余,我也浏览梁羽生、古龙等中国香港、中国台湾武侠小说。有些想法也投稿广州的报纸杂志。后来斗胆写信给香港明报金庸先生,很快收到他的亲笔回信,曰:"鼎盛先生,寄来《希望》(杂志)两期,大作两篇拜读。多谢你的批评指教,你阅读武功小说的功力已不逊于海外的博学之士了。"后来,我参加"香港七日游",顺便给金庸先生寄去一信,谈及各地盗版金庸小说泛滥成灾的乱象,并附上两篇评论金庸武侠文学的习作。不久,金庸先生给我的回信就寄到广东省社会科学院。这次是签名信,曰:"马鼎盛先生,再次收到您的信,十分高兴。所附二稿,已细阅。很多谢您爱读我的小说。论令狐冲一文,细述其人在心理、感情各方面的挣扎和成长,可见先生阅读之仔细。另文论及双儿的奴性、无自我,从现代独立人性的观点看,当然是对的。又有关对程灵素的分析和欣赏,亦可见先生之自有体会。至于金庸之名被盗用,已有所闻,唯有寄望将来有所改善。"母亲先后看了两封信,教导儿子说:"金庸先生的文化、名望、事业、辈分比你高得太多。你学到一点儿谦虚谨慎了吗?"被点中死穴,我无话可说。

下面是我寄给金庸的20世纪80年代对古龙武侠小说《铁血大旗》的读后感(刊于广州某报):

铁中棠并不可爱,云铮更是饭桶。倒是温黛黛、沈杏白的性格值得一看。鬼母、风九幽、麻衣人、夜帝、雷鞭等人,初出时威猛摄人,一旦亮了老底后又不过尔尔;铁血大旗门夜袭五家时何等有气势,云、铁两家与五福联盟之世仇贯穿全书,可惜真相大白时包袱抖不响。总之古龙写书靠悬念、吊瘾,像煞有介事,其实谜底都是初中水平。如果将铁、云等人换上太郎、铃木等等名字,完全可以当作日本武侠书看。古龙致命伤在于中国味道少。金庸的书给人以中华古文笔法的享受。古龙的文字往往令人难受,但是还要追着看完。起码他塑造出楚留香和李寻欢。梁羽生的书水平稳定,几十年没有摆脱既定的套路,不断重复自己,看过《云海玉弓缘》后知道技仅此矣。

查良镛说他不好意思再胡闹。

查良镛一身数任,武侠小说大宗师、华文报业大王、政评家等,以至于政坛风云人物。问他最看重哪个头衔,金庸沉吟说:"在我的名片印上金庸,大家应该知道,我是写小说的。""飞雪连天射白鹿,笑书神侠倚碧鸳",十四种金庸武侠小说,在全球华人地区起码印过几千万册。

金庸从1955年起写武侠小说,处女作《书剑恩仇录》并不是很精彩。当时有人评论金庸是偷《水浒传》的桥段,其实,谁学得到中国古典文学"四大名著"的一招一式,足以令人终身受用。《水浒传》一百零八将,上梁山的道路千姿百态，施耐庵把千头万绪的故事梳理得条理分明，通过"血溅狮子楼""大闹野猪林""宋江题反诗"等妙趣横生的故事，塑造出武松、林冲、鲁智深和宋江等流传千载的文学典型人物。金庸找到一条描绘群雄大聚会的武侠小说道路，像《倚天屠龙记》《天龙八部》《鹿鼎记》《射雕英雄传》和《笑傲江湖》等长篇小说，金庸写的人物不怕多，故事结构不怕复杂，场面越宏大，越能显示出作家"韩信将兵，多多益善"的超凡功力。金庸自谦说："不敢说每写一本书都前进一步，起码不会一部不如一部。写过的人物形象和故事形式，我都不会重复。"是的，金庸写到20世纪60年代已是老板身份，"眼界宽了"，和一班笔耕为生的"写稿佬"有云泥之别，自然有本钱精雕细琢。

金庸对历史素有研究。他在《碧血剑》篇后附录的《袁崇焕传》提供历史背景，岂料写成一篇标准的历史学论文，不但有鲜明的史学观点，更以金庸式的文采令枯燥的历史论文平添可读性。崇祯皇帝刚愎自用，猜忌功臣已是历史定论。但是，袁崇焕侍奉雄猜之主而不知收敛锋芒，擅杀大将，触犯崇祯恐怕大权旁落的大忌，此乃取死之道。金庸写武侠小说，能有历史学做"内功"，比古龙技高一筹。金庸不会食古不化，陷在旧式武侠小说体中，像梁羽生那样，几十年水平不变。更难得的是，金庸能急流勇退，在世界华人掀起"金庸热"的20世纪80年代，他"金盆洗手"，使《鹿鼎记》成为绝响。查良镛说："年事渐高，不好意思再胡闹。就算再动笔，也是想写一部历史小说。比如汉代离今天很久远，当时的风俗、服饰、言谈再现于小说的难度很高，就值得接受挑战。"

《鹿鼎记》是金庸于1969年至1972年间创作。金庸承认："我做《明报》最大的成就，就是从头至尾反对'文化大革命'、反对'六七暴动'。"金庸收到激进人士的炸弹邮包，被迫远避新加坡。金庸撰文称："我们相信，即使是参加了这次工潮的人们，绝大多数也并不赞成骚动。那些烧巴士、捣毁徒置事务区、烧学校、掀翻汽车的骚动者，大多数并非真正的工人。"《鹿鼎记》中描绘的蛇岛帮派"神龙教"，教主洪安通武功盖世，教徒参拜时要高颂"仙福永享，寿与天齐"。洪安通后于夫人的操纵下发展年轻教众，斗争老一辈功臣。金庸承认其最后几部小说的确是"文革"若干事件的语言映射。

金庸武侠小说一大特色，是爱做反面文章。很多所谓名门正派的掌门、武林高手原来都是卑鄙小人，好话说尽坏事做绝。如华山派"君子剑"岳不群满口仁义道德、礼义廉耻，实为野心家、阴谋家，不惜代价甚至自宫，骗取武林秘籍，妄图技压群雄一统江湖。

金庸小说将封建血统批得体无完肤，他笔下的《神雕侠侣》两个主人公形成非常鲜明的对比。那郭芙不得了，她父亲是郭靖大侠，是反抗元朝各个武侠部队的联合总司令、守襄阳城的主将、民族英雄。郭芙的母亲是丐帮帮主。她的外祖父是"东邪"黄药师。她的太师祖就是武林第一号人物，全真教宗师王重阳。所以郭芙大小姐真是根正苗红，出身极其高贵正统。但是这个人却是金庸笔下最令人恶心的一个泼妇。凭着她家庭的显赫就横行霸道，为所欲为。她甚至砍断了杨过的一条手臂，在母亲黄蓉的纵容下，可以完全不受惩罚；后来还当丐帮帮主的夫人。另外一个顶尖人物杨过，也可以说亦正亦邪，出身极其反动。杨过的父亲是认贼作父的杨康，欺师灭祖，坏事做尽。杨康想拜西毒欧阳锋做义父，后来杨过还真是认了欧阳锋为义父，可见他的家庭出身是五毒俱全。杨过吊儿郎当，油嘴滑舌，出身极差，从小孤苦伶仃，被所有名门正派所歧视。所以他也是破罐子破摔，特意离经叛道，专门同他的师门全真派作对，甚至要和师父小龙女结婚。金庸令杨过绝处逢生，断臂后反而练出绝世武功，打死了蒙古大汗蒙哥，保住了襄阳城，还拯救了郭襄。所以，这两个出身完全不同的人，恰恰都走上了背叛父辈的道路。我认为杨过和郭芙是金庸笔下写得最成功的两个人。神雕大侠杨过是读者很喜欢、很关心的一个傻小子。而郭芙虽然青春美丽，但是心肠歹毒，目空一切。金庸写她写得最成功的一点，是关于郭芙大草包、自我感觉极好的描写。

金庸的武侠小说多数是有历史背景，但是他喜欢做反面文章。在《书剑恩仇录》当中就把清朝的大将兆惠等，写成反面人物，将大和卓木、小和卓木等叛乱清朝的少数民族写成民族英雄。

我在采访晚年的金庸时请教："记得您20世纪80年代潜心读《大藏经》，有心把读经的一些心得写进下一部武侠文学中，相信全世界的金庸迷都引颈待望。"但是查良镛说他"年事渐高，不好意思再胡闹。就算再动笔，也是想写一部历史小说，比如汉代离今天很久远，当时的风俗、服饰、言谈再现于小说的难度很高，就值得接受挑战"。我理解金庸所谓的"胡闹"，是指作家的童心。人到中年的查良镛同时是媒体上著名的政论家，后来又不断卷入政治风波，在不同时期分别被不同政治派别的人士猛烈攻击，查良镛卖掉《明报》后去内地大学当博士研究生导师，他暮年更决心到北大和英国剑桥攻读博士头衔，以上种种很难保持一个作家的童心了。武侠文学是成年人的童话，童心正是创作源泉。

大地微微暖气吹

从海洋岛到法卡山

"你没有当过兵,没上过军校,又不是军属,怎么会做军事评论员?"这种问题,我面对形形色色的媒体回答过无数次。我们"老三届(1966年'文化大革命'开始中断学校教育时的高中一、二、三年级同学,以及后来当年初中那三个年级也算老三届吧)"成长在毛泽东时代,二三十年都处于战争状态,1950—1953年抗美援朝,1958年炮轰金门开始同国民党打海空战斗,1962年中印边境战争,1969年中苏边境开打,20世纪六七十年代秘密参加抗美援越战争,几十万铁道兵、工程兵和防空部队为抗击美帝侵越拼命,1974年西沙之战……当年全国中小学的男生没有不想参军的,虽然我9岁就近视,小学戴上300多度眼镜,今生当不了兵,只有追求军事知识来平衡心理。2008年,《航空知识》杂志50周年请我聚会,他们1958年创刊,1960年因为全国严重困难时期停刊,1964年才复刊。我大概是那批老读者吧,当年一毛八分钱对于每个月一两块零花钱的高中生也是个不小的数目,要知道电影学生场才五分钱。

生长在革命年代,被灌输尚武精神,是我迷恋军事文化的头号理由。中国古代"四大名著"起码三部是战争文学:《三国演义》《水浒传》和《西游记》。第二个原因是我大学学的是历史专业,当年的教科书灌输"革命战争是历史的火车头"的所谓马克思理论,极力讴歌中国历代农民战争。讲到中国近现代历史,简直就是一部内战、外战不停的血腥杀戮史:1839—1842年鸦片战争、1850—1864年太平天国战争、1852—1868年镇压捻军战争、1858—1860年英法侵华战争、1884—1885年中法战争、1894—1895年中日甲午战争、1899—1900年义和团及八国联军侵华战争、1911年辛亥革命战争、

1913年讨袁二次革命战争、1916年护国战争、1917及1922年两次护法战争、1920年直皖战争、1922年及1924年两次直奉战争、1926—1928年北伐战争、1929年蒋桂战争、1930年蒋冯阎中原大战、1931—1945年抗日战争、1946—1949年解放战争。我们读历史专业如果不懂军事，怎么学得好？我公开发表的第一篇论文就是有关"天京事变"的太平天国内战，在中山大学得奖的论文是写"甲午黄海大战"，因此被邀请参加1979年东北中日关系史第一届学术研讨会，作为最年轻的创会会员，我在有关专家教授的指导下修改论文，后发表在该史学会专刊。意外的收获是认识了北海舰队的年轻学者周参谋，他带辽宁大学的教授去海防前线考察，顺便让我开阔眼界。

从大连出发第一站当然是旅顺口。周参谋开车带我们去203高地，1904年7月日军开始攻打，俄军只有几千守备队。战术呆板的日本兵迷信刺刀集团冲锋，成百上千地做活靶子，不惜代价冲上山顶跳进壕沟才知道有倒打的暗堡，全部被机枪点名，没人逃回去报信，下一批照样送死。日本第三军司令官乃木希典大将两个儿子都在两万官兵死伤名单内。激战至12月5日，俄军损失7000人后放弃阵地，日军在203高地架设280毫米口径巨炮，旅顺港内的太平洋舰队成为瓮中之鳖。我们站在制高点看俄军诡异的壕沟暗堡，知道日军80多次集团冲锋的送死是必然的。我们俯视旅顺口，赞叹上天给我中华鬼斧神工的优良军港。它的水深能容纳几万吨级战舰，宽阔得部署俄罗斯太平洋舰队有余，四周陡壁悬崖，保护港内舰船不受外海炮轰，一道山脚构成天然防波堤，狭窄的军港出口容易防范敌舰艇突入。我们在山头清楚望见港内停泊几艘百米长的军舰和两艘潜艇，另外有多艘比较粗壮的辅助船只。经历过清朝北洋舰队、俄罗斯太平洋舰队、日本关东军和解放军北海舰队的百年沧桑，旅顺港固若金汤。

周参谋笑道，我们海军不会说沿海基地固若金汤，海军必须打出去，在敌国门前巡逻，国家才能固若金汤。辽宁大学历史系教授关捷是此行的主宾，也是这次成立东北中日关系史学会的发起人之一，他主动指导我修改《略论中日黄海大战胜负问题》的论文，此时是关教授现场教学的良机。我们搭乘海军猎潜艇前往海防前线——海洋岛。那是长山群岛外岛最远的海

被越南炮火击中的镇南关城楼

岛，距大连港76海里。出港后猎潜艇越开越快，风浪也越猛。我倒是不晕船，只是受不了机器的震动和噪声。在船头享受乘风破浪的感觉真好，水平线发现一个黑点，我急忙问："是不是海洋岛？"周参谋说："100多公里哪有那么快就到？"我卖弄战争电影的台词问："猎潜艇不是开到'前进3'，有30节？"周参谋笑答："《海鹰》电影有我们北海舰队的份儿。"关捷教授倒不怕泄密说，"又不是打仗，能随便开到极速？巡航速度15节就不错了。"在艇上交谈要大声吼，原来话是可以被风吹走的。早饭是海鲜粥、大肉包子，我狼吞虎咽大快朵颐，这会儿全颠下去了，厕所在船尾，一个金属架子四面透风，五尺见方伸出艇身，遵照海军大哥的叮嘱，先抓紧扶手蹲下去，戴稳眼镜，不敢看脚下翻滚的海水，任凭浪花溅湿屁股，前面一块帆布遮羞，好在同行的学会女秘书已经晕船，缩在舰长室瑟瑟发抖。

几个钟头的"渡海演习"是难得的人生经历，虽然没当过兵，但是海军也只有少数人有机会登上海防最前线的基地。海洋岛到今天也没有完全对外开放，主要原因是这里是唯一同时驻扎着海陆空部队的海岛。全岛面积近20平方公里，轮廓酷似犀牛头，头顶有挺拔的长角指向北方，张开的大口朝西，马蹄形港湾形成天然良港，渔民称之为太平湾海域，总面积为300公顷。我们猎潜艇从西向的海湾口进入向南驶进码头，环绕四周是20多座海拔200米高的山峰，挡住四面的风浪汹涌，港内仍水波不兴。湾内底深水碧，可供百米长舰船停泊。一模一样的四艘猎潜艇齐齐排列在码头栈桥，周参谋介绍是猎潜艇大队，团级单位。

海洋岛海岸陡壁如削，多处断崖临海，是军民联防、环岛防御的"不沉母舰"。它东距韩国的海军基地白翎岛仅90海里,是扼黄海北部海上交通之要道,甲午海战的主战场就在海洋岛海域。全岛制高点"哭娘顶"海拔372米,空军的长程雷达站是我们拜访的重要地点,也是团级单位。周参谋带队登顶,大家仰望高耸的雷达铁塔,巨大的方阵雷达天线朝东,大韩民国当时同中国台湾还是"盟国""盟军"的关系。走近雷达基座,耳中隐隐有共鸣的低音振动,请教周参谋,他说这很正常。旁边一座门窗紧闭的建筑,估计是雷达监控室,我们再有面子也不得越雷池半步。由于林彪、"四人帮"集团及支持者的破坏,"文化大革命"十年中国航空工业停滞不前,同美军的差距越来越大,美国、日本的侦察机长期贴近中国领海巡逻,我们的海军航空兵不能执行有效拦截驱逐,所以海防第一线的雷达就显得格外重要。带着沉重的心事下山,周参谋又领我们进洞,经过重重关卡、长长的隧道,一门七八米长的大炮展现在眼前。炮兵班全副戎装列队迎接,炮长出列报告,向首长敬礼,请指示。我们的关教授对这一套也应付自如,我一眼看到火炮护板上的俄文字母,估计是第二次世界大战使用的122毫米加农炮,应该是1955年4月中国从苏联接收旅顺海军基地时,高价收买苏军大部分武器装备之一。按当时统计,解放军买下苏军各种海岸炮、高射炮、铁道炮156门,飞机78架(含伊尔-28鱼雷轰炸机64架),护卫艇11艘(堪用5艘),快艇39艘(堪用17艘),炮瞄、对空等雷达11部,车辆54台及各类零星器材设备;苏联派来一班军火商,开出天价,经过两个多月的据理力争,中方还是付出2.7亿卢布(约3亿美元)。解放军对来之不易的洋炮倍加爱护,演练娴熟,他们贴近实战地速射5发实弹操作,苏制122毫米加农炮的实弹约33公斤,教练弹可能减半。我看年轻的炮兵熟练地上膛,加药栓,关炮闩,击发,退弹壳。我们掐着表看刚好一分钟。不愧是标兵班,据说接受过海军总部首长当面表扬。

当晚正好是海洋岛军民联欢大会,只有两三千岛民可能一大半都会捧场,难得北海舰队的文工团上岛,可惜我无福消受,突然牙疼,牙疼不是病,疼起来真要命。周参谋要陪我去基地医院看急诊,我说:"您必须去看表演,相信牙科大夫也要看文工团,您弄点儿止痛片给我顶着就行。"第二天参观养貂场，一排排铁笼里的紫貂活泼可爱，吱吱叫个不停，上蹿下跳精力充沛。这帮黄鼠狼亲戚吃的是海勤伙食，皮光水滑的一定是出口欧美换外汇的抢手货。前些年还给苏联的军火债，这东北三件宝应该立了大功。经过北洋舰队"致远"号殉国的海域，我想通了《略论中日黄海大战胜负问题》这篇习作起点太低，但是不打算大改动；从战略观点看甲午黄海大战中国输在单纯防守，这不是我的思考水平，拿关老师的指导拔高我的小文，太过掠人之美。另外我不能拔高大清王朝的海军水平，当年慈禧太后、光绪皇帝、李鸿章到丁汝昌的全球战略、海军战略就是那个水平，怎么可能让北洋舰队主动出击打到东京湾？当年清王朝刻骨铭心的威胁来自英法联军登陆渤海湾，迅速击溃清兵攻占北京；还有沙俄以战争威胁割去黑龙江以北、乌苏里江以东100万平方公里疆土，还在新疆策动武装叛乱妄图独立。1885年，法国发动侵华战争彻底歼灭南洋舰队，攻占澎湖基隆，吞并大清的属国越南。在日本发动甲午战争前，列强环伺、四面楚歌的清政府不可能把日本当作首要敌人，当然不能轻易放北洋舰队冒险远征本州岛。

我在大学期间发表论文《略论中日黄海大战胜负问题》，1979年到大连市参加国际学术研讨会。其间，有机会登上解放军黄海前线的海洋岛军事基地，参观苏联进口的海岸大炮操作。可惜不能留影。同一个学期中山大学组织我们考察虎门炮台，图为我和鸦片战争中林则徐视察过的海防大炮合影

1984年，我参加在南宁召开的中法战争100周年学术讨论会，有缘结识了解放军军事科学院的研究员X先生，他带我们广州、武汉、贵州几个历史学界的同事到中法战争古战场镇南关的关前隘走了一遭，顺便出了趟国。1885年3月23日，法军司令官尼格里指挥两千多人和三个炮兵连，兵分三路，进犯镇南关清军长墙主阵地和东岭炮台。67岁的老将军冯子材率领几千民团坚守阵地，两军激战两昼一夜，争夺东岭炮台的战斗尤为激烈，"炮声闻百里，山谷皆鸣，枪弹积阵前寸许厚"，战至24日中午，清军夺回小青山，重新控制战场两面高山。清军副将王德榜出击法军运送弹药驮马队，切断敌军粮草供应。冯子材抓住战机发起反攻，埋伏的大刀队近身肉搏，把攻入关前隘的法军赶出长墙截为四股，敌酋尼格里率领残部溃逃。冯子材率军追击至镇南关外二十余里，直至深夜才收兵。这一仗打死法军74人，伤200余人，缴获枪支弹药不计其数。3月26日，冯子材决定率清军追击到越南文渊。29日，清军攻克谅山，重伤法军指挥官尼格里，敌军狼狈南逃，将38门大炮和大量银圆弃入淇江。经过百年的沧海桑田，冯子材在关前隘建筑的抗法长墙主阵地和东岭炮台等古迹早就荡然无存，历史学家萧教授和X研究员只能凭地图估计哪个土坡是残存的炮台、阵地地基等等。我有一点疑问：当年清军有少量后膛炮，射程较远，为何部署在前沿？

　　广义的镇南关大捷包括攻克谅山，我们难得来一次南疆战场，尽量争取到前线法卡山去俯视谅山。还是解放军军事科学院的研究员X先生有面子，请镇南关地方部队的有力人士派车前往。1981年的法卡山收复战虽然已经过去四年，但是1984年老山战斗期间，越南炮击法卡山策应，我们上第一线阵地前一天，越南的冷枪还打伤了我方人士，所以解放军再三叮嘱我们老百姓要注意安全。吉普车在战备公路隐蔽行驶，除了钻山洞，露天的路段面向南方都有伪装网遮盖，在地图上只有几公里直线距离的路程，吉普车紧赶慢赶跑了大半个钟头。下车进入阵地前，带路的解放军重申军纪：这是经过两军反复争夺的战地，不能保证地雷百分之百已经扫清，一路跟着向导走，绝对不准自由行动，以免一失足成千古恨。敌军狙击手极其凶险，我们进入战壕，记得低姿态再低些，没必要增加非战斗人员伤亡。我们进入掩蔽部,可以通过望远镜看越南军事阵地。当然要通过炮兵剪镜,镜头伸出观察孔,我的头部埋在窗口下面半米。解放军向导说昨天是共青团中央的慰问团来看,一个二愣子戴上钢盔手捧普通望远镜扫视敌阵,不到10秒钟就中枪,子弹贯穿钢盔前后两个弹孔,顺带给他头皮开一道沟,当时他应声倒地,大家以为他就这么光荣了。幸亏打高了一厘米,只是皮外伤,两英寸永远不毛之地很容易被长发遮盖。在向导的指示下,我很快找到谅山的越军"英雄纪念碑",再细看,谅山近在咫尺,在望远镜中简直触手可及。当年解放军反击战攻克谅山,虽然主动撤兵,这法卡山却是非驻守不可。区区一平方公里的阵地,战壕中赫然有中国界碑,八英寸见方的石柱,正面是大清国,反面是法文,应该是中法战争后协议所立。我站在界碑的南面,理论上已经出国。

据记载:法卡山收复战自1981年5月5日早晨6时打响至6月30日,越军先后投入步兵一个团零两个营,炮兵六个营零三个连,337师坦克营,198特工团一、二营,工兵514旅两个营。各种门径火炮百余门。解放军参战包括41军123师,及131师598团。主攻四连作战55分钟全部攻克,占领法卡山,共击毙越军9名,击伤14名。在随后的160多天里,敌人动用重炮甚至坦克,向我法卡山阵地发动了数十次从连到团规模的疯狂反扑。战斗异常惨烈,敌人发射数万发炮弹。胡耀邦总书记1984年春节前视察时执意要上主阵地、上最前沿,并说:"战士们不怕,我们也不怕,我要亲自到前沿阵地看看他们。"胡耀邦和解放军总政治部主任、中央军委副秘书长余秋里,空军司令员、中央军委委员张廷发以及郝建秀、王兆国、乔晓光等同志来看望法卡山驻军,并通过广播,向守卫祖国边疆、领海、领空的陆海空军指战员问好。胡耀邦题词"国威军威看西南"。近年我看到有关照片,胡耀邦、余秋里和张廷发在法卡山掩蔽部前同前线连队指挥员合影,再翻出我们在法卡山的照片,背景和前线连队指挥员的一模一样。

我们看到法卡山半坡有一片弹坑,横平竖直画线般整齐,四周绿油油的杂草丛生,唯独几十个弹坑寸草不生。据军方人士讲述:那是一排火箭炮的火海遗迹。当时一群炮弹炸光一个连,只剩两个重伤员。炸死的往往尸骨无存。打扫战场时把残缺的肢体收集起来，有时真是敌我难辨。

镇南关在20世纪50年代改名睦南关，70年代再美化为友谊关。结果同志加兄弟大打出手，血战谅山后夷为平地。镇南关的古代建筑上还是镇南关的字样。当地军方人士指着镇南关前的广场弹坑位置回顾：中越边境自卫反击战从1979年2月17日开始，3月5日宣布结束，16日全部撤回境内。就在边境人民在镇南关广场欢迎殿后部队时，越南一炮打过来，中国军民倒下一片。虽然弹坑已经填满，但直径约一米圆形水泥填补的边界分明。我注意到镇南关楼梯扶手墙上有洞，不规则的洞有巴掌大，这是钢筋水泥的墙，6毫米直径的钢筋在洞边被齐齐切断，断口银白色并不生锈，当地人民武装部的干部解释是迫击炮的弹片造成的。高速高温的弹片炸断钢筋如击败革，这要是打在人身上还得了。

在漫长的消耗战中，越南的特工队相当活跃。曾经一个特工三人组潜入我军纵深重炮阵地，炸毁大炮逃走，丢下蚊帐等生活用品，包括驱蛇粉、急救包、野战食品包装等苏联出品用品，比我军阔气。越战老兵愤愤地骂，小越狗子还不是偷我们的师！监听敌台的兵哥报告：越南特工队在开庆功会。这场战争，在1987年4月刘亚洲向中央打报告建议《老山作战应当立即停止》后，经过军委讨论，老山作战于10月停止，1988年，中越签订停战协议。

母亲为我证婚

1981年金秋,广州市市长梁灵光主持了第一场集体婚礼。广州市政协副主席红线女是证婚人之一,她握手致贺到一百对新人最后一排时,居然小儿子马鼎盛两口子近在眼前。红线女哈哈大笑着拥抱新娘,记者闪光灯亮成一片,母亲出其不意地为儿子证婚是绝妙新闻。其实我们早在去年已经登记为夫妇,尚未摆酒同居。大媒是母亲多年好友兼家庭医生、中山医学院二院院长廖适生叔叔一家。新娘是廖院长上下楼紧邻,同廖家孩子是发小儿。我和廖家长子廖为健则是大学同学。岳父何志谦教授"文革"前是中山医学院老院长柯麟的秘书,当他给老院长汇报说把女儿嫁给马师曾红线女的儿子,老人家脱口就问:是鼎盛吗?原来马师曾与老同庚柯麟是几十年的老朋友,后者在澳门做镜湖医院院长的20世纪三四十年代,马师曾全家可没少麻烦柯麟医生。大家都不是外人。

起初我向母亲报告要登记结婚时,她老人家打个哈哈说,阿盛要结婚哪!大学三年级结婚在当年算个例外,不过有例在先。1978年底,中共中央在人民大会堂举行彭德怀、陶铸追悼会,为他们平反恢复名誉。陶铸的养子(外甥)刘志修去北京参加他舅舅的追悼会后结了婚。我祝贺同班同学刘志修之余,想想我们都是"文革"前的老高二,比起一大半同窗老了十

柯麟医生

岁八岁，所以就学期间谈婚论嫁不算过分。还有一批没上大学已经结婚的同学，甚至为人父母也不奇怪。所以母亲没有反对。

  母亲为我证婚之后，极其低调的婚宴在岳父家伴随烛光举行，并非追求浪漫，而是中山医学院宿舍停电。十平方米小饭厅小饭桌旁，两个家庭三代九个人都靠墙而坐，新娘的八十岁老祖母坐上座。几个菜是从中山医学院食堂打来的。婚宴指定动作是改尊称。我老老实实地叫爸妈，虽然别别扭扭，也算开了口。我妻子结结巴巴叫了妈、叔叔。"那个人"老大不高兴，说我年纪比你爸爸大，你怎么叫叔？一向腼腆的妻子脱口而出："我跟着阿盛叫。"这当然是我们商量好的。母亲没吭声，肯定不高兴。几年前哥哥结婚，她可没去亲家吃饭，现在给我这么大面子，小子不领情！母亲来回步行，华侨新村走到执信南路，三公里上下坡的烂路我们陪同，一路无话。新郎新娘推着自行车拉走嫁妆。回到华侨新村，我俩才组装刚刚买回来的一百块钱的双人床。

  另外择日在华侨新村摆了两桌喜酒，回请新娘一家，只是我们几个表兄弟几家大小一起热闹了一番，我们家八十八岁老太君坐首席。改革开放后娶媳妇不去酒店开席，只因红线女心底的疙瘩还没解开。因为1977年"清查与'四人帮'有关的人和事"令红线女再次跌落到人生谷底，她被勒令交代与江青的关系。红线女坦然叙述人所共知的工作关系。江青从20世纪60年代初开始掌握文艺战线领导权，她钦定粤剧《山乡风云》"不要搞"，指示红线女拍这部电影"没有必要"。1970年周总理在广州点名叫红线女为外宾演唱粤曲后，江青在北京指示红线女"不要再演戏了"，又令"不能叫红线女"这个名字，就用原名邝健廉。红线女是1964年第三届的全国人大代表，到1975年第四届全国人大主席团名单出现的是邝健廉。1983年第六届人大代表名单上还是邝健廉。直到1988年第七届、第八届以及第九届全国人大，红线女的名字才得以重现。可见江青对红线女的打压烙印之深。但是一些人咬着红线女在悼念周总理期间响锣鼓排戏的"事件"不放。种种阻力让红线女被审查、批判时长拖延十一年之久。直到1978年广东省委做结论：红线女与江青没有政治上的关系。更否定她反对周总理的诬陷。刘伯温自勉："岂能尽如人意，但求无愧我心。"红线女心系粤剧，其他的纷扰波折她都淡然处之。我作为历史学人，常和母亲谈起省港粤剧界对马师曾红线女不公的过往，妈妈劝我放下怨痛，着眼未来。我钦佩母亲的大度。无奈"树欲静而风不止"。1977年，我在粤北工厂受到"与'四人帮'有关的人和事"政治运动的审查，是因为怀疑红线女透露北京内幕而株连到我。另外是否有人也因此受株连，丢了全国人大代表的机会，不得而知。母亲因此内疚，安抚"那个人"，叫我分居，免得碍眼。

清朝皇子一般在大婚后搬出皇宫，按照爵位级别建府。婚后鄙人分到洋房后院10平方米"尾巴房"。另专门安装独立电表。有广东省社会科学院同事到访，不免腹诽红线女自己住近300平方米花园洋房，月薪近400元，对儿子未免凉薄。这种闲言碎语应该是"那个人"喜闻乐见。鄙人一时也有瀛台之感。几个月后，感觉房东一直没来收电费。原来是小女出世后，她祖母不动声色代付了40元小保姆月薪。在这之后，我隔壁一房一厅一卫约35平方米的房间的钥匙落到我手中，说是可以暂住。这一暂，就暂到1989年我定居香港了。"那个人"病危入院后，母亲召我入住40平方米洋楼的原练功厅，附带卫生间。社科院历史所有一位口花花（粤语：嘴多）同事揶揄说，这回老马进宫了。长者喝止他少犯口孽，谁知他一语成谶，该同事后来因贪污罪被判入狱18年。

母亲开始独居的几年，三个儿女各奔前程，连我的女儿也寄宿广州市第一幼儿园。她在节假日回到华侨新村的时候，就是祖母破闷解颐的开心果。

小女从小活泼机灵，被幼儿园老师选作"大灰狼"角色，活脱脱一个"男仔头"（粤语：像男孩子一样）。她在"红宅"地位超然，母亲的卧室、书房是神圣禁区，我们为人子者不得擅入，小女则无须通报，出入自如。有时将她父母的私房话当新闻一样绘声绘形表演给祖母，逗得老太太忍俊不禁，弄得我们啼笑皆非。实际上，小家伙是代替我们斑衣戏彩。

中山大学毕业

1977年秋,母亲提醒我复习功课,准备考大学。1978年1月,我们广东省煤矿机械厂有两位同时接到大学通知书。考得298分被广东工学院录取的应届高中生是听我讲语文复习课的学生,我虽然可能连十七岁的娃娃都考不过,但我有自信不会拿不到298分。于是母亲指点我去找父亲的老朋友杨康华叔叔,在他的帮助下最终还了我一个公道,其实我的考分足够上第一志愿。

对于中山大学我并不陌生。七姨妈一家1962年南下中山大学。在"文化大革命"期间,母亲的家散了,我们在广州的落脚地就是中山大学七姨妈家。在那个疯狂的年代,我亲眼看见著名教授容庚被红卫兵喝骂,批判国学大师陈寅恪的高音大喇叭冲着失明老人的床头日夜施暴。

我读中大时,历史系主任是胡守为教授,中国古代史部分是他教的,胡老师是陈寅恪的助手。七弯八拐的,我们也算是陈门弟子。陈寅恪先生做学问的基本原则是:"我要请的人,要带的徒弟,都要有自由思想、独立精神。"我在中大四年所浸润到的学术精神,终身受用。

胡守为教授在我们77级68人中选出一个四人学习小组,每节课之前集体预习,课后讨论,找出关键问题,总结出答案给胡老师看,他也不置可否。小组的叶妙娜同学是英语尖子,完全够1978年考研究生的水平。苻路荣同学有丰富的社会经验,善于联系古今。王齐艳同学成绩名列前茅,二十岁入党,好像是团支部学习委员。我入选的原因不明,考试成绩平平,七八十分,能上九十的一次是读蔡鸿生教授的世界古代史。难道是我那两篇论文《略论天京事变的洪杨是非》《略论中日黄海大战胜负问题》?这个四人学习小组两男两女老少分明。我和苻路荣是"文革"前老高二,两名女生则比

马鼎盛向陈寅恪铜像献花

我们年轻十岁。他们三位把每一课关键问题的答案把握得很到位,所以考试稳拿高分。我喜欢剑走偏锋,明明中日黄海大战打输了,我硬要论证是打成对峙。历史局限性摆在那儿,李鸿章能派北洋舰队主动出击日本东京湾?从我们四名同学之后走的路看,可算求仁得仁。两位美女读研究生,出国入籍;苻路荣君下海做富家翁。

我们有幸得到了中大历史系四老(陈寅恪、岑仲勉、刘节、梁方仲四大教授)的亲传弟子教诲。蔡鸿生教授作为陈寅恪的学生说他到陈府听课,陈寅恪把他的著作《元白诗笺证稿》发给他们,讲什么叫作以诗证史。蔡教授说:由于陈先生的研究,我们在读古人诗歌时会有很多的联想。即使站在离陈寅恪一米之内的距离,也没有办法学到,只能仰望,我们跟陈寅恪先生有太大差距，这是没办法弥补的。陈寅恪认为学术研究是向未知的领域进发，所以，独立和自由非常重要，学术不需要少数服从多数，因为真理是少数人发现的。蔡鸿生教授消化了陈学哺育我们：读书人要读书。事实上很多读书人并不读书，他们只不过是查资料。流行的书翻翻就过去了。经典的书一定要慢慢读，就像是交朋友一样，生死之交跟点头之交不可同日而语。我们读书，一定要读一点儿公认的重要经典。一定要读点儿专业之外的书，文学如曹雪芹的《红楼梦》，不可不读。

专攻敦煌史的姜伯勤老师，我们只听过他一个学期的专业课。博大精深的敦煌学，我连初窥门径都远远谈不上，同学们都喜欢这位身材魁梧、声如洪钟、语端常带感情的红脸汉子。听完姜老师最后一课，我老实对他说：可能不记得您讲过什么课，但是永远不会忘记您对学问的热爱。

名校也不免有南郭处士。一位教师发讲义，封面是某某编著的大名。内文何止似曾相识，简直复制粘贴周一良的《世界通史》。如今的学界招摇过市的文抄公如过江之鲫，被网民揶揄"写的书比看的书多"的教授也高居庙堂之上。但我并不悲观，因为我记得蔡鸿生教授说：真理是少数人发现的。

母校的学习形式活泼多样，历史系曾举行过论文比赛，我们77级谭世保和我得二等奖。世保兄虽然比我年轻，人家几年前就已经发表过学术论文，后来他读山东大学王仲荦教授的博士，在山大及澳门大学任教。后来全校举行演讲比赛，我系先由各个年级选代表预赛。可能是我们班长卜灿雄和学习委员余兆翔举荐我出赛，演讲是自由命题。我刚看到一篇报告文学，说一位贝船长好学成才的故事，相当励志。我就跟聊天儿一样向同学推荐，最多语带煽动。开口就问：各位听过贝船长的故事吗？头悬梁锥刺股，学以致用一通吹。最后反问：有没有人不愿意在历史潮头学习贝船长精神？没有，那就坐言起行吧！全系同学鼓掌送我参加全校角逐。最终拿了个亚军，总算不负重托。

我一生最爱两件事：读书和体育运动。在大学活动里可谓是得其所哉。参加大学排球队，在广州市高等院校打到第二名。冠军是华南师范学院，它的主扣手是湛江市青年队主力，他的超手球又狠又刁，砸在我们的三米线上，反弹到两层楼高。华南师范学院男排横扫广州高校，只输过一局，其他每局基本不让对手拿到十分。我们仅仅胜它一局，也是2：0局之后，它的主扣手一时轻敌下场小休，撒一泡尿回来已经落后到5：9，他赶紧上场但是位置不对，加上我们打出士气，超常发挥。他一记重扣被我救起，全场哗然。事后弟兄们说我老将出马，如有神助，当时我在后排中的位置跟进，一球直冲我眼前扣过来，我是本能抬手自我保护，其实是拳击训练的自然反应而已。算起来我的年纪真是比排球队友们大上一截，还那么贪玩，惭愧之余有点儿得意。在我们历史系，两耳不闻窗外事的书呆子不少，我的体能一般般也可"猴子称大王"。参加本系运动会，连年跳高数一数二。上体育课，标枪和跨栏这两门老师叫我为大家示范，连78级也有师弟来请教。在中学时我跑200米低栏有28秒6的好成绩，如今这个项目已经取消，要我跑400米中栏就太费劲了，想试一下110米高栏。

因为从来没跑过，先练习一般的栏间跑四步，人家110米高栏专业运动员起码一米八以上身高，我在中学时代的偶像崔麟高一米八二，是连续三届全国运动会的冠军。他曾在23岁创下世界最佳战绩13秒5，而且跑的还是原始的煤渣跑道。创造过世界纪录12秒88的刘翔身高一米八八。最新世界纪录12秒8的保持者美国名将梅里特高一米九一。对他们身高腿长的人来说，10米的栏间距离和108厘米的栏高不值一提。我比刘翔差13厘米，跨高栏几乎是跳栏，栏间四步跑看起来像三级跳远。而且还不是17岁跑200米低栏那时的柔韧度，十天八天的压腿拉筋也拼不回15年前的青春。崔麟到了33岁还以14秒41的成绩拿第三届全运会冠军。我32岁跑个18秒7，成绩绝对是业余水平，没有踢倒一个栏已经欣慰，而且体现了奥运会精神——重在参与。同样是我们"文革"前的老高二同学刘志修参加1500米，累得呕吐也坚持跑完全程。

见英女王

引自《风范大国民》，红线女之子马鼎盛讲述母亲的传奇人生（2008年09月08日凤凰网专稿）

马鼎盛：上一代人经历过许多磨难，他们因此更懂得珍惜生活，于是红线女抓紧一切时间和机会激扬粤剧梦想。改革开放后中国内地开始"电视热""计算机热"和"手机热"，娱乐走向多样化，单一的听戏看戏无法满足要求，许多粤剧人也转向电影电视了。面对粤剧舞台演出的不景气，红线女奔走呼号，身体力行，重排旧剧，编演新戏。1988年国庆前夕，红线女率

凤凰卫视《风范大国民》栏目团队合影

广州粤剧团到北京举行"红线女专场",出现"红腔润脆动京华,三日绕梁入万家"的盛况。

红线女:我们去朝鲜的时候,那个时候朝鲜整个国情很不好,但是金日成同志他特别向总理提出来,因为看了《关汉卿》,特别喜欢我们《关汉卿》这个戏,他要求说带《关汉卿》演出团队去朝鲜演出。他们朝鲜的人哪,不舍得吃猪肉,用来招待我们。

解说:在国内外享有盛誉的红线女,得到政府的高度重视。1996年,广州市政府兴建红线女艺术中心。

1990年,红线女拍摄完成最后一部电影《李香君》,并没有急流勇退,而是开始了幕后创作。她以策划、导演和艺术总监的身份,参与创作《春到梨园》《西关女人》等多部粤剧。新风格的粤剧融合钢琴、交响乐等元素,红线女不断突破自身的表演风格,成为全国第一个举办个人演唱会的戏曲艺术家。2005年,由红线女领衔配唱、配音,第一部粤剧动画电影《刁蛮公主戆驸马》制作完成。

红线女:我还不会说,我老了,我不干了。当然,实事求是,自然规律不能超越。因为我年纪大了,我这个形象还应该出舞台亮相吗?不应该。但是我的嗓音可以,我还可以用我的嗓音歌唱。怎么办?就想到这个动画片。动画片怎么去搞,怎么把我以前观众很喜欢的戏——《刁蛮公主戆驸马》,把它搞成动画片,我去导演它,去配音,我都愿意,做什么工作我都愿意。

解说:10年前,香港专门举办活动纪念红线女从影50周年,红线女在星光大道上也留下了永恒的手印。今天,83岁高龄的红线女,仍然坚持到中心上班、教学生,经她指导的新人,现在也都成了粤剧界的中坚力量。她创造了100多个舞台形象,塑造了96部电影里面的女主角形象,还有几百首曲子,她无愧为广东省艺术瑰宝。

马鼎盛:今年是红线女从艺70周年,70年的中国经历战争、内耗、摸着石头过河到和平崛起,这个过程跌宕起伏,但是有粤语就有粤剧,红线女还是广大观众爱看的红线女。

作为"民间艺术大使",红线女多次向东南亚和美洲的侨胞献艺,她既属粤剧又超越了粤剧的疆界。香港著名填词人黄霑说,她是我前半生未见过的奇人,奇就奇在她对粤剧一往情深,可谓生死相许。

20世纪30年代学戏,40年代成名,年年难过年年过,处处无家处处家。她放弃优裕的香港明星生活,回广州发展祖国的艺术;她不迎合低俗的趣味,大胆创新;她专注培育新秀,收得桃李满园。2005年,香港特首曾荫权为她颁发浸会大学荣誉博士证书,在学术上充分肯定红线女的成就。21世纪文化更加多元化,粤剧在螺旋上升的道路上,铭记着每位艺术家的足迹。红线女喜欢这句古诗:落红不是无情物,化作春泥更护花。

我向母亲解释《风范大国民》节目对她的定位:众人皆知红线女是粤剧一代宗师,载誉莫斯科、平壤和河内,她也是第三、四、六、七、八、九届全国人大代表,毛主席亲笔信勉励她要做劳动人民的红线女。这些应该够得上风范大国民标准吧。但是我更看重的是她不甘做普通的国民,她积极履行国民义务,勇敢维护、争取国民权益。

母亲在抗战大后方三年颠沛流离的苦难历程,惨不忍睹。她告诉我1944

香港浸会大学向母亲颁发荣誉博士学位

年9月她跟随马师曾太平剧团,乘坐小艇从桂林逃难到平乐县,船舱有病到吐血的马大哥,有年迈缠足的马老太太,红线女怀孕八个月只能冒着风雨,日夜坐在露天的船头。母亲产后大病一场,缺医少药,生命垂危。全家老小住在"八步"矿工宿舍破木棚,靠矿主救济几斤糙米充饥。如果红线女留在沦陷区做"顺民",起码有瓦遮头。要知道在家不算贫,路贫贫杀人。喊抗日口号容易,坚持抗日却难,母亲言出必行甘愿付血泪代价。

新中国成立初期,不少香港粤剧艺人回归祖国,没有一个像红线女那般红透半边天,演出粤剧场场爆满。拍电影日进斗金,录唱片风行一时,是她最赚钱的岁月。母亲毅然决然抛弃"金矿",回祖国过朴素生活。她和钱有仇?

"文革"开始,母亲被批判斗争,剃阴阳头、抄家、山区劳改,停发工资。

和她同一个"牛棚"房间的广东省粤剧院团长谭玉真不堪迫害,悬梁自尽。在生死关头,红线女坚信能熬过昏天黑地,为重返粤剧舞台不停练功,她借喂鸡喊嗓子,借扫地走台步,"我就系唔衰被啲衰人睇(粤语:我就不让这些坏人看到我的倒霉样)"。外人看来柔肠寸断的女姐居然如此硬气。

20世纪80年代初,中国改革开放,引发出国潮。粤剧不景气,艺人收入微薄,一些大佬倌移民国外。第五届全国人大代表、广东省粤剧院当家花旦林小群移民美国,宁愿去做洗碗工。广东省粤剧院前副院长、中共资深党员罗品超入籍美国。红线女在"文革"中遭受惨痛经历,"文革"后被同行倾轧诬陷,被迫离开她和马师曾开创的广东省粤剧院。境外的老朋友都以为女姐会离开伤心地,择地安度晚年。他们不知道红线女离不开粤剧,离不开粤语土地和广大观众,粤剧的继往开来也需要女姐。她暮年为粤剧做三件事:1.为粤剧培养接班人;2.创立红线女艺术中心,打造粤剧文化基地;3.为宣传粤剧文化呼吁四方。纵观红线女的人生,不愧为风范大国民。

2007年,中共中央政治局委员汪洋到广东省任省委书记,他对女姐说久闻大名,知道红线女是广东省的一张名片。这是从叶剑英、陶铸一直到习仲勋等广东省领导人的共识。1986年10月18日,英国女王走访广州,母亲获

四、英女王访穗的新闻报道

（一）《羊城晚报》1986年10月1

1986年英国女王访穗的新闻报道

邀参加接待工作,她询问我应该怎样用英文敬语称呼伊丽莎白二世。女姐先是在白天鹅宾馆大门迎接英国女王,并陪同饮中午茶。晚上,伊丽莎白二世和王夫菲利普亲王在皇家游轮"不列颠"号举行告别招待会,广东省省长叶选平向女王介绍红线女说:"这是我国著名的粤剧表演艺术家。"这两位当时都是60岁的妇女,围绕着戏剧话题亲切交谈了一会儿,伊丽莎白二世对红线女说:"我发现你们中国人的音乐感很强。"事后我问母亲,当时你说粤语还是普通话?有九个声调是粤语一大特色(例如"诗史试时市事昔锡食")。母亲在涉外场合当然讲普通话,不过聊起粤剧,情不自禁地用粤语表达更贴切。

红线女见英女王时就是这身装束

母子间的文字交流

母亲看到我的涂鸦,奇怪道:"练字可以从篆书开始吗?"说起我见到父亲的遗墨,那是挂在香港跑马地寓所的"治家格言",非常之中国特色,非常之中国读书人品位。我最欣赏《朱子治家格言》"一粥一饭,当思来处不易"这一句,在东莞乡下四年"学农",起码知道一粥一饭是怎么种出来的。记得3岁时父亲讲过孔夫子爱惜粮食的故事,一个学生吃饭时吐掉一粒谷子,孔子开除了他。另一个学生吃到谷子,剥掉谷壳吃掉米粒,孔子还是不原谅。心想当圣人的门徒可真不容易。慢慢我知道,名人之后也不好做。

母亲在20世纪五六十年代下乡工作的机会很多,比如参加"社教运动"就要"三同"(同食、同住、同劳动)几个月。1964年创作粤剧现代戏《种子》和《珠江风雷》时,她把剧团拉到农村,住在生产队"开门排戏",演员拜农民为师,在培养水稻良种方面,接受老农和专家的教导。在我说起东莞种水稻还保留有少量"丝苗米"专门供应高级宾馆及出口时,母亲马上指出那是产量很低的品种,绝对不能大量种植。我开玩笑说:"当年我们分到20斤'白额齐眉'带回广州,外婆可是特地留起来,每顿饭称二两米专门给您吃'特供'。"母亲从小教我们念孟郊的唐诗:"谁言寸草心,报得三春晖。"这会儿我们才有20斤米的孝敬,就沾沾自喜。难怪曹雪芹说:"痴心父母古来多,孝顺儿孙谁见了。"

后来香港才子黄霑看到我的涂鸦挂在墙上,戏说:"令千金学龄前就认识这么多篆字?"

清末文献有一句箴言"与有肝胆者为伍,于无字句处读书",请教过多少宿儒通才,都不知其出处。我请广州师院一位姓陈的教授赐对联,他恰巧

母亲在家练习书法

也爱这两句。回家学着他的草书，母亲看见陈教授的对联说："你练字大有进步哇。"我不管她是误会还是调侃，只请教这两句话的出处。母亲说是周恩来在南开大学读书时写的一副对联自勉："与有肝胆人共事，从无字句处读书。"我告诉她是看到梁启超的书里已经有这样的说法，而周恩来年轻时非常敬仰梁任公，所以周总理的座右铭应该是师从梁启超的指引。我请母亲书写，不知何故，她没有录周总理这句话。知子莫若母，我专门从无字句处读书，那是读透历史的不二法门，但是历代帝王将相最忌恨"儒以文乱法"；母亲怕我口无遮拦，以文贾祸。我公开的军事讲座，母亲听了好几次，担心我"童言无忌"令有关高层不快。我对母亲解释：苦口良药利于病，如果军方连这点儿心胸都没有，一定不会在近年的演习中自曝其短，第一时间承认机毁人亡的严重事故。我同一些解放军高级将领讨论军事战略问题，虽然有的观点不同，甚至唇枪舌剑碰出火花，最后他们都有专业精神，客观承认我是爱国的。母亲终于相信我绝对不会以武犯禁；就是说我的"强项"底线是仅限于"言"，而没有"行"。在学术自由、新闻自由、言论自由的香港特区，只要别"与有肝胆人共事（做出一些激烈的行为）"，问题应该不大。

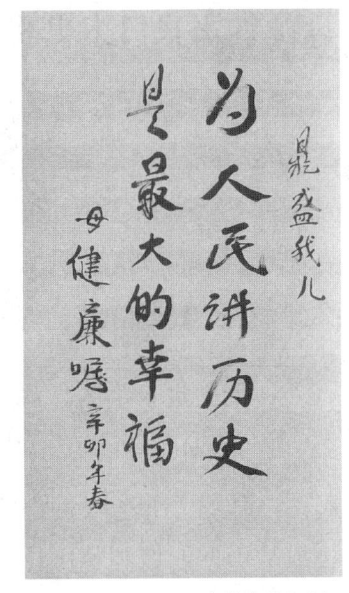

母亲给我的题词

俗话说，人老念旧。我过了知天命之年渐渐是望六了，妙手偶得一篇过瘾的文字，拿给母亲看，她问我："每年写那么多东西有保存吗？"一语惊醒我，可以回忆学生生活，让下一代了解那十多年的北京和北京人，不是我们的责任？2000年出版了《朦胧的年代》算是纪实作品，在广州天河购书中心签售，一口气600本，自觉欣慰，请母亲教正。她从头到尾看完说："你一点儿也不朦胧啊！"

在纪念父亲诞辰一百一十周年活动中，母亲为我写下勉励之词，不写我请求的"与有肝胆者为伍，于无字句处读书"。她写："鼎盛我儿，为人民讲历史是最大的幸福。母健廉嘱。"

母亲肯定我自力更生

一世人最看重的是母亲肯定我自力更生。在特殊的年代，把改变个人命运的机会下放到最底层只是梦想，1977年，邓小平决心恢复高等院校考试制度，打破十年万马齐喑的民族噩梦。我侥幸被中山大学历史系拾遗，一举达成从山区回城和从工厂进大学的夙愿。不是走"名二代""官二代"的路子。母亲人前人后也肯定了我自力更生的志气。中国人以12年为一纪，所谓第二次自力更生发生在一纪之后。我带着盏盏之数4000港币，去香港"洋插队"，第一份月薪恰巧也是4000。四年后，首次置业。越四年，细楼换小楼。再四年，赎回"楼小仅容膝"的房产证。其实母亲是我自力更生的幕后推手。那年我老婆刚申请到香港定居，匆匆忙忙凄凄惨惨切切求到一份勉强糊口的工作，两口子挤进15平方米的劏房。所谓劏房，就是把本来80多平方米的小三居，硬是分拆改建成7户人家共享一个门口一条走廊，最小的单位只有9平方米的使用面积，月租能收2600。一些新移民收入低又不够资格申请廉价政府租屋，只有"勉从虎穴暂栖身"，其中酸甜苦辣不足为外人道。

忽然一天母亲大人访贫问苦来我这丽池大厦做客，进门一步，小厅、迷你房、厨房加厕所加洗澡间三合一的香港特色已经尽收眼底。她老人家赠了一句：安居才能乐业。那就咬咬牙，等这3700元月租一年期满，不顾9000块月薪冒险买下120万的旧房。虽然才30多平方米，新鸿基的楼是名牌呀，实用面积89%。我那点儿积蓄远远不够付首期，能借的亲戚都开了口，咱们打三份工还不成吗？40多岁还有余勇可贾，"记者协会运动会"的投掷第二名、跳高第三名的奖牌是在一班二十啷当岁的小伙子手上夺过来的。85岁的三叔收回连本带利的借款时说："前年借给你就没打算要你还的。"这话我信，他住着半山豪宅，哪在乎区区五六万。当年我父亲接济他全家多年，他为大哥尽点儿心意也很舒服吧。在我而言，借钱一定要还，三叔这份情我至今心领。

我当租房客时接待过母亲，她肯定我随遇而安；后来一再置业，她都闻讯而来，封了红包。有人造谣造到西半球，说我逼母亲卖了华侨新村的住宅给我买香港的房。她听到后，为我澄清事实说："阿盛是自力更生。"老人家为我脸上贴金，做儿子的哪能不心中有数？我刚到香港没有找到职业，黄霑先生请我给他当助理，说是管吃管住。但是我一个内地社会科学院研究人员，哪里是干香港娱乐公司的料？他分明是收留我，给我一个学习转型的机会。一位电视台的老前辈劝谕我，在香港第一份工作不要盯着几个钱，最要紧是知名的大公司，为将来拿一份结实的履历和工作经验。我没有去黄霑先生的公司，当然多谢他的好意。半年后，黄霑先生又叫我收集一些北京大学的资料，二话没说就是两万现金，说是"以壮行色"。那是我在《明报》四个月的工资！你说不是看我家老太太的面子？

母亲看重的自力更生，是教我走出一条自己的人生道路。二十多年的传媒生涯，我谨守自己的宗旨：没有独家消息，只有独家分析。应该是早年受教于历史学大家，做学问必须言之成理、持之有故。新闻消息在今天信息爆炸的时代，像美国中央情报局外围公司小雇员斯诺登那样，给人家当枪使，像煞有介事地披露一些似是而非的所谓秘闻，最多是标题党的猎物，最终会死得很难看。我评论新闻事件，从镜头的表面要去伪存真，由表及里，抓住事件的本质，令企图鱼目混珠的黑手曝光。

游泳好

"游泳好",这些年母亲不断给我鼓劲。她知道我工作繁忙,又不肯早睡早起,要保持身体健康,只有坚持体育锻炼。"老年不以筋骨为能",老人家这句话我到了十年前才坚信不疑。定居香港初期,步入壮年的我还活蹦乱跳,篮球、网球、羽毛球都玩。接近花甲时后脚跟长了骨刺,折腾了一两年没事了,才发现膝盖劳损了,跑跳都力不从心;玩了大半辈子运动,如今就剩下游泳了。当时凤凰卫视还在九龙红磡码头附近,步行三分钟就是大环山游泳池。咱们时事评论员上班时间比较松动,只要保证直播不耽误事,两次进入演播室之间,抽一个小时去游泳没有问题。从此每个星期游三五次,基本坚持至今。和母亲闲聊,大谈游泳经让她开心。谈起母亲的老朋友王蒙,他的游泳劲头我甘拜下风。2002年,我约他做《文汇报》读书版的采访,王蒙一口答应,到了北戴河,他说先游泳。那是个阴天,海上风浪不

母亲最关注我的革命本钱,鼓励我坚持体育运动。我48岁获香港记者运动会跳高第三、投掷第二

小,我陪他游了半个小时,已经够本。这老先生小70岁的人了,还游得兴致勃勃。再熬十分钟我真的要失陪了,王蒙足足游够一个钟头。晚饭是猪肉白菜饺子,冒尖的一大碟有三四十个,紫皮生蒜头,出了声地嚼着吃得那个香。我年轻十几岁,游泳游不过他,

吃饺子也输给他十个。王蒙一边吃还一边说着我妈的笑话。那年部长大人带队走访法兰西,闲逛进一家餐馆,大作家又懂外文当然坐首席,不料那侍者偏偏请红线女点菜。王蒙说后来才接受"先敬罗衣",人家巴黎服务生见多识广,粤剧名演员可能

我与王蒙的合影

不认得,红线女穿的皮草可是上等货色。王部长自嘲"走了眼"。为什么王蒙老而弥坚?母亲知道大作家在发配新疆那些年把劳动改造当成劳动锻炼,扛两百斤麻包袋练成铜皮铁骨,此后坚持不懈。她以此鼓励我要活到老运动到老。

我跟妈妈吹牛说,天生与水有缘分,双鱼座,鱼水难分嘛。其实我这条"双鱼",好几次差点儿遭灭顶之灾。1957年,在北京游颐和园昆明湖,那是北京大学高才生大表哥钟世舟一班老表,都是大学生、高中生带着我这个小学三年级的去划船,看着人家一个个下水玩得痛快,我不自量力也往下跳,一口水呛住了便胡乱挣扎。当大家明白这个香港岛出生的瘦小表弟不是一贯的耍宝,而是叫不出救命时,我已经喝饱了一肚子黄泥汤。1961年,我们北京四十七中学有个游泳池,够阔气了。晚上偷着进去泡,不但好玩儿,而且刺激。刚刚学跳水,一时姿势太正确了,直扎进一米三水深的池底,手碰到石头但撑不住,脑门儿结结实实撞上石板,慌乱地呛着水扑向池边,被看守游泳池的体育老师逮个正着。1964年6月16日,毛泽东到北京十三陵水库游泳,对学生和解放军战士说:"游泳是同大自然做斗争的一种运动,你们应该到大江大海中去锻炼。"7月24日,首都1800多名中学生横渡昆明湖。当年我最多一口气在游泳池游过200米。从龙王庙岛下水横渡昆明湖到排云殿是600多米,不会换气的我游不到一半就没气了。让救护员捞上船就太丢人了,

跳水

犹豫之间人往下沉,想不到脚尖已经是湖底。资料记载昆明湖水深一米八,应该包括后湖和南湖。后来才知道南湖有两米多深,平均起来我所在的湖心也就是四五英尺水深。于是走哇走,游哇游,咱好歹也拿到中学生横渡昆明湖的纪念品——《南方来信》。人家7月26日首都大学生横渡十三陵水库的纪念品是《毛主席诗词》。1967年,我在"文化大革命"中做逍遥派,18岁的小伙子比三年前的少年何止士别三日?"到大江大海中去锻炼"谈何容易?去京密引水工程游泳,骑车不用一小时;先逆水游个尽兴,再顺水漂回;横渡几十米的运河没有什么挑战性。我们忘记一条基本原理——淹死的都是会水人。凡是桥墩都有旋涡,我们横渡在桥的上游一百来米,安全系数十足。我不是第一个下水的,也不是最后一个,偏偏是中头奖的,我们在岸上看不到一大团水草漂过来,正赶上我一头陷进去,比天蓬元帅在盘丝洞还惨,差点儿变成襄阳王铜网阵内的白玉堂。大团水草困着我往桥底下漂,眼看进旋涡就是九死一生,最后当然有惊无险。最令我后怕的是海南岛一游,海边的沙滩极其平缓,走向大海好半天也不到齐腰的水。好不容易扑向深水游个尽兴,之后回头一望魂飞魄散!岸边的人小得挥手也模糊看不清,莫非退潮把我带出大海?每次遇险都是镇静救命。不记得哪位英雄讲"宁愿打死也别吓死"。我相信最冤的是被自己吓死。

红线女母子对媒体谈"拯救粤剧的问题"

2012年2月19日，羊城晚报记者采访红线女和马鼎盛。

羊城晚报：最近有人提出了"拯救粤剧的三招"，您怎么看？

红线女：根本没有什么"拯救粤剧"的事。我有生以来，懂得粤剧，都没有想过粤剧要拯救！粤剧只需要帮忙、推动、继承、改革。我春节刚过后去过茂名化州，丁凡带着广东省粤剧院，欧凯明带着广州市红豆粤剧团去那里演出。我还唱了《昭君出塞》，又加一首《荔枝颂》。现场的观众成千上万哪，这种热情、群众基础，需要拯救吗？

羊城晚报：您觉得现在的粤剧需不需要创新呢？

红线女：我们一直都在创新哪！要是谁说要把粤剧封存、不让它根据时代而变化，那就等于不让粤剧存在！这次丁凡的团演《南海一号》和欧凯明的团演《刑场上的婚礼》，都是现代创作的，使观众看了之后（能）感受到力量！———是粤剧实实在在的努力方向。

羊城晚报：粤剧《刑场上的婚礼》有个场景很受人争议，就是周文雍、陈铁军"亲吻"的场面。您觉得戏曲舞台上能有这么生活化的场景吗？

红线女：我觉得好！而且应该要紧紧地、嘴对嘴真正亲到一起！

羊城晚报：啊？那不是像电视剧一样了？

红线女：什么叫电视剧啊？电视剧不也是从我们戏剧中脱胎出来的吗？电视剧植根于生活，那这个生活我们为什么不敢表现呢？爱情的戏就应该这样演。

羊城晚报：但我们的戏曲不都讲究"含蓄"吗？比如车子用两面小旗来

《刑场上的婚礼》演员与红线女合影

表示……

　　红线女：我们也试过推一辆真车上台演的。舞台上表演戏曲要多样化，多样化才能表现出我们表演的力量！所以刚才说到的"吻戏"，应该嘴对嘴，不怕的！怕什么，粤剧也是表现生活呀。当然，如果是古装，那就不好，但你是现代戏嘛，甚至表演游泳也是可以尝试的。

　　羊城晚报：你前两年搞的粤剧动画片《刁蛮公主戆驸马》，那也是很大的创新哪。

　　红线女：我老了嘛，观众不喜欢看，但可能还喜欢听我唱，那我靠什么呢？就想到小时候看卡通片，这不是合适的形式吗？好，那我就来搞卡通片！这样的形式也可以！这样粤剧才会一直进步。

　　羊城晚报：如果现在要帮粤剧，最应该从哪里帮？

　　红线女：最缺的是粤剧编剧！没有好的编剧，粤剧就真的要"执笠"（粤语"关门"）了。广东前几年培养过一批，但现在力量也分散了。如何改变这个状况,让粤剧不断地有好戏上演,这才是我们最需要讨论和研究解决的!

马鼎盛:将粤剧定型定格的说法不科学

羊城晚报:您怎么看粤剧的生存现状?

马鼎盛:今天,粤剧市场的式微是大势所趋。这不仅是粤剧的问题,几乎所有传统非物质文化遗产都因为二次大战后全球经济、高新科技飞跃发展,社会急剧变化,文化产生"代沟""断层"。遑论"80后""90后"这些新生代,甚至大部分50后、60后的观众,粤剧伴随着他们长大,但今天仍在看粤剧、听粤剧的也少了很多。现代化带来太多新的娱乐形式,电影、电视、网络。这是后浪推前浪,此消彼长的。政府文化部门、市场资本的主要注意力已经理所当然地集中在电影、电视这些文化娱乐方式(上)。

早在20世纪五六十年代,马师曾、红线女就随团赴朝鲜、越南演出,他们把粤剧演到国家最高领导人面前,弘扬中华传统文化。而今天他们有多少弟子传承?能拿得出手的东西又有多少?

近年来,粤剧本身一直都有改变,但不见好的剧本,题材难以创新,传统题材往往难以超越。戏剧还讲究舞台艺术,有着自己的一套系统。除了剧本、作曲,还牵涉化妆、服装等一系列的专业人士,更不是师承一两个人就能解决的。我不是悲观,但不得不承认,这种退潮是不可避免的。

羊城晚报:有粤剧爱好者提出,将粤剧所有唱腔、流派、乐器、曲调定型定格,从此只求精,不求变。此方法可行吗?

马鼎盛:他这是从善良的想法出发,心情也可以理解,但将粤剧所有唱腔、流派、乐器、曲调定型定格的想法不科学,甚至有点儿可笑,恐怕是外行。

粤剧发轫自北来传统戏剧,数百年来一直就处于变化之中。试问,到底要定格在哪一段历史?哪一位里程碑式的演员?千里驹、马师曾,还是李文茂?

红线女与越南领导人胡志明

羊城晚报：既然粤剧在历史上一直处于流变，那么如何看待今天的粤剧革新呢？

马鼎盛：粤剧本身就是一条流动的河，在其长期发展过程中不断吸收兄弟剧种的元素。今天粤剧的现代题材更适合采用现代化的表现方式。特别是电影电视，在表达语言上更加细腻，有时候一个背影一个眼神所包含的内容就可以很丰富。

我同意保留一些旧有且特别的程序、表现手法。如果生搬硬套西洋化、现代化的手段用于革新粤剧，只会未见其利先见其害。

羊城晚报：有建议提出政府应立一条保护粤剧的百年之法，并筹集一笔巨额的粤剧百年基金，以此推动粤剧保护事业。对此，您如何评价？

马鼎盛：我们的认识一直存在一个误区，认为文化遗产的保护用钱就可以解决。但事实上，并不是砸钱就可以发展可以保护文化艺术。即使让对粤剧没有兴趣的观众免费进场看粤剧，即使场场满座，估计他们更多的是为了进剧场吹冷气；就算让他们领工资、拿奖金地看粤剧，也无法令他们真正看得懂粤剧，更难以喜欢上粤剧。

后来，马鼎盛还对媒体指出：粤剧和京剧等传统戏剧一样，产生在封建社会（农业社会），它们所表现的也是当时的生活。今天的粤剧当然也要表现现代生活（工业化、电子化），但是时过境迁，现代语言、服装、生活方式等已经大不一样。所以粤剧现代戏用不上传统的服装（如水袖、头饰以至面谱、高跷）、道具（刀矛弓箭、扇子）甚至表演程序。连诗情画意的道白、唱词也格格不入。"客户是上帝"，粤剧的上帝是观众，只有上帝接受、欣赏传统文化，粤剧才有生存、发展的机会。田汉赞扬马师曾名句"词里惯驱佣保语"，是说粤剧接地气，贴近劳动人民、社会底层的生活，不打官腔，是对粤剧具有人民性的高度肯定。这才是粤剧的生命力所在。

台湾海峡危机红了个马鼎盛

1995年至1996年间,在两岸关系持续紧张的情况下,祖国大陆因此举行军事演习。解放军第二炮兵部队和南京军区(今调整为东部战区)分别向台湾外海试射弹道导弹及举行两栖登陆作战演习,美国则紧急调动两个航空母舰战斗群应对,一时台海战云密布。1995年5月22日,美国总统克林顿允许台湾地区领导人李登辉于当年6月到美进行"非官方的、私人的访问",参加康奈尔大学毕业典礼,打破近17年未有台湾地区领导人访美的惯例。中国政府认为美国此举助长"台独"的政治势力,为反击美台勾结,解放军将举行空前的弹道导弹威慑和规模渡海登陆演习。

1995年7月至11月23日是演习第一阶段,7月18日,新华社宣布解放军二炮部队将于7月21日至28日间,举行导弹演习,向距离基隆港约56公里的彭佳屿海域试射。1995年12月19日,美国派尼米兹号航空母舰编队通过台湾海域。香港正处于1997年回归的前夜,人心浮动,把两岸对峙、美国在后虎视眈眈看作台湾海峡危机,生怕殃及香港的繁荣稳定。香港媒体不由自主加大报道的力度。在军事评论员极度缺乏的香港,我紧贴时事、务实求真的评论作风日渐引起中外传媒注意。

1995年7月21日至7月28日,中国从江西铅山导弹基地试射东风15导弹六枚,预定目标距台湾富贵角北方约70海里处。7月21日1时,距离富贵角北方命中区481公里的铅山基地以东某地点,先后发射两枚东风15导弹;7月22日0时和2时,先后试射两枚东风15导弹;7月24日2时和4时,先后发射两枚东风15导弹,六枚均命中目标区。当时香港人关心的是东风15导弹的射程、命中精度和杀伤力。都说香港人是经济动物,炒股、赌马,以至炒楼,只要能赚钱、赚快钱的"路数（粤语：机会）"，香港人无孔不入。虽然他们谋生艰难，无暇顾及政治，绝大多数人对弹道导弹之类的军事常识一无所知。我反复解释导弹就是自身有动力，能寻找目标的炸弹，并指出台湾使用"飞弹"的名词不能正确体现导弹的特征。至于什么是弹道，我就引用当年德国皇帝向李鸿章解释炮弹的弹道故事，说明军舰炮战不可能在近距离直瞄直射，必须抬高炮口发射才能打得远，这

1996年台海演习导演部乔良大校

炮弹飞行的弧线就是弹道。解放军这次发射东风15导弹，其弹道虽然可能越过台湾岛，但是飞得很高，对于当地民众不会有影响。但是台湾当局可以通过雷达测到东风15导弹的作战性能，从而希望起到震慑的作用。当时台湾驻香港的媒体频频采访我，问这种短程弹道导弹的具体性能和数量，台湾方面有何应对。我老老实实回答：这些都是军事机密，就算是中央政府和军队高层，也没有几个人清楚。不过参看两伊战争的导弹袭击城市战，一百几十枚常规导弹对战争不会起决定性影响。美国的"爱国者"导弹对短程弹道导弹的防御有一定效果，根据有关协议，台湾当局可以引进"爱国者"导弹，能否有效反导弹还在其次，对于台湾居民和部队主要是心理安慰作用。后来我撰写《国共对峙50年军备图录》，提到了上述观点。

解放军在台湾海峡空前规模大演习第二阶段是模拟渡海登陆作战。1995年8月15日至8月25日，南京军区出动舰艇59艘、飞机192架次，在台湾军队驻守的马祖岛附近的东引岛北方约28海里处，进行海上攻防演练。1995年9月15

日至10月20日，解放军在闽南沿海地区展示舰艇81艘、飞机610架次。1995年10月31日到11月23日，南京军区在福建省东山岛举行两栖登陆作战操演，出动兵力包括步兵第91师、舰船63艘、飞机50架。此时中国香港、中国台湾及美国、英国等西方媒体采访我的主题是解放军演习显示出多强的渡海登陆作战能力。我回答：渡海登陆作战的先决条件是制空权，祖国大陆飞机数量占优势，但是当年的歼-7、歼-8系列战斗机对台湾的HF-5系列并没有优势。北京深深明白这一点，所以1989年苏共中央总书记、苏联最高苏维埃主席团主席戈尔巴乔夫访华，中方就提出引进苏-27先进战斗机。1992年解放军买到24架苏-27，但是台湾当局及美军的雷达一直严密侦测苏-27的训练状况，并没有发现苏-27做过比转场更复杂的战术训练。美国和中国台湾当局研判解放军在大量引进苏联先进战机及成功研发国产先进战机，从而有能力夺取台湾海峡制空权，要等到21世纪初。事实上，1996年7月，第二批共24架苏-27SK交付中国。同年中俄签订引进苏-27生产线的协议，中国沈飞公司在15年内制造200架苏-27。那正是2001年。

1996年台湾将在3月23日选举台湾地区领导人。大陆为震慑台湾当局，3月8日至3月25日期间，进行再次导弹发射及军事演习。3月8日0点，解放军在福建永安试射两枚东风15导弹，落在高雄外海西南30至150海里处；前后不到10分钟。凌晨1点，又从南平发射一枚东风15导弹，落在基隆外海29海里处。后经美国"碉堡山号"神盾舰在屏东小琉球附近陆续侦测到解放军发射4枚导弹越过台湾海峡。香港媒体及时报道，有消息称将攻占台湾的东莒岛。台湾军队及导弹部队进入最高警戒。我当时对媒体分析：试射导弹的政治意义大于军事意义，至于攻占台湾外岛例如马祖的东莒岛，在军事上没有难度，在政治上帮了"台独"。因为美国早就建议蒋介石放弃大陆附近的金门、马祖等外岛，在军事上便于收缩兵力固守台湾、澎湖；在政治上更利于台湾与祖国大陆分离。

1996年3月12日至3月20日间，解放军海空部队在东海与南海展开第二次实弹军事演习。航空兵力战术操演和编队航行、火炮、导弹射击及海空联训。1996年3月18日至3月25日间，解放军海陆空部队展开第三次登陆联合作

在美国航空母舰"发号施令"

一再走访中国台湾军事博物馆

战的军事演习,演习地点平潭岛离台军驻防岛屿不足70海里。项目包括三栖登陆、空降及山地作战演练。我对各方媒体分析解放军并没有大举进攻的准备,除了政治原因,军事上也不具备充分条件,起码在登陆舰船方面,数量和质量都不足够。有人说马鼎盛靠评论军事吃饭,我反复强调自己是和平主义者,特别反对打内战。所谓"打烂台湾"的宣传战、心理战无可厚非,真正以"打烂台湾"作为军事目的完全不可取。那意味着要死伤多少中国同胞?战后重建台湾是多大代价?东南沿海受战火殃及的代价更不能熟视无睹。这两年台海危机的新闻报道及评论,使我思考并撰写《国共对峙50年军备图录——台海战线东移》。

"百度百科"的词条写道:"1995年、1996年台海军事演习期间,马鼎盛的军事分析和研究受到多方关注,邀请他接受采访的要排队预约,最多的时候有七八个新闻机构同时到达他的办公室。他取得这一与家庭文化传统'背道而驰'的成就,得到他的母亲红线女的理解和赞赏。"其时到我的报社采访问题不大,夜间挤上我家电梯才水泄不通。几家电视台的器材在我们小小的楼道根本摆不下,采访车造成门庭若市的风景线。电视台直播天线从香港岛北岸我家窗户伸出直指九龙,两家邻居不胜其烦,几乎要报警察求助。香港媒体抢新闻的专业精神我感同身受。"台湾海峡危机红了个马鼎盛"的打趣由此不胫而走。

1996年3月8日当天美国即宣布"独立号"航母战斗群部署到台湾东北海域。3月11日,美军自波斯湾急调"尼米兹号"航空母舰战斗群前往台湾东部海域,预定与"独立号"航空母舰战斗群汇合。据称解放军潜艇部队也紧急出海抗衡。面对一触即发的临战状态,美国、日本、菲律宾及马来西亚等国皆准备自台湾地区撤侨。香港是极其敏感的全球物流中心和金融中心,万一两岸爆发战争,美国日本黄雀在后,香港不打也烂了。我当时大派"定心丸",并指出台海危机将安然度过。这个观点后来也在《国共对峙50年军备图录》中强调。

百年香港是个商埠,讲股票交易的名嘴街知巷闻,马评家身价百倍,评论军事?谁在乎。台海危机在香港同九七回归挂钩,市场需要暴涨,酷爱军

香港内外媒体"打上门来"

事历史的马鼎盛给媒体炒热。2003年的伊拉克战争是同样道理,通过凤凰卫视投射到千百倍的内地市场。

外婆谭银彩

外婆103岁那年，默默地去世了。

人们常说"老喜丧"，也不过是八九十岁。外婆的追悼会上，儿女一辈、孙辈、重孙辈、玄孙辈济济一堂，却没有人喜得起来。连杰表哥那五个月大的小孙子，天生一副笑模样，那天在灵堂上，也噘长了嘴，愁眉苦脸直到昏昏入睡。

送殡的一百多人当中，有儿孙辈是从欧、美等地飞回广州奔丧的，他们其实并没有血缘关系，是外祖父大太太、二太太的血脉。外婆是排行第三的小老婆，官名谭银，我更愿意还原她的本名——谭银彩，好像挺土气的。这就对了，外婆实在是平平凡凡的家庭妇女，哪怕她的女婿都不太平凡。

她的大女婿是日本留学生，又懂英文、俄文，抗战时期在重庆任职国防部第三厅，在郭沫若手下，扛过三粒花的上校专员，好像还作为接收大员到台湾受降过。为这段历史，大女婿逃过了反右也逃不过"文化大革命"，被打成历史反革命，让群众专政了好一阵子。他从北京赶来送别岳母大人，也是奔80岁的人了，还身板挺直，一头染黑的中分头，依然是20世纪40年代流行的发式。提起他三十年前写的剧本《复辟》，还想修改好找地方上演呢。外婆在"文化大革命"中期，躲在北京两年，就是住在这位五姨丈家中。

外婆的二女婿是美国留学生，加州大学地质学硕士，1948年毕业时有资格领"金钥匙"的精英。回国任教于北京矿业学院，三十来岁已经是系副主任和副教授，后来南下广州中山大学任教。外婆临终前几年，全靠他们夫妇悉心照料。

三女婿曾流落南洋，却是被"卖猪仔"去的新加坡，中学还没念完就进

母亲向93岁外婆敬酒祝寿

了戏班子,半路出家居然唱红了半边天。三四十年来在省港粤剧大老倌之中,能编、能导、能演的绝无仅有。我这位老爹,因为同我老娘离婚收场,自然被外婆深恶痛绝。好在我老娘后来居上,当初被老爹带携走红,离婚后更大红大紫,连外婆也扬眉吐气好几十年。

记不清是清光绪三十四年(1908),还是宣统元年(1909)了,谭银彩被广州杂货铺少东邝亦渔迎进了门,说是小老婆,其实和大丫头干着一样的活儿。民国五年(1916),头一胎生个闺女,姐妹中排行第五,四年后再生又是闺女,排行第七;再过四五年生的还是小丫代,我老娘排行第十。在"有子为妾,无子为奴"的年头,外婆侍候老公,侍候大太太、二太太,她们有儿有女,在"三姐"(我外婆)面前,都有主子身份,家庭妇女是时髦讲法,"家务助理"是文明称呼,"做饭的"连全家洗洗刷刷、缝缝补补也一手包办,厨房厅堂的各式活计不但麻利快当,更是计划周详,有条不紊。虽然是小学一年级的学历,但她对于中国20世纪五六十年代的上百种票证一清二楚。要是没有她当这个家,就没有我妈在粤剧领域今天的成就。

我老娘成名之后,就把早已家道中落的外公接到家中同住,大太太、二太太各有儿女成人,也乐得外公搬去享福。外婆能独占外公,身份大不相同,虽然家里使唤着好几个用人,外婆一天到晚还是里里外外忙个不停,对我妈的饮食起居关照得无微不至。我老娘在香港成名的那十年八年,该是她最舒心的日子吧。60岁的外婆,对着几岁的毛孩子外孙我,乐滋滋地讲着知心话:"我命里边还是有儿子的,可惜到3岁大没养活。"她咽下一口唾沫,过一会儿说:"好在你妈比儿子还强!"一些舅舅来探望外公,见到外婆,都称她"三姐",是封建传统吧,对老爹的姨太太叫"姐"。连外婆亲生的三个女儿,也一律叫她"阿姐",从英治的大清律例管着的香港一直叫到共和国的广州。

　　在"大跃进"时吧,有一位身份极为特别的首长到过我们家,那是我们刚搬到华侨新村不久。平心而论,首长那会儿架子不算大,只是她身材高挑,怕有一米七的个子,白净面皮,白得像贫血,说话没什么中气,有意无意拖长着声音:"老人家,身体好呀,多大年纪啦?"

　　"你好呀,××同志!"外婆那几年也见过不少大首长,总之多笑少讲话就对了,她又不懂几句普通话:"我今年才64岁……"我家老娘忙补一句:"阿姐比毛主席小一岁。""阿姐?"首长的笑还是挂在脸上,"你怎么还管母亲叫阿姐呢?"

　　我妈愣了一下,恍然大悟地说:"妈妈,对,××同志说得对,早该叫妈妈了。"我妈拥着外婆,两个人眼睛都湿了。首长脸上的笑容,包含着伟大的满足。

　　外婆心中的满足,更要大十倍:我妈到莫斯科拿表演唱金奖,她开心;我妈当上全国人大好几届代表,她高兴,却都比不上亲生女儿叫她一声"妈妈"。什么是新社会?不识几个大字的外婆,今天总算尝到了新社会的滋味。"破旧立新",这么时髦的口号,外婆念得朗朗上口。

　　"破旧"的口号念到"破四旧"的时候,外婆的开心日子戛然而止。伟大领袖发动的无产阶级"文化大革命",矛头直指"党内走资本主义道路的当权派",外婆的宝贝小女儿只不过是小小的党支部委员,权力也就是省粤剧院副院长那点儿业务范围吧,问题是她老人家背上"通天"的罪名,与北京的总理、部长们常来常往是"天高皇帝远",要中央南下红卫兵来揭发批判。刚刚调上北京的广东省委书记陶铸,是领导了她十多年的顶头上司,这位"陶老爷"颇有霸气,说过广东省有两件宝:一是红线女,一是《羊城晚报》。他老人家在"文革"初期做了"红桃四"的时候,也保不住"广东两宝"受批判斗争,一旦变作"黑桃三",我妈只有罪加一等了。

年逾古稀的外婆搞不清"文化大革命"一类的国家大事,只知道我妈每天"上班"都穿着下乡的最朴素的衣服,下班回家则愁云满面,也不敢问她为什么。后来干脆隔离审查,连探视也不准,把老太太担心得叫天不应、叫地不灵。

另一样新事物,就是"破四旧"的红卫兵热潮。外婆只看到抄家的"红文兵"——这是她的特有语言——车轮大战,我家大门日夜敞开,先是粤剧院的红卫兵搬走戏服戏箱,有关单位封存文件,包括毛主席写给老娘的亲笔信。广州市的红卫兵来"造反有理",把批斗"牛鬼蛇神黑线女"的大字报贴满大厅,来得晚的,连每间住房都贴上了大字报。外婆被勒令提供墨汁、毛笔,甚至刷墙用的排笔,原本是虾肉色的粉墙,正好用来刷标语,革命的书法铺天盖地,连厕所也不放过。三层小洋楼的外墙刷起来很费墨汁,也费毛笔,恐怕是美术学院的高徒才有那份创意,斗大的黑字、红字刷在墙上,百尺之外的街上也一目了然,"批倒批臭黑线女",像广告招牌一样,把大串联的全国各地红卫兵招得成群结伙,络绎不绝地登上华侨新村的"文革"新景点。

1966年,我正在北京读高中二年级,外婆托人带信,说我妈被关进剧院回不了家。我也能想象到有多惨了。北京的"破四旧"运动不但抄家,而且还打人。毛主席8月18日在天安门接见首都红卫兵,高干子弟宋彬彬的名字让他老人家借题发挥说"文质彬彬怎么革命?要武嘛"。初中女学生立即遵命改名叫"宋要武",红卫兵的武斗就此一发不可收。

人们在电视上看到的红卫兵标准形象是一身军装,腰扎军用皮带。士兵用的塑料皮带不够威风,将校真皮的宽板带才够杀气,也是抽打牛鬼蛇神的称手武器。北京101中学红卫兵跑到广州我家，找不到红线女，就拿她老娘出气。想象力丰富的红卫兵一口咬定我家有金银珠宝，老太太本来就听不懂几句普通话，凶神恶煞似的革命小将大皮带抡将起来，瘦小的老人两下子就给抽蒙了，跪在地上苦苦哀求，换来的却是哄堂大笑。

几天后，我赶回家中，外婆惊魂未定，对我断断续续讲述当天的情景：红卫兵翻出一块黄油，胡乱涂在她头上，划着了火柴，却不去点燃，而是一根一根向她扔过去。外婆不知道黄油会不会点得着，北京的小伙子们也不知道老人在恐惧不安之中更加心惊胆战。革命小将们饶有趣味地做着"伟大的实验"。

外婆看不懂"中央文革"的红头文件，更不知道那位首长荣任"文革"小组第一副组长，掌握着全国抄家的指挥大权。老太太知道得少，犯愁的事也少些。她心目中的中央首长，永远是为她争回了做妈妈的称呼的那个人，因此还抱些幻想：××同志那么体贴老太婆，早晚会发善心，放我女儿回家的吧？

絮絮叨叨地，祖孙俩聊了大半夜，心想今晚红卫兵该不会来了，我困得实在挺不住劲，趴在地上就睡着了。拂晓，不知哪家的鸡鸣叫得早了，我猛

外祖母1971年四代同堂

地坐起身来，才看到外婆站在窗帘后面，呆呆地望着院子。她又熬了一个通宵，额前的白发越发稀疏，怎么也掩盖不住日渐深刻的抬头纹。

冬去春来，"文革"在朝夺权方向发展，我妈也没什么可批斗的了。虽然被发配去了干校，每天对着一大群鸡，总比对着红卫兵、造反派强。外婆心里牵挂宝贝女儿，却也不能陪着去粤北农场为她做饭煲汤。北京的女儿女婿力邀她去避暑，离开华侨新村的伤心地也好。

三里屯一间两居室，比广州小别墅洋楼是差多了，好在没人认识外婆是什么"牛鬼蛇神"的"反动老娘"，女儿女婿也是半百老人了，那年头儿北京的街坊邻居对七老八十的外婆挺客气，没多久她就随遇而安了。

劳碌了大半世的外婆总闲不住，买个半价月票就满世界串去了。先是附近的朝外大街菜市场、隆福寺；再往后是东单、西单，王府井更不在话下。她挺会找上下班之间的交通非繁忙时间段，每天都能买回点儿紧俏物资。全家都夸她精明强干，外婆轻松地说，你看到哪儿人多排队，准有好东西。她腰里掖着五花八门的副食券、糖票、工业票之类的东西，它们的有效期又分为月、季、旬等等，连五姨妈也常搞不清，外婆当家一年多，从不会浪费一张票证。

一天傍晚，早过了下班时间，五姨妈开始紧张，生怕老太太走丢了。五姨丈也急得骑车到处乱转，看见小老太太的身影就猛追过去，一千度大近视眼闹出不少笑话。直到天大黑了，外婆才喜上眉梢地推门进屋，手里提着两斤小鲫鱼，大口小口地和外婆一块儿喘气。问她去哪儿了，她也答不出来，只说坐错了车，直到31路总站，顺人群去了个大大的菜市场。里外一形容，竟是奔了海淀！故事没讲完，一盘香气四溢的酿鲫鱼就端上了饭桌，多年不见外婆的拿手好菜了，全家吃得真开心，差点儿忘了身处"文化大革命"的旋涡中心。放下筷子时，外婆叹气对我说，不知几时能做一碟鱼给你妈吃。

我妈终于"解放"了，外婆天天可以做饭给她吃了。一家大小，算起来都是她老人家的儿孙辈，但是，饭桌上等级森严，可能从光绪三十年（1904）起，谭氏银彩就认定一条道理：家有千百口，主事在一人。既然这个家是宝贝女儿一个人支撑起来的，好饭好菜好汤当然先归她享用。好菜不用解释，好汤是外婆亲自备料、看火。在燃料缺乏的革命年代，城市居民的煤票有时比粮票都金贵。三四个钟头熬出的老火汤，除了我妈，别人喝上一口，都让外婆剜心般地疼。煮好饭要靠好米，"以粮为纲"的年头儿，一般市民吃的米都是产量高而口感差的，过年过节才配给每人一斤半斤的精米，如今也早被进口泰国米给比下去了。当年可是外婆千方百计托人搞来几斤精米，另开小灶给我妈做的饭。

有一年，我妈去北京开会，突然说是不舒服了，五星级的民族饭店也做不出什么家常饭菜，更别想什么老火汤。外婆以九旬高龄，立马飞北京，恨不得就在饭店客房开个小灶，为女儿照料吃喝。

从五姨妈家的三里屯，坐无轨电车换汽车到民族饭店要一个钟头，外婆从买料煲汤煲药到送药送汤，从早忙到黑，侍候宝贝女儿吃喝舒服了，老太太脸上的皱纹才舒展开。北京"民族饭店"的小服务员背后说，人家红线女从广州带来的老阿姨干活儿太麻利啦，有70岁了吧，过马路跟消防队似的，跑得又快，又不怕车！私房话正好被外婆听到了，只挑听得懂的答："小姑娘，我今年整90岁！"小服务员惊讶得嘴大大地张开，亮出两颗虎牙。我妈走出来说，"妈妈，您还没走？司机在楼下等着呢"！四层楼，外婆也不等电梯，一手拿汤罐子，一步一步下楼梯，小服务员的嘴还没合上，忙追下去："红老太太，我帮您拿吧……"

过完100岁生日，外婆退休住在中山大学她二闺女即我七姨妈家。医生说她是脑软化，有时认不出人了。我从香港回广州探望她，恭恭敬敬奉上红包，外婆抬起眼皮说："多谢。"随即昏昏睡去。大伙儿在客厅低声聊天儿，忽然外婆在房内叫道："阿廉（我妈的小名）来啦。"我半信半疑地忙去开大门，我妈三步两步走进屋叫了声："妈妈！"

黄霑的友情

香港金针奖得主黄霑先生酷爱粤剧,对红线女粤剧唱腔尤为倾倒。他于20世纪80年代末出资近百万为偶像出版专辑《四大美人》,并兼任监制和主要填词人。黄霑跟红线女一字一句斟酌《四大美人》歌词,又邀得名粤剧乐师黄继谋来编曲、记谱,还请合作多年的编曲家戴乐民助拳,加入现代音乐元素,如流水声、鸟叫、雷鸣等环境音效,历经三年多,才把专辑制作完成。当年黄霑废寝忘食,三句不离红腔,使林燕妮吃醋。1991年发行《四大美人》黄霑赔了老本。其中《昭君乐》改编自老粤曲红线女名曲《昭君怨》,使曲调由哀怨悲苦变为欢快喜乐。1980年,红线女主演新编剧目《昭君公主》,凭借该剧获粤剧百花奖最佳女演员、最佳编剧奖。这已经不是第一次红线女的首本戏做个反面文章了,红线女亲自编导演的《昭君公主》已经塑造出一个欢欢喜喜的王昭君。我请教黄霑先生说:作为文学作品,怎样做文章都没有问题,而且王昭君这个历史人物本身,当时也含有悲悲切切和欢欢喜喜两个方面。所以文学创作、文艺创作可以浪漫主义一点,从正面、负面写都没有问题。具体到马师曾为红线女写悲悲切切的《昭君出塞》的背景是中华民族正在进行浴血奋战的抗日战争。这个粤剧作品反映了当时抗战宣传的需要,若要激发中华民族抗击外来侵略的斗志,便需要这种悲怆的曲调、生离死别的主题。几十年后到红线女唱《昭君公主》时,那时的话剧主题就要讲民族团结,草原民族最大当然是蒙古族啦。《昭君公主》强调民族团结,当时国家副主席乌兰夫很是肯定。

因为匈奴同汉族几个世纪的战争,起码可以追溯到汉元帝的七世祖宗刘邦时期,刘邦由于"白登之围"打了大败仗,不得已要和亲,送女人送钱送

红线女与黄霑、汪明荃

粮食给匈奴。后来到刘邦老婆吕后执政，也是受尽匈奴的侮辱。军事实力不够，没有办法，只得实行和亲路线。但是到汉元帝情况已经完全不同啦。经过汉武帝几十年同匈奴的战争，从卫青、霍去病一路打赢匈奴，完全扭转和亲的屈辱局面。而匈奴军事失败，加上天灾又引起内乱，自己四分五裂成两大派，北匈奴就坚持同汉朝为敌，最后被陈汤灭国。南匈奴其中一支就是呼韩邪单于，他要求成为汉朝附属，所以王昭君出塞和亲的背景，对汉朝来说可以是欢欢喜喜的王昭君。这段历史我都同黄霑先生谈过，说他写个《昭君乐》是有历史根据的。

马师曾写"昭君出塞"的历史大背景，是在现代抗日战争时期，悲悲切切的王昭君要激发中华民族的爱国激情。这一点，我多次同黄霑跟红线女提起。从汉高祖刘邦到他的八世孙汉元帝约两百年的漫长岁月，匈奴人不断越过长城大肆劫掠汉朝人口及财物，而汉朝有实力反击时，对匈奴人的大屠杀也毫不留情。汉高祖七年（前200），冒顿单于率42万大军将刘邦包围在平城白登山（今山西大同），42万大军是什么概念？今天的蒙古国不过三百来万人。可见冒顿单于以倾国之力深入汉朝腹地准备决战。公元前126年，

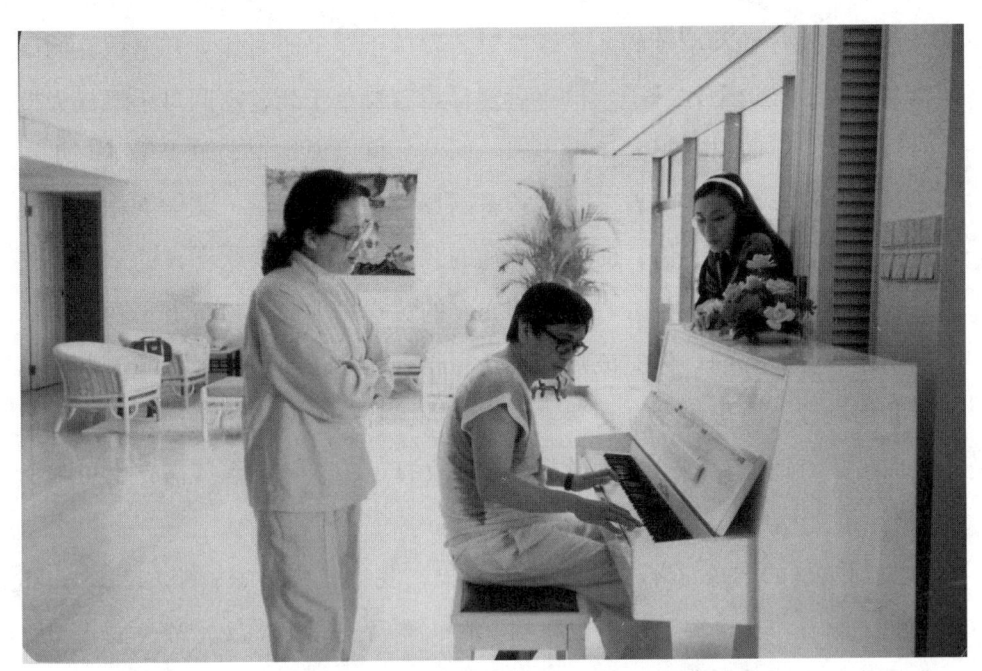

1988年，红线女与黄霑、汪明荃在创作中

匈奴连续两年出动共20万兵力，大举进犯代郡（今河北蔚县），杀掠甚重。其后汉武帝聚集十几万大军连年出击，名将卫青、霍去病深入漠北，斩首匈奴近十万人，俘获十万人。我相信两国发动的是种族灭绝般的战争。匈奴民歌流传至今："亡我祁连山，使我六畜不蕃息。失我焉支山，使我妇女无颜色。"公元前72年，汉宣帝（汉元帝之父）调集21万大军出击匈奴，大有斩获，俘获壶衍鞮单于部三万九千人。土崩瓦解的匈奴分裂为五部。坚持与汉朝为敌的北匈奴，在公元前36年被汉将陈汤灭亡。陈汤将郅支骨都侯单于的首级函送长安献给汉元帝。陈汤还宣示"明犯强汉者，虽远必诛"。其后汉元帝接受呼韩邪单于内附（降服），送王昭君和亲，同匈奴化干戈为玉帛。我相信汉元帝与呼韩邪单于乃至于王昭君，都不会忘记汉朝同匈奴激战两百年的历史。

　　王昭君的内心世界复杂无比，除了她"深明大义"的政治光环，还有一个深宫哀怨小良人的心理活动。歌颂"昭君乐"，无非她毅然自请和番，摆脱白首深宫的厄运，享受呼韩邪单于阏氏（妻妾）的名分。说到"昭君怨"，她在夫君死后要求"功成身退"回归汉朝，汉成帝命其服从匈奴野蛮的风俗，再嫁呼韩邪单于的儿子复株累若鞮单于。王昭君作为知书识礼的汉朝宫廷良人，被迫下嫁继子。11年后复株累若鞮单于死，由同母弟继任为搜谐若鞮单于。王昭君是不是还得再嫁一回？你可以说她嫁老单于乐了三年，其后这16年能不怨恨？我看王昭君和番的18年是爱恨纠结，文学创作能够表现大美人悲喜交集的心情，而不是单纯的悲悲切切或者欢欢喜喜的童话式王昭君，才不辜负黄霑一番苦心。亦师亦友的黄霑先生大爆粗口道：看不出你个历史佬一套一套的。你应该帮红线女写剧本，何苦在香港报社赚这点儿小钱？我坦白说，历史佬没有文学家的想象力，只会平铺直叙再现历史故事，不会曲折离奇地编写剧本。再说，给红线女打工的滋味，您黄霑先生想叫我尝尝吗？他哈哈哈大笑说，心照，心照。

  收到黄霑的名著《不文集》作为礼物，我请教大行家：您描写呼韩邪单于同王昭君"日也缠绵，夜也缠绵"时，老番王显然将汉元帝灭亡北匈奴的兔死狐悲之情丢到九霄云外；王昭君也挥去匈奴入侵杀掠汉朝百姓的两百年阴影。这是文学作品取舍原型人物的必须。但是两千年前草原匈奴王的性爱观念，同香港、广州的现代人有天壤之别。呼韩邪单于临幸王昭君，首先是政治结合，其次是性欲猎奇，饱尝大漠胭脂的单于，偶得一亲南方佳丽之芳泽，千年文化差异何来卿卿我我的灵肉合一？何况单于其他的妻妾群雌粥粥，各有大背景，搞不好更有呼韩邪单于老爹的小阏氏健在，论资排辈，哪容得王昭君学杨贵妃一般，令"六宫粉黛无颜色"！当然文学创作容许夸张，白乐天就将少妇杨贵妃写成"杨家有女初长成"。黄老霑照例哈哈大笑加上粗口说：谁讲马鼎盛不擦鞋？你一开口就捧我到白居易那么高。你们喜欢引用鲁迅，不记得他说过吃西瓜时仍记挂国破家亡被瓜分豆剖的惨状。我也送过一份"重礼"给黄老霑，一座大象石雕。另外附送故事：它是有名的记忆力好、聪明、脸皮厚，更长着一根到处乱闻的长鼻子，完全具备政治家特点。黄霑眯起眼睛问：谁说的？我答：这是罗斯福总统自嘲。大才子也对号入座？

  香港著名词人黄霑于2004年11月24日因肺癌病逝，家人按照霑叔遗愿在12月1日低调举行告别式。他们没有再出席公众的追思仪式。我同母亲谈起：

香港乐坛及影视界12月5日在大球场举办"黄霑博士追思会",他生前大部分好友都有出席,向霑叔做最后告别。香港市民总共有1.6万余人参加。有民众为获得追思会派发的一本限量纪念特刊,在前一天晚上就已经通宵排队等候。会场播放黄霑名曲《上海滩》和《当年情》,我觉得《问我》①更能代表黄霑的心声。因为歌词诉说:"问我欢呼声有几多,问我悲哭声有几多,我如何能够一一去数清楚,问我点解会高兴,究竟点解会苦楚,我笑着回答:讲一声,我系我。//无论我有百般对,或者千般错,全心去承受结果。面对世界一切,哪怕会如何,全心保存真的我。问我得失有几多,其实得失不必清楚,我但求能够一一去数清楚,愿我一生去到终结,无论历尽几许风波,我仍然能够讲一声,我系我。我仍然能够讲一声,我系我。"母亲听我轻轻唱黄霑的"独白"说,知道这歌,"全心保存真的我"这句,难为他写得出,也难为你记得清。我慢慢将歌词念了一遍,母亲听了说"大情大性"。红线女当年近80岁高龄,黄霑终年63岁,母亲白头人不送黑头人,没有来香港送黄霑一程。

  1989年10月我回到香港定居,一时失业,身上只有21年工龄的4000人民币退职金,暂时在亲友家做"厅长"。黄霑先生邀我去他的公司做助理,3500港元月薪,包吃住。虽然我不久便到《明报》上班,但是心感其情。我在内地生活33年,对香港是人地两生,黄霑开导我说:香港大把机会,只要你有能力,肯努力,不会死错人。打工仔不要思考自己喜欢做什么,要知道老板喜欢你做什么。不龟手药难比舐痔疮。我在《明报》等报纸杂志煮字疗饥,盼望得到一个专栏位置。看到有的名人随便的文字也有专栏写,不免向黄霑发牢骚。黄老霑大骂粗口说×××算什么,你要写得比我黄霑强才不丢马师曾红线女的脸!几年后我作为"房奴"压力山大,不分好歹一天写几个专栏,被黄霑臭骂一通。把他一个显要地位的专栏让我代笔,用黄霑的名字发稿,一篇稿五千大元。润笔的标准超过一些大报几倍。黄霑这一招赏罚分明令我晓得爱惜羽毛。母亲奇怪我每天能在几张报纸写专栏,甚至在一张报纸写三个专栏,还不是两三百字的"报屁股",其中有一个版面的头条。我

---

① 《问我》,1976年电影《跳灰》的主题曲,陈丽斯演唱,黄霑填词,黎小田谱曲。

解释给她听：香港人爱看报纸，在中西文化交融的国际旋涡中，产生过近百份报纸，销量夸张到每三个人就拥有一张报纸。因为言论自由，任何言论只要不违反法律，都可发表。无论是政论、时事新闻，或是对社会现象、文化风尚的批评或赞扬，都是各份报纸开辟专栏、争取读者的阵地。很多消费者为了追看某一个作者的框框杂文而特别去订购一份报纸。在台海危机的岁月，也正逢香港回归前夕，有关军事评论成为新闻焦点，马鼎盛的专业评论大行其道。我一年最多发表60万字，在内地的朋友觉得不可思议，其实在香港则不足挂齿。前辈容若天天写十多份报纸的专栏共一万多字。他还不敢称王，说老前辈三苏（1918—1981年，原名高德雄）每天写两万八千字，那才是香港专栏的印刷机。

黄霑研究马师曾的招牌唱词："我姓余，我个老窦又系姓余。"在搞笑的两句中用心良苦：1.余侠魂我不是无名之辈。2.我不是拖油瓶，更不是赘婿。大丈夫行不改名，坐不改姓。3.不做契仔，更非契弟。我这个学历史的后生，怎能不五体投地？红线女也称赞黄霑有才，对粤剧有研究。

有一天，黄霑打电话向红线女报喜：你的儿子是个人物！《纽约时报》和《纽约先驱报》称马鼎盛为"香港的中国军事评论员"。母亲问我："这是真的？"我答道：美国人大惊小怪不算什么。《人民日报》的标题《"无恃其不来，恃吾有以待也"——对话马鼎盛》（2004年4月12日），倒是值得她老人家过目。

记者吴坤胜专访如下：

仲春的北京，柳絮漫天，微风拂面。在京城一家写字楼里，香港凤凰卫视军事评论员马鼎盛先生，同记者"侃"起他与军事和电视的关系。马鼎盛先生与中华人民共和国同龄，在北京读小学和中学，当过工人，"文革"结束后考入内地南方一所著名大学，毕业后在香港以笔谋生。幼年就喜欢"军事知识"的情结，驱使他"写"起了军事，"侃"起了军事，成为海峡两岸颇有名气的军事评论员。

记者：现在你是名人了。比如你一登机，空姐就认出你是穿迷彩服在电视上侃伊拉克战争的；海关人员和你打招呼，"的哥"和宾馆服务员像老友重逢，连超级市场和小饭馆也常有观众点头致意。当名人的感觉怎么样？

马：电视的力量真大，电视人的责任也重。我刚刚离开香港《文汇报》，转到凤凰卫视正式任职。伊拉克战争开始后，凤凰卫视新开《军情观察室》节目，周一到周五，每晚6点半到7点，主要在信息台向全球华语播出。观众每个反应，都是对我们的激励。

记者：人们都说，伊拉克战争打红了马鼎盛。常年没有大战之时，你会不会感到很失落？

马：我最讨厌战争，什么是打仗？是用最先进的科技，亿万资金，研制出破坏力与日俱增的武器，目的是毁坏最有价值的人类财富，包括最优秀的、最精壮的人。"战争是人类最大的浪费！"这是我对"战争"的评价。我评论战争和军事，正是要客观地反映它，让正义一方能以战争制止战争，并尽可能减少破坏和损失。如果没有战争，起码让中国不被卷入战争，我就尽到国民的本分了。

记者：从当今世界看，"和平"和"发展"的声音渐高，而"战争"有逐步让位的趋势。在此情形下，哪有这么多军事可"侃"？

马：大规模战争虽然不是经常有，但小国之间的战事、贫困国家的内战，却屡有发生。去年以来爆发的伊拉克战争、印巴冲突、俄罗斯车臣内战、中东巴以冲突等等，还有恐怖主义制造的流血事件，无不与军事有关。据权威统计，冷战结束以来，每年的大小战争都有几十起发生。西方媒体垄断了国际信息传播，只关心欧美军事动向，非洲的穷国打死上百万人的战事，甚至比不上一个美军在伊拉克被杀。人命的伤亡也分高低贵贱，这种不平等不合理的媒体陋习，不容易改变，我们只有尽力而为了。

除了打仗，军事演习也是热点，特别是在中国周边发生的军事演习显示了未来战事的模式，中国军队和人民从中可以学不少东西。即使是今天对我们友好的国家，也不能掉以轻心，国家之间没有永久的敌人和朋友，只有最高的民族利益。孙子兵法云"无恃其不来,恃吾有以待也"。军事演习,就是"有以待"。

记者:人们对新式武器装备最感兴趣,你不会放过这个热点吧?

马:看来你也是军事发烧友了。近年的大战主角已经从"人"转到"物"。谁还能念出施瓦茨科普夫的名字?奥马尔恐怕也不会成为明星。但是,"战斧"导弹、B-52轰炸机的大名家喻户晓,航空母舰的超级打击力,更是让全球掀起一股"航母热",我们《军事观察室》评价武器,也不会就事论事地报告一大堆枯燥的数据。一架B-2隐形轰炸机,除了航程、载弹量、时速、身价之外,还包括许多故事。为什么用B-2来回三万公里,去伊拉克只为扔几个炸弹?二十亿美元之身价,动用几架空中加油机烧掉几百吨高级航空柴油,支付高昂的保养费用,以及耗费地面外加太空的支持资源,这笔账怎么算?我们会注意另一笔无形收入:B-2和机组人员通过投弹取得的实战经验及教训,在和平时期万金难买。由此可知美国不断打仗,为锤炼一支常备不懈的精兵,真是居心叵测。B-2轰炸机飞过大半个地球,向全世界显示战略打击的威力,假如B-2带的是核武器,敌国防得住吗?有关国家和地区的雷达卫星探测得到吗?这就是无声的战略威慑力。再说,花掉百亿军费研制B-2轰炸机,对国民也有个交代。

记者:你讲得怪严肃的,不是老少皆宜的节目?

马:打仗要死人,只好严肃些。不过,有关军事的故事也很有趣,我们特地请凤凰新闻节目主持人加盟《军情观察室》,以女性的视角参与侃"军事",也很特别。其实,女孩子也有"军事迷",我到北京一位老同学家里,他14岁的女儿就热衷电视里的军事节目,而对风靡京城的"韩流"节目不屑一顾。苏联红军的缔造者之一托洛茨基说:"你可以不关心战争,战争可是会关心到你。"国民意识重要的一个方面,就是国防意识。

记者:俗话说"厚积薄发"。听说你从小就对军事感兴趣,买的书籍大部分都与军事有关,在香港也有十多年的积累。你有许多独到见解。1991年海湾战争期间,联合国军猛炸伊拉克42天,绝大多数军事评论家都相信统计数字,认为伊军损失不大,兵力仍保持九成以上,武器装备也有七八成完好。当联军开打地面战时，必有一场恶仗。你的观点与众不同：空袭破坏了交通、通信和指挥系统，深藏地底的伊军只是保命，战斗力早被削弱过半。掌握制空权和战场主动权的联军，一旦发动地面战争必然速胜。后来的战事结局，不言而喻印证了你的高见。

海湾战争后，香港的电视和电台开始注意你，报纸杂志请你写军事专栏，国际媒体如英国BBC、"美国之音"也经常采访你。1996年的台海危机，香港掀起一阵"军事热潮"，你曾在一天之内接受十多家传媒的采访，台湾的TVBS电视台连日追访，驱使你动了写书的念头。到1999年，你以发表的400万字军事评论为基础，写成《台海战线东移》一书，指出国共军事对峙50年的历史，是此消彼长的武器装备历史。你还提出真知灼见：对台湾而言，越早与祖国大陆进行谈判，手中的筹码越多。同时，你也提醒中国国人，美国始终是台海冲突的重要因素，甚至是主要因素。在高科技战争的新世纪，尤其值得国人注意。

马：如果说我的一些观点和看法符合事实，那是得益于我追求事实真相的勤奋。不是说"勤能补拙"吗？

这次来北京的收获很大，一位资深的电视人忠告我，《军事观察室》必须以人为本，无论谈战争、谈武器，还是国防战略、军事艺术，都要触及其人性的一面，你找到了人的感觉，观众才会投入。

记者：最近《纽约时报》把你的访谈登在头版，《纽约先驱报》转载也在头条，作为"香港的中国军事评论员"地位被国际主流媒体认可，你作何感想？

马：我在北京读小学、中学12年，当过工人，"文革"结束后还在内地一所著名大学深造，国家民族观念根深蒂固。香港是世界瞩目的国际大都市，如今在凤凰卫视的全球性平台，我应该把握机会，为观众提供更丰富的信息，同时也从社会各界吸取更多养分。新世纪的恐怖战争不分前线后方，连纽约的"双子塔"也不能幸免，可见《军情观察室》走入千家万户是历史的必然。吾辈只有踔厉奋发，为喜欢军事的观众提供及时、准确、丰富的军事信息。

两次胃出血

　　1997年香港回归前后，600万香港人的预感是翻天覆地，作为传媒人是百年不遇大显身手的机会。加班加点累得我终于胃出血，要住医院急救。为早日摆脱房贷的重担，我当时正打着三份工。所谓正职是《天天日报》中国版，每天下午5点上班，半夜12点能够收工就刚刚能赶得上过海的地铁末班车，否则要坐小巴浪费时间和金钱。回家吃点儿消夜，开始写稿赚外快。《东方日报》的《龙门阵》是香港销量最大的副刊政论版，每天一篇专栏稿名利双收，比报纸编辑收入更好。在《新报》写两个专栏，大的配两三张图片，小的也要配一张。"风月版"的编辑问我会不会写色情小说，我看在稿

1999年澳门回归，我现场直播连续干30个钟头

费从优的份儿上,为需要"精神发泄"的可怜人提供想象空间。《三国演义》《聊斋》和《水浒传》等古典文学里有大量素材,恶搞一下便成篇。十几年后的今天看,比林志玲的《三国》拿得出手。有时写得好玩儿,不觉凌晨三四点还意犹未尽。第二天上午10点又要赶到《星岛日报》上班,那份"台湾版"是基本没有读者的"植物人报纸",我把台湾的《中国时报》《联合报》等消息大概编辑一下,改个标题,划两个版面就去吃午饭,下午校对完2点左右可以走人。过海赶回家匆匆睡个把钟头囫囵觉,再过海去《天天日报》开工。在香港的打工仔,无论白领还是蓝领,像我这样的工作量非常普遍,至于胃出血,只不过是我的老毛病趁机发作罢了。

当年严重困难时期,对我来说只赶上个尾巴,1961年秋到1962年夏,缺乏粮食,更缺油、缺糖,见到鸡鸭鱼肉偶尔一次就往死里撑,从此胃舒平就一天到晚嚼得跟花生糖一般响。1982年照胃镜,确诊为"萎缩性胃炎",百分之三十可能性会发展成胃癌!晴天霹雳,我才三十出头,老婆正怀孕还不知男女,这三分之一的死刑通告,让我看到镜子里的自己面无人色,一时万念俱灰。好长时间的心理阴影还挥之不去。没有料到十几年后遇到一劫,

我在电视台曾经一天上6次节目,现场直播压力山大

事前种种征兆自己毫不觉察。记得那是个周末，《天天日报》那边是周休，《星岛日报》则休息星期天，虽然这两天还是有一份工作要上班，总算是从周六中午2点开始休息到周日下午5点，整整27个小时的自由空间。人哪，在持久紧张之后突然松弛，这病魔就会乘虚而入。其实我已经感冒了好几天，香港人不叫感冒，只说是"鼻敏感"。头疼脑热的吃点儿药压下去，谁敢请病假？连续狂吞西药一周，整个人发散得头重脚轻。晚饭后倒在沙发上昏昏迷迷，想站起来去睡觉，脚一软灵魂出窍。老婆要扶我上床，我突然觉得大事不好，非去医院不可了。香港岛东区急诊室一量血压，超低，血红蛋白不到6。医生二话不说，先命令输血600毫升，后来才告诉我，胃出血应该有五六天了。十二指肠球部的创口不大，否则我早就趴下了。2000年是媒体敏感的"千年虫"发作危险期，连续抢新闻72小时，第二次胃出血入院，医生说事不过三，再见就切胃，吓得我把30多年的酒瘾戒了。

世界上最幸福的人

我以不惑之年回到出生地香港定居,一切从零开始。没有居所,没有职业,没有被认可的学历,当然更没有雇主优先录用的青春。在一家中文报社见习资料员,薪酬相当于当地中学五年级生。母亲问我习惯吗,我自嘲说,跟当年毛泽东在北京大学的位置一样,图书馆管理员助理嘛。我们都是爱读书之人,天天与书为伴,不亦乐乎。求知、求真成为我的工作,夫复何求。亦师亦友的黄霑先生告诉我,香港是个充满机会的地方。一点儿不错。我从读大学历史专业到任职历史研究所,把个人兴趣同谋生手段结合起来,已经是世界上最幸运的人。香港是学术自由、言论自由、新闻自由的宝地,我喜爱的军事历史在此多少有些用武之地。新闻的优点是快、强、新,缺点是浅薄,补充新闻背景是我优而为之。在《明报》上班第二天,中国版主任夏泰宁先生就让我写一篇《大将换岗同二野的关系》,香港人不知道解放军的历史渊源,这些中国特色的常识问题,连"美国之音"驻北京记者也在云里雾里。

香港一贯是个国际化商港,都说香港人是商业动物,但是1997年的紧要关头,不由得香港人不关心政治。1995年、1996年台湾海峡危机,美国两个航空母舰战斗群驶向台湾,解放军频频发射弹道导弹,东海大演习剑拔弩张,军事和武器装备突然成为新闻大热门。预告发射导弹那天晚上,电台、电视台、报纸、杂志的记者挤满了我家门口、电梯、楼道,路边的采访车络绎不绝。欧美媒体也知道香港有个军事评论员马鼎盛。我可以很开心地对母亲说:过去记者总是问我为什么没有继承家族传统,现在我可以痛快地回答,我父母的职业就是他们的职业,老人家是世界上最幸福的人,我也是。

代表77级历史系向全校学友致意：你们是创造历史的，我们是记录历史的

香港人相信"施比受有福"。布施财物比较简单，布施非物质财富的满足感、幸福感不是笔墨足以形容。近年我在中华大地开讲座一百多堂，发现关心国防现代化建设的同胞不分男女老少，喜欢听军事新闻及评论的朋友不分沿海内地，但是军事常识远远未能普及的情况令我触目惊心。我抓住每一个机会同听众朋友现场互动，最习惯提出的问题是：请分辨弹道导弹和巡航导弹。在几百位听众里，举手表示懂得弹道导弹的寥寥无几。我很乐意同大家分享刘伯承元帅当年启蒙老红军的故事：长征到达延安后成立红军学校，不少营级团级干部文化水平低，甚至目不识丁。他们要指挥掷弹筒、迫击炮必须懂一点儿弹道学，刘帅不能用名词解释名词，同牧童、挑夫讲炮弹的发射角度、出膛的速度等等书本的概念。对着一帮老爷们儿，刘伯承拿撒尿做比喻，谁没有看过自己撒尿？那一串尿液不就是弹道一般的轨迹。今天接受普及教育的朋友可能都忘记了中学的物理课，力学那一节应该讲到轨迹。但是堂堂新华社在头版头条也会"阴沟翻船"。那是1999年5月8日，中国在南斯拉夫的大使馆遭到美军飞机轰炸，当场炸死三名中国记者邵云环、许杏虎和朱颖，炸伤数十人。当时北京各大媒体都报道美国使用的是三枚导弹。我看到的新华社消息是"导弹直接穿过几层楼打到大使馆地下室"，不禁产生怀疑。如果美军飞机使用空对地巡航导弹，轰炸中国大使馆建筑应该是接近水平的飞行轨迹命中。只有航空炸弹接近垂直的轨迹才可能"直接穿过几层楼打到大使馆地下室"，我指出应该是美军精确制导炸弹肇事。我第一时间在香港各大媒体反复澄清事实。其后有口误、笔误的中外媒体也陆续据实报道，确认是制导炸弹轰炸中国大使馆。但是直到2013年5月8日，人民网回顾1999年5月8日事件还是报道"中国大使馆遭到北约部队的三枚导弹袭击"。作为香港一个民间军事评论员，可以做的事情有限，但是不说白不说，白说也得说。勿以善小而不为，我相信刍荛之言，早晚可以上达天听。况且，哪怕只有一个青年知道多一点儿事实真相，我的努力也得到了回报。

为人民讲历史

"文革"初期全国武斗，我在北京的中学作替罪羊。全校械斗我是武斗黑干将，接受"群众专政"，关押"黑牢"受审。1977年华国锋"抓纲治国"，各地清查"与'四人帮'有关联的人和事"，我在粤北山区工厂被认为为联系红线女"通天"，工厂革委会政工组拿我写的广布稿审问：为何在抓捕"四人帮"之前写下"警惕政变"？幸好我记得当时是照抄《人民日报》，翻出来对照后才免除我的政治审查。

在"文革"后期，毛主席发动批林批孔运动，又搞评法批儒、评《水浒传》的批示。全国上下读历史的政治气氛很浓。我联系现实生活读历史，越发觉得需要弄清楚"文革"当中经历种种怪状的真相。

可能觉得当年历史学过分政治化，怕我不知轻重乱说话惹祸，母亲劝我转到中文系，反正当时中山大学中文系也同时录取了我。我从小就酷爱小说，兴致勃勃和母亲畅谈读书心得。《三国演义》三英战吕布的故事，我从无字句处看出罗贯中的潜台词，"当吕布先后三仗战败十八路诸侯四员大将，张飞杀出大战吕布五十回合后，关羽出阵夹攻吕布，三将再打三十个回合后，刘备加入战团，吕布败走"，我认为以上是表面文章，并非吕布避战的原因。张飞虽然勇猛，武艺不及吕布，两人之所以能大战五十回合，是吕布罕逢对手，只有张飞能让他施展浑身解数。关羽看到三弟落下风，才出手相救。吕布力敌两将，凭借赤兔马还能势均力敌。以刘备的武艺和超短双股剑，其实在吕布、张飞、关羽三种长兵器混战当中根本插不上手。吕布只怕刘备手长过膝暗箭伤人。《三国演义》早就交代刘备射中黄巾军的地公将军张宝的事迹。后来在汉献帝、曹操许田围猎时，刘备在满朝文武众目睽睽之下,一箭命中野兔。我认为刘备的箭术被身经百战的吕布看穿,并非异想天开。母亲不同意我一家之言,却赞许我认真读四大名著,遂推荐我去见中山大学中文系主任王起教授。王先生与马师曾同是第三届全国政协委员,是戏剧研究大家,发表《关汉卿杂剧的战斗精神》,与改编、演出粤剧《关汉卿》的马师曾红线女同声共气。我奉命去见王起教授,虽然是大学一年级学生,但是高中三年级还没有上就遭遇"文化大革命",所以学历差得无边无涯。然而在"社会大学"混迹十余年,对于文、史、哲学的理解不无小补。至于晋见大教授不会诚惶诚恐,是因为"文革"前见过樊弘和邓广铭。樊弘老先生(1900—1988)是北京大学一级教授、经济学系主任、第一届全国政协委员。当年蒙他老人家赐饭,不记得有"听君一席话,胜读十年书",只记得他家的炖肉实在美味。邓广铭先生(1907—1998)是当代宋史研究的开创者、奠基人,被誉为"二十世纪海内外宋史第一人"。陈寅恪对助手邓广铭评价甚高:"寅恪前居旧京时,获读先生(邓广铭)考辨辛稼轩事迹之文,深服其精博,愿得一见为幸。"

在王起教授面前,我不知天高地厚漫谈《西游记》,我从小就酷爱孙悟空大闹天宫,因为它是天下顽童头号偶像。其后往西天取经,一路剿灭妖魔鬼怪,所向披靡。从儿童、少年、青年到成年人,才发现被金箍棒打杀的都是没有神佛背景的无主孤魂,例如想嫁给唐三藏的蝎子精,保护车迟国风调雨顺的虎力、鹿力、羊力大仙和被猪八戒调戏的盘丝洞七个蜘蛛精。至于有天宫和灵山撑腰的魔头,如生吃宫女的黄袍怪、享用童男童女的灵感大王,甚至将狮驼岭全体百姓宰杀干净的青毛狮子王,还有白象精及大鹏金翅雕等都被无罪释放,因为这些妖魔的后台是齐天大圣的大老板。黄袍怪本是二十八星宿的奎木狼星君,玉皇大帝的爱将。灵感大王原是观世音菩萨的宠物金鱼。青毛狮子是文殊菩萨的坐骑,白象精是普贤菩萨的脚力,大鹏金翅雕则是如来佛祖的干舅舅,它们残害一国生灵不但不受惩罚,大鹏金翅雕还享有接受天下信众供奉的特权。吴承恩一语道破天机:原来兵匪一家。"虐人害物即豺狼,何必钩爪锯牙食人肉?"——白居易。诗人比小说家更直白。王起教授可能见我满口胡柴,不宜留在思绪联翩的文学界,还是放进言必有据的历史学界好。

让母亲笑出眼泪

母亲是悲剧演员。她的首本名剧《昭君出塞》悲壮至极,一曲"马上凄凉,马下凄凉"催人泪下。在她艺术成熟期有代表作《搜书院》主题曲《柴房自叹》:"情惨惨、泪涓涓……我似寒梅遭暴雨,片片落阶前";她与马师曾共同铸造的巅峰之作《关汉卿》载歌载舞《蝶双飞》唱段,可奈"发不同青心同热,生不同床死同穴"。编剧曾经设想以大团圆结尾,周恩来总理认为在残暴的元朝统治者的文化高压下,悲剧才是现实主义。于是朱帘秀(红线女饰)"带回行院,不得停留",必须"忍向卢沟别汉卿(马师曾饰)"。在现实生活中,母亲不如意事常八九,她的妈妈是三姨太,在"有子为妾、无子为奴"的清末民初,我的外婆谭银彩老太太受大房、二房的欺凌难以名状。外婆在近百岁时提起,她的命中不止三个女儿,也有过一个儿子,可叹养不活。母亲在初中一年级时日寇对广州狂轰滥炸,全家沦为难民,逃到澳门,流离失所。小姑娘进戏班的生涯可以参考成龙的从艺童年。

母亲成名之后,也是家庭破裂的开始。其后经过20年的独居生活,在"文化大革命"中又成家,几年后发现老伴儿多年的肝硬化转为癌症。在她老伴儿病发前些年,1000单位的维生素B_{12}针天天打,滋补野味吃了无数。肝癌发作后,进口的白蛋白、球蛋白针剂如流水,在广州的省中山医学院高干病区护士们都说这种病例能拖上一年算是奇迹。她老伴儿病故那天,我陪母亲从病房一路送去太平间,轻轻搀扶着她瘦弱的手臂,60岁的妈妈脚步很稳,腰板挺直。更沉重的打击是她一手培养的接班人——女儿红虹背叛出走,台湾在各大报纸头版头条用其6英寸大头照片向"双十节"献礼。在大陆反精神污染、反资产阶级自由化的时期,红线女没有因此受什么株连,已经是不幸中的大幸。2013年在母亲的追悼会上，我念悼词时把"妈妈与祖国荣辱与共，善始善终"这句话用普通话和粤语重读了两遍。在母亲的儿女们陆续离巢的那些年，中外媒体在提起一些事情时都会安慰她，生怕她受不住压力。但是母亲红线女还有生死与共的粤剧，还有不离不弃的粤剧观众。正是在1984年10月，母亲遭受家庭巨大痛苦的关头，戏剧界首创的"红线女独唱会"在广州中山纪念堂隆重演出。1988年，母亲率领广州粤剧团赴京举行"红线女艺术专场"。1989年，母亲主演的粤剧艺术电影

1957年主演《昭君出塞》

片《李香君》由香港影业公司拍摄推出。红线女的座右铭"我的生命属于艺术"不胫而走。

母亲在舞台上神采奕奕，歌声绕梁。外人不知道她的身体从小就多病，1944年底生头胎女儿正值抗日战争"黎明前的黑暗"，广西大后方遭到日寇疯狂进犯，国军节节败退，桂林、柳州、南宁失陷，民不聊生。母亲在广西八步产后失调，大病一场以致听力受损，从此药不离身。鲁迅在临终时，西方的医生惊讶他如此病弱的身躯，如果是欧洲人，早就撑不住了。母亲也一样，如果没有对粤剧的一往情深，她怎么可能有超人的对抗病痛的生命力？

古人云：父母在，不远游。我从8岁离家，却是奉母亲之命。19岁到29岁远游，那是"广阔天地大有作为"的最高指示。40岁再远游，可以说是游必有方。我给人家骂不孝则是肯定的。母亲没有多少子女缘分，55岁那年长

我与张学友、刘德华、邓原（左一）合影

子出境，60岁长女离境，64岁幼子离家。为母亲当"壮丁"的我们两个表兄弟其实等于养子。大表兄世舟是北京大学1956级的高才生，被分配到广州工作，就住在华侨新村我们家。20世纪90年代世舟表兄任职中山大学，伺候我妈比亲儿子都尽责。我们的外婆103岁归西，世舟表兄代表儿孙辈致悼词，作为化学系出身的理工科专家，能写出李密《陈情表》般的情感及文采，表兄世舟令我辈文科学生汗颜。千禧年以后，世舟表兄渐近古稀，在我家里里外外忙活的重任就落在邓原表弟肩上。说我俩是一块儿光屁股长大的，也有一半真情。我8岁到北京住七姨妈家，邓原表弟是3岁的粉嫩宝宝，大眼睛、长睫毛，小洋娃娃一样人见人爱。我五年级时骑车去幼儿园接他，哥儿俩一起冲进沟里，小邓原不但没有哭，回家还帮我圆谎。"文化大革命"爆发，邓原表弟刚上小学五年级，稀里糊涂算是中学毕业，倒不用"上山下乡"，被安排到珠江电影制片厂当工人，也算是我妈的同行，熟人好办事。1977年我们一起参加高考，邓原表弟也进了中山大学历史系，虽然是78级，其实也就同我们77级差不了几个月。他毕业后回珠江电影厂当上导演、编剧，同我妈直接有业务联系，在公在私都是"红线女十姨妈"的"御前大臣"。邓原导演的《险恶江湖逍遥剑》和《冰上情火》，成为1990年和1991年全国十大卖座影片。1995年大型电视连续剧《英雄无悔》，他是总编剧和总导演。2011年大型传记体艺术性纪录片《艺海明珠——红线女》由邓原包办编剧和导演，我和母亲最后合作的《永恒的舞台》也请邓原表弟任总导演。比起我这个不孝子，邓原表弟知道我妈的事情更多。

儿行千里母担忧，我于不惑之年回香港洋插队，母亲最牵挂的就是我的经济问题。四十来岁的人，不懂英文，没有一技之长，拿着四千多块人民币的退职金，租一间没有厕所的唐楼板间房，被香港媒体形容为"穷困潦倒"。有个电视台还特地把我当作省港两地生活反差的典型，拍摄了一个特辑。可怜天下父母心，差不多同一个时期，开国上将、国防部长张爱萍的幼子张胜主动退出中央军委重要职务下海，看到张胜放弃30年的军事业务走入陌生的商界，老将军只问了小儿子一句话："你不会饿饭吧？"我妈同样的问题就曲折迂回得多。那天我回广州去探望老太太，一大帮亲戚在白天鹅用自助餐，买单两三千块。母亲随口对我说："难得这么多海外的姨妈姑姐聚一起，你请一回客吧？"我应声掏出银行卡来刷。当年香港华文报纸编辑的月薪也就够刷这四次。而且我刚刚贷款买了小小一间旧房，每月供款差不多全份工资，好在我不止一份收入。外面谣传我为了置业，逼着母亲把华侨新村的住宅卖掉。都说洲际导弹打得远、飞得快，哪里比得上毁人清誉于无形的谣言？妈妈指着银行卡问，有多少限额？我说三四万。那年香港币汇率略高于人民币，我给母亲争了面子事小，卖房买房的谣言不攻自破事大。姜还是老的辣。

母亲逝世当天，心脏病突发时正在广州亚洲国际饭店茶聚。那是十多年的家族传统了。大约是我们的外祖母谭银彩老太太过世后，大家突然觉得天塌了一块，她老人家的子子孙孙重孙子辈发现家族的凝聚力顿失栋梁。我们应该更加珍惜相聚的美好时光，于是邝家三姐妹（我的五姨妈、七姨妈和母亲），即是谭银彩老太太的三个女儿邝健来、邝健明、邝健廉（红线女）及其子孙，每周茶聚尽量团圆。我回广州探望母亲也尽量安排时间参加家族茶聚。咱们也学大观园贾母的规矩，三房姐妹轮流坐庄。有一次碰上我妈做东，我顺手就给了钱，此后只要我到会，甭管轮到谁家的庄，我都恳求给个优惠，小弟就加塞儿了。我在北京12年，五姨妈和七姨妈完全拿我当亲生儿子一般宠着，如今小小意思不能表达感恩的万一。外人可能以为我装阔气，其实表哥表弟乃至表侄们比我混得舒坦多了，光看他们那二三百平方米的新别墅，咱们"香港璨"的蜗居着实无地自容。老表们不是都冲着我们家老太太，要母亲老姐妹开开心心一乐嘛。

俗话说得好："没酒没浆，做什么道场。"我们虽然是喝茶，逢年过节还是得来两盅。母亲的酒量不浅，一斤茅台不成问题，年轻的时候就不用说了。酒过三巡，席面上就有气氛了。开始是我们表兄弟互相调侃，说管理层的著名段子：开会什么题目不知道，该坐哪儿一定知道。上头文件说什么不知道，该怎么传达可是知道的。下面干活儿谁好谁赖不知道，该提拔谁那肯定知道。谁孝敬了我不知道，谁没孝敬必须知道。跟谁上床不知道，上床干什么怎么能不知道？这类政治笑话，在"文化大革命"时期大行其道，不过在母亲面前是不敢讲的，如今百无禁忌。再干几杯，纯黄色的也能上桌。1988年红线女和香港著名填词人黄霑先生开始合作灌录粤曲专辑《四大美人》，自称"不文霑"的文化"鬼才"平时随口爆粗，请他去电视台、电台直播的监制无不如履薄冰。黄霑和女姐合作三年完成《四大美人》，没听说"不文霑"口无遮拦，母亲当面表扬他"忍得很辛苦"。十多年过去了，时光能改变许多东西，母亲晚年的宽容是我们感同身受的共识。那天大家酒酣耳热，我信口开河讲了一个小鸡鸡的段子：小动物幼儿园新开学，老师教小朋友自我介绍，例如说"我是小牛牛""我是小猪猪"，轮到一个小朋友，他却悄悄溜出教室，他不愿意自称小鸡鸡。长大成才的小动物重聚一堂，互相吹嘘自己是教授、总经理、市长……老牛说你们都不算什么，我生了五个儿女，个个健康聪明美丽，人称牛爸！大家争相炫耀父亲的身份：我是熊爸，我是鲨爸……我是鹰爸。说着说着又有一个"动物"开溜，各位老表开怀大笑中，母亲脱口而出：他是鸡爸！我的母亲紧张了一辈子，终于有放松的一刻，同后辈一起笑个痛快。

过了知天命的岁数好几年，我才懂得母亲应该有个开心的晚年。别的做不来，插科打诨咱们是现成的。

还是觉得你最好

学习父亲马师曾爱国为民

我作为香港民间的军事评论员，常被中外媒体顺口问道：为什么不学父亲马师曾大师唱粤剧？其实我有子承父业。

大家都知道马师曾是名演员，很少有人知道他也是剧作家。20世纪50年代他写自传填职业一栏时，不填演员而自我定位为剧作家。因为马师曾并非"红裤子"出身的艺人，而是师承国学宿儒苦读诗书的学子出身。他自刻一枚印章"学而优"，概括一生坎坷经历，因家道中落中断学业，他被卖过"猪仔"、挖过矿，也曾执掌教鞭授徒；辗转入戏行本是混一口饭食。当他学艺有成，能自编自导自演时，"居庙堂之高则忧其民，处江湖之远则忧其君"的中国传统读书人本色就情不自禁地展露光华。当日寇侵略中国，国家面临亡国灭种危机时，马师曾推出一批反日爱国的剧目。直到20世纪50年代在香港时，我还听到父亲在家中唱《龙城飞将》的名曲《赛龙夺锦》："男儿为国家，齐心要卫国。为国家谋自振，应该要枪不怕不退后才可自振。去啦，为国家谋自振，望人哋咪侵犯，都应该决心共哋相争。誓死我哋难以被他侵！"父亲"位卑未敢忘忧国"的精神，我毕生难忘，努力继承。

我的节目《军情观察室》在凤凰卫视多年来一直收视第一，在《风范大国民》《往事如烟》《时事开讲》等节目中，我一直称日本侵略者为"日寇"。我在新浪网和凤凰网的博客点击率已超过7亿人次。不少网民和观众都为我强烈的仇日情绪而震动。父亲20世纪30年代在香港如日中天的艺术人生被日寇洗劫香港粉碎，外祖父邝亦渔在广州的商铺也被日寇轰炸尽毁。我们父子对于日寇不但有家仇，更有国恨。日本坚持侵略钓鱼岛，抢夺东海油田，勾结美国封锁太平洋第一岛链围堵中国，勾结"台独"势力阻挠两岸和

纪念父亲百年诞辰献唱《步月抒怀》，是《搜书院》主题曲。马师曾1955年11月回归后立即投入粤剧改革，将原来小生花旦戏的《搜书院》改编成反对封建阶级压迫的革命戏剧。1956年3月，上北京汇报演出，周总理看过《搜书院》后，很高兴粤剧面貌一新。5月17日在全国戏剧座谈会上周总理强调："粤剧（过去）在会演时也受到批评"，"现在，行家马师曾回来了，气象就更不同了，更提高了"，"粤剧马（师曾）先生有三十年的奋斗。靠自己真实的本事"。可见周总理对粤剧改革的殷切期望，"粤剧是南国红豆"的美称也出于此

平统一，更阴谋研发核武器，觊觎联合国安理会常任理事国位置，同中国争霸东亚……中国人的爱国情怀和"仇日"意识定要祖祖辈辈传下去。

  父亲的学历并不高，他希望儿子能读好书，他在晚年曾问我的志向，是否学做周总理那样的人。周恩来在我们父子心中是高山仰止，但是我们学习总理忧国忧民之心都不甘人后。马师曾在20世纪50年代后期曾以全国政协委员身份上书毛主席，反映农民大饥荒的社会危机。他还及时推出粤剧《屈原》抒发"天问"的历史最强音。我的学历不过是大学本科，在博士满街走的21世纪算是"基本消费"。我在广东做农民、工人以及进社科院共18个年头，人微言轻。我到香港做传媒人20余年，才知道报社编辑放的是劳工假期，媒体人被看作"捞偏门"。虽然有此话语权，偶尔上达天听，也如过耳秋风，而且忠言逆耳是古今通例。"大跃进"时，马师曾向中央如实反映民情，差点儿被打成右派。今天我务实求真报道时事，也备受各方压力。但是

粤剧《屈原》马师曾饰屈原，红线女饰婵娟

想起父亲在抗战时期，一边吐血一边坚持慰劳国军演出；父亲在抗美援朝时带剧团到广州为志愿军义演，回香港受英国殖民当局迫害的历史，总觉得爱国是读书人的责任。

马师曾在台上演"天下兴亡匹夫有责"，在台下以天下为己任。二十多年来，我也一直呼吁要关注岛屿及海权问题，并在广东省政协大会上提出有关提案。最近中央宣布南海是国家核心利益，东海是中国卧榻之旁，不容外国航母随意闯入；中华民族走向海洋、走向世界的第一步终于迈出，马师曾在天之灵也定然老怀大慰。

我学父亲是学其精神，粤剧后辈也不必学其形。齐白石教徒弟说："学我者生，像我者死。"马师曾身材瘦小，声喉沙哑，五官也不是时下流行的奶油小生样。他成功在一个"变"字，依据先天条件扬长避短，更化短为长，同时推动粤剧的改革，应时代进步而变，服装、音乐、剧本都与时俱进。马师曾的徒弟和拍档红线女把《昭君出塞》变作《昭君公主》，把《刁蛮公主》化作动画片，都是为粤剧求生存发展做吃螃蟹的第一人。

剧作家前辈田汉赠马师曾诗曰："词里惯驱佣保语，诗成先使老妪吟。香山诗句师曾剧，一体能抓大众心。"父亲的大众化就是站在人民的立场以群众的语言演戏。我努力学习先父的人民性，作为主编和主持人，以电视节目《军情观察室》的高收视率和时事博客高点击率纪念马师曾诞辰110周年。

不辞长作凤凰人

半知半觉地,与凤凰卫视结缘超过10年。2003年3月20日爆发伊拉克战争,我作为特邀评论员,同几亿凤凰观众一起做过三周莫名其妙的事后诸葛亮。冷战后远离炮火威胁的中国人突然发现隐形战机和导弹可能就在身边。《军情观察室》节目由特备定为常备,凤凰卫视老板刘长乐有心栽花,可是无心开拓了全国各个电视台争相报道军情的新气象。凤凰卫视中文台台长王纪言董事要我把《军情观察室》节目当作安身立命之本,当时我感到是一种激励和鞭策。10年过去了,事实证明凤凰卫视的业务大总管此言不虚。我在阔别出生地34年后,回到香港定居至今25年,原来已经打过十几份工,最短的几个月,较长的三年半,更长的是做凤凰人十有余年,一直是《军情观察室》周播节目的主编、评论员和主持人。宾主能长期合作,从公司的角度是"此人适用",从我的立场则是如鱼得水。读书人最要紧的是学以致用,《水浒传》中阮小五和阮小七一腔热血只卖给识货的。刘老板识货自不待言,凤凰卫视的观众才是最大的伯乐,《军情观察室》节目的收视率在公司数以百计的节目中长居榜首,在全国同行中确实是个异数。内地武器装备的专家成千上万,治学军事理论、国际战略的通才车载斗量,哪里轮到一个没当过兵、没上过军校的平面媒体人在电视台羽扇纶巾地指挥倜傥?凤凰卫视独特的环境决定在伊拉克战争爆发的时刻不可能找到国内的专家学者来应急,萨达姆根本挡不住美军数字化部队,北京最具权威的军事专家哪能不明白?我是有什么说什么,张嘴就来。他们首先要掂量外交口径,还要向上级请示,一班专家开会讨论,我们早在第一时间播出评论了。"一国两制"决定在新闻战方面香港得天独厚,难怪他们发牢骚"世无英雄,遂使竖子成名"。做电视节目有个缺陷：长年累月面对漆黑一团的大镜头，不知道观众的直接反应。我有幸弥补这个死穴，就是到内地讲课。好在讲课是老本行，不算"文化大革命"期间在工厂作为"工人阶级理论队伍"宣讲"评法批儒"的尴尬历史。从1982年在广州图书馆面对600名听众的公开讲座，在广东省中山图书馆瓢泼大雨座无虚席，到香港海防博物馆的讲座；无巧不成书，我在马来西亚华文报纸《星洲日报》举办中国国防现代化的讲座，也是狂风暴雨，雷声隆隆为战争故事和新闻做背景和声。观众在互动时反映说：这次讲座好像是把《军情观察室》搬到现场直播。每次讲座的互动环节是我最大的享受，我能够清楚观众需要知道什么，对我的评论有何不满，那正是我的改进方向。闻过则喜不容易，当我明白这是塞钱进口袋，怎么能不高兴？在广东省增城牛仔裤中心新塘镇，28小时内一口气讲了三堂课，每次足足两个钟头，汗流浃背，丹田气都用尽了，但是有多疲劳就有多兴奋，原来创造GDP大户不是满身铜臭的土豪，他们也是关心军国大事的大国民。做到60岁，按照合约可以退休了，和我同庚的中文台长王纪言董事说要学会享受退休生活，五年来我越来越体会享受退休生活的乐趣，不用一早赶班车去公司，下班从大埔工业村坐小巴转铁路再转过海巴士到家最快要115分钟。不如看看书、游游泳、上上网，当然每周一集的《军情观察室》还要继续享受。

  1999年任职香港电台，朋友听到我的休闲节目说我进入娱乐圈，我还不以为然。后来"带了电"，特别是做《风范大国民》《往事如烟》《开卷8分钟》这些专题节目，确实带有表演的成分，上台表演其实娱人也娱己。那年凤凰卫视春节联欢晚会，在五星级酒店租了场，要我出个节目，那就给他来个单口相声《妙计》：话说民国初年，长安大戏院上演《三国》名剧，演张飞的名角突然闹肚子，刘老板只好找戏院门口卖烤白薯的壮汉顶上，好在只有两句对白。卖烤白薯的听的戏多了，倒不怯场，一声"得令"吼出满堂彩。演诸葛亮的吃醋，把"张飞"叫回来难为他说："要是情况有变怎么办？"卖烤白薯的急中生智说"附耳过来"，对诸葛亮轻声说"草泥马"。诸葛亮大怒，却见刘老板在台口瞪眼，吓得忙说："妙计呀——妙计。"台下掌声雷动，公司的老外高层罗杰当场道贺说，你跟马季说得一样好。他是澳大利亚驻香港前总领事。《掌声响起》是我的"饮歌",比享受掌声更开心的是能够讲真话,能让观众,特别是年轻的观众听到真话,能为务实求真的时代精神大厦增砖添瓦。

凤凰卫视要求评论员有不同的见解。公众看到你有力排众议的言论,总会追问你有什么内幕消息。我一贯的坦白是:没有独家消息,只有独家分析。对《军情观察室》的贡献就那么简单几条,中国最需要的武器装备不是航空母舰,而是潜艇。解放军的海军建设比陆军更重要,海军的战略目标是御敌于国门外,万一未来有反侵略战争,也没有敌军蠢到同中国打地面决战。更大可能性是海岛战斗。《孙子兵法》将"伐交"放到更高层次,拿现代的话来说,就是要分清楚敌、我、友。改革开放以来,不再以意识形态划分敌、我、友,是务实求真迈出的一大步。北京视莫斯科为最重要的全面合作战略协作伙伴,在国际问题上处处配合普京,但是中国最需要引进的石油和高科技武器装备却备受刁难。在中美确立新型大国关系后,不少人还残留打倒美帝的冷战心态,连一些官方媒体也不习惯中美两国不冲突、不对抗的国际战略共识。我更进一步提出:在思考中国的全球战略时,首先搞清楚"我"是谁。自认为是第三世界,能让亚非拉一百多个"发展中国家"接受吗?这些有争议的原则性问题,在《军情观察室》没有时间展开,每次播出23分钟,我有5次评论时间总共5分钟左右。只好在《时事开讲》《新闻今日谈》和新闻《点评》中就事论事。2006年凤凰网和新浪网几乎同时给我开了博客,我基本上可以畅所欲言。在新浪网的博客累积点击率一亿六千万,近在徐小明、李承鹏、徐静蕾等名人之后排名第31。前30名倒没有写军事的博客。在凤凰网写了一年左右,公司在北京的主管刘春发通告,惊讶我一篇博文有56万人看。至今博客累积点击率六亿三千万,其中一篇博文有600万人点击。谁说写博客是义务劳动?能和千百万同胞分享关心国家大事,沟通时代脉搏,其收获怎么能用金钱衡量。

凤凰卫视是个大家庭,大到有九成同事认不得。比较熟的是以下几位:

1. 资讯副台长程鹤麟。我们是"散友",经常在凤凰总部楼下的海滨散步时相遇,程台长两口儿加起来也有100岁了吧?举案齐眉的表情时时洋溢于表,最令人艳羡的是程小姐勾肩搭背陪父母漫步的一道风景线,忍不住上前搭茬儿,沾上一点儿天伦之乐的光,又不好意思打扰人家。

2. 资讯副台长吕宁思,俄罗斯专家。岂止俄文娴熟,简直参透俄罗斯国情。别斯兰惨案周年,水落而石未出;宁思重访战地,播出大段官方人士声明后,他到别斯兰惨案的墓园,清点出的墓碑数量与莫斯科官方公布的并不一致。观众心中自有公论。

3. 副总裁董嘉耀。早在1999年50周年国庆大阅兵时,他爬上人民大会堂屋顶拍摄,差点儿摔下来。中外传媒人就知道凤凰卫视的疯子董嘉耀了。在《军情观察室》节目,他一个个字背诵稿子,五六百字、七八个概念、十几个专业名词,只要一字之差,他决不苟且。哪怕NG八九次,不停地自责、道歉,一定做到100分。闻过则喜,择善而从,令他健步迈入管理层,却从不放弃台前主持人的工作——活该他干电视台。

4. 资讯副台长吴小莉。她的招牌笑容应该是与生俱来的。哪怕是早机来、晚机返;留在香港10个钟又做新闻又录像,还要陪吃饭、做公关;水米未打牙,偷偷打哈欠。一对着摄像机,马上神采奕奕,笑容可掬;个中甘苦,不足为外人道。同她合作《快闻快语》节目,她比新同事更认真开预备会,一切了然于胸之后,嫣然一笑——吴台长收货了。

5. 胡一虎。5年前,他加盟凤凰时已经蜚声台湾,如今更享誉中华、闻名世界。公认的"全能运动员",却是越做越虚心。他常请教同事一些专业问题,还自谦是念新闻出身的,缺乏知识深度,要多读些书。在"纪念诺曼底60周年"和一虎合作时,却找到做《军情观察室》节目的感觉,不知是他的功课做得好,还是在"国军"生涯的存货。

6. 资讯台首席评论员阮次山。谁说他老人家像列宁!弗拉基米尔·伊里奇·乌里扬诺夫哪有阮先生的天伦之乐?他的案头贴满了家庭照,你说他的宝贝小孙女像他,老阮一定掀须大笑。你说他太太也像他,老阮更是乐不可支。阮先生每逢发现军事新闻,总会精选推荐给左邻的在下,凤凰卫视资讯台总编绝非虚衔。

7. 郑浩。身为凤凰专题组负责人,郑浩做记者、做领队、做撰稿、做

凤凰大家庭，一排左一曾静漪、二许戈辉、三陈鲁豫、四吴小莉、五马鼎盛、六沈星、七卢琛、八谢亚芳。二排右一马斌、三陈晓楠、四姜声扬、五陈淑婉、六杨舒、七朱文晖。三排左一胡一虎、二刘芳、三窦文涛、四李辉、五董嘉耀、六杨娟、七何亮亮。后排左一王鲁湘、二简福疆、三梁文道、五郑浩、六安东、七尉迟琳嘉、八石齐平

摄影——无所不包；要是中国的基层干部都学郑浩，下岗的哥们儿更无事可做。记得刚到凤凰不久，浩哥抓拍工作照，我只是走走、坐坐，摆个悠闲的姿势。郑浩则是攀高俯低，一口气报销了6筒胶卷，电池都要换了，6尺大汉连汗也不擦。住半山豪宅的中年专才，还冲到切尔诺贝利核废墟去玩儿命，不是电视狂是什么？近年改行加入时事评论员队伍，因为我们这里老头儿多，他找回年轻人的感觉了吧？

8. 陈晓楠。2003年美伊战争突然爆发，我在凤凰客串的拍档，赫然是温文尔雅的陈晓楠。匆匆忙忙蹿上高凳，还没坐稳就提出一大堆问题，毫不掩饰她对军事的外行。两个小时的直播下来，晓楠早已气定神闲，随口提个问题，极配合画面，又搔到嘉宾的痒处；顺手提醒在下，凤凰的美女主播是靠脑子吃饭的。她开玩笑说欠我100块钱，我欠她一条命。我一直在等着，晓楠何时进驻《军情观察室》呢？

9. 邱震海。我们"识于微时"。当时他任职一个销量颇低的平面媒体，鄙电台是香港最弱势的频道，请他做嘉宾。大家都很奇怪，弱势媒体怎么请得起一位德国博士？一般的博士其实是非常专门的人才，邱博士到凤凰后，马上表现出多面手的才华。一天之内粉墨登场四五次，评论的话题包括"上至天文地理，下至鸡毛蒜皮"，最多那天好像进了六次录播室。网上的粉丝奇怪地问：凤凰的评论员都请假了吗？

10. 朱文晖。年轻的博士加入，把凤凰评论部的平均年龄从54岁半拉低到52岁，挂了多年的"老干部活动中心"的牌子，差点儿让朱博士给拆掉。新加盟凤凰的兄弟，一般都长膘——在发达国家，肥胖是贫困阶层的特色。文晖的试用期好像还没过，就一口气掉了十斤八斤肉。不过是切了几钱重的阑尾，居然造成明显的纤体效应。难怪有的女同事艳羡不已说：放大假！减肥！我中意呀。

11. 严力耕。偶尔和力耕神侃几句，马上收到一封长信。行书，半文言，久违的毛泽东时代语言，掩不住字字语重心长。读罢不知所措，便请教同车的吴副台长小莉。小莉淡淡地说："力耕的长信我也收过。"天生的新闻播报员嗓子，长年值夜班而满面红光，如此特异功能，凤凰人可不止一个。

12. 杨锦麟。杨锦麟这家伙，神人也！他每天工作超过12小时；《有报天天读》从清晨5点上班，编、导、演一肩挑，忙到中午一两点，正常该下班了，可是杨锦麟连午饭都没空吃，嘴里塞着面包抢指如飞地赶稿。其他节目经常请他客串，五六点出录像棚，大客户请吃饭可不是次次推得掉的。周末加班不消提，节假日飞往内地应酬也是舍命陪君子。我下班前送他一本书《朦胧的年代》，敬请"天天读"一下；第二天杨锦麟认真地问："你练过拳脚？"这一目十行的功夫也见过，但是，杨锦麟这家伙就不用睡觉吗？

13. 沈蓓蓓。官衔是凤凰卫视主持人事务经理，实际上我们评论员的值班也归她调度。做凤凰十二钗的"妈妈桑"就够她悲喜交集的，"老干部活动中心"的管家婆也要举重若轻的领导艺术。入乡随俗，我跟着主持人称她蓓蓓姐，她郑重其事地宣布："我比你小哇！"女士就是小气，小十天八天也那么认真。从此我名正言顺地叫她"靓女"——讲真格的，凤凰十二钗再过若干年，谁还有蓓蓓姐这般风韵？

14. 何亮亮。经常向同事推荐新书，网络数据和DVD——绝对是正版货。何亮亮观点鲜明，表述平实；曾有网民愤青不满他对西安日本留学生事件的评论，乱扣"卖国"帽子，甚至破口大骂。亮亮付之一笑。他参加"中日辩论会"不卑不亢，话不多，点到即止。日本的"中国通"不怕老专家高叫，却对何先生刮目相看。在下是无条件的反日派，撰文点评"中日辩论会"，责其软弱，拙作送给亮亮看，对我的微词，他很坦然。

凤凰卫视评论部有个"花甲俱乐部"，年高德劭的石齐平、阮次山先生属狗，依然精神矍铄天天上班，年轻的我属牛，怎么敢偷懒退出"花甲俱乐部"？

母子访谈录

20多年媒体工作，我的采访对象数以百计，能推心置腹的还是母亲红线女；母亲75年从艺生涯，接受过传媒"拷问"不计其数，只有同小儿子合作可以敞开心扉。我在香港电台、文汇报社及凤凰卫视工作时，也从不同角度请母亲合作完成访谈，揭示这位粤剧表演艺术家的奋斗历程。经历过2000年、2002年、2008年三度采访后，我翻看记录，意犹未尽。红线女对艺术的执着追求，她异常的声线天赋，足以在艺苑成名成家。在有生之年，广州市成立红线女艺术中心，对她的艺术成就做出如此高的肯定评价，在中华大地还是首屈一指。我们媒体对于红线女的报道，必须回答一个深层次的问题：南国红豆为什么能出一个红线女？读历史专业出身的我，相信时势造英雄。红线女一生经历抗日战争、20世纪50年代从香港回到内地、"文化大革命"、改革开放。她身处的社会环境天翻地覆，她的"米饭班主"口味剧变。红线女从被动地适应，到主动地弄潮，其艺术表现自然不同凡响。

我在凤凰卫视的一档节目《风范大国民》做得很投入，公司给我很大的主导权，不但节目的主题、人物由我选择，所有穿插述评及旁白都是我执笔定稿；连宣传短片那几句，一向由公司专题部和广告部门撰稿，节目主持人照读，经过协商最后同意用我的话——你也可以做一个风范大国民！同广大观众一起分享认识《风范大国民》的欢愉，此乐何极！上广州同"人民的红线女"合作是应有之义。

采访红线女去她的"艺术中心"拍摄，凤凰卫视的青年同事想不到红老师非常客气，处处主动配合，对小导演的具体要求理解之至。我第一次详细参观"红中心"，母亲亲自做向导及解说，还虚心征求意见。我也不揣冒

老市长黎子流伉俪一直关怀红线女艺术中心

我陪母亲探班,刘德华学习美国著名舞蹈家的设计

我随母亲参加马师曾百年诞辰艺术研讨会

昧奉献千虑一得。红线女艺术中心，顾名思义当然以红线女的艺术展览为中心，要充分展示什么是红线女的艺术成就。但是只有将红线女的艺术放进整个粤剧的历史长河中，才能表现红线女是怎样产生的，她在粤剧发展当中起到怎样承先启后的作用。在红线女异军突起之前，20世纪20年代所谓省港大老倌已经有千里驹、陈非侬、肖丽湘、钟卓芳、上海妹，被合称"五大花旦"，三四十年代还有谭兰卿、何芙莲等花旦对红线女的成长产生重大影响。红线女艺术中心对于"女姐"怎样在前辈和师父的熏陶下入行，特别是马师曾对红线女的精心雕琢，量体裁衣地锻造出"红腔"，应该进行深入的研究，从而有利于培养一代又一代新的粤剧接班人。红线女的传世之作《昭君出塞》《搜书院》《关汉卿》和《山乡风云》等戏剧和电影是集合广东省以至国家的编剧、导演、演员及台前幕后精华铸造而成，体现红线女20世纪五六十年代再攀艺术高峰的时代背景和整个团队的集体融合也是红线女艺术中心的重要任务。

母亲默默地听取我刍荛之言，一时没有直接回应，只是半开玩笑地说："你把这个意见写出来给我。"对粤剧我是外行，我对电影、小说的兴趣大得多。只是出于关心母亲的健康，我希望她老人家能摆脱日常事务，哪怕是半退休，不必天天在红线女艺术中心坐班，安享晚年。我不会涉足不熟悉的红线女工作圈子去添乱。前几年母亲认真地问我，从凤凰卫视退了休，能不能回广州帮红线女艺术中心的忙，甚至提到我在香港的收入，考虑能否以特例聘请。我坦白告诉妈妈：在香港我是电视时事评论员、军事节目主持人、电台清谈节目主持人和报纸军事专栏作家的待遇，在内地是拿军事、国防及国际战略讲座的钱。如果在红线女艺术中心工作，我无所用其技。一个空降的外行，又是您的儿子，大家都会尴尬。只有找一个题目可以各尽所能，我们母子才有机会专业联手。

在香港电台普通话台工作时，我采访母亲写下《以粤剧为生命的红线女》一文；2000年8月，红线女在广州家中遭歹徒抢劫，头部被打伤入院。记者赶到医院探望她，见到她鼻骨折断，脸上、头部和双手伤痕累累，不禁劝她，已经年逾古稀，又遭此重创，不如就此退休，谁知"女姐"反应极大，不再唱粤剧？那活着还有什么意思？原来，身在医院的红线女，已经准备在国庆登台演出。正如"艺术中心"的同事说："女姐离不开粤剧，粤剧也离不开女姐。"

蜚声中外的粤剧表演艺术大师红线女出身于粤剧世家，外祖父是名须生声架南，舅父是名武生靓少佳。不过，她并非戏班出身。她父亲是广州的商人，认为"成人不成戏，成戏不成人"，子女读书才是正路。爱好粤剧的红线女，只有看戏时偷学几句唱来过戏瘾。

红线女舅父靓少佳父子排练

1939年，日军侵占广州，红线女父亲在战火中破产于，全家逃难到澳门，衣食无继。在红线女的母亲力主下，她终于加入粤剧的戏班学戏。粤剧大师马师曾是集编、导、演于一身的学者式艺术家。红线女在1942年加入马师曾的抗战粤剧团后，有机会学唱马派表演艺术，为后来红腔、红派的形式打下基础。

红线女的音域宽广,一般演员唱到勉为其难的高音区域,红线女仍然游刃有余,马师曾根据她的天分设计出一些荡气回肠的唱段,例如《一代天骄》《昭君出塞》等粤剧经典唱段,既有"马腔"的特点,即咬字清晰,斩钉截铁,又有行云流水的拖腔,人称龙头凤尾的"红腔"就此产生。旧时粤剧比较原始,多数剧目既无剧本,更没有导演,连排戏都草率之至。红线女希望认真地做戏,彻底改变传统的"戏子"地位。抗战胜利后,港澳富商何贤赞助红线女成立"真善美粤剧团",使红腔形成有个良好的环境。

起初为吃饭而做戏的红线女,终于可以为粤剧的艺术创造而做好一出戏。《蝴蝶夫人》和《清宫恨史》两部力作是红线女精雕细琢而成。有马师曾、薛觉先等大师倾力相助,演出阵容空前鼎盛。战后十年,红线女在港创造出红腔红派的历史高潮。在香港的商业社会中,演艺界盛行"七日鲜"式的急功近利运作,不要说粤剧没有剧本,不需导演、排戏,连一部电影从无到有,也要在一周之内便粗制滥造出来。红线女逆潮流而上,付出大量心血,甚至把个人收入无偿投入"真善美剧团"。但是,独木难撑大厦,几番苦斗使红线女心力交瘁,她多么希望有一个环境,能让粤剧摆脱商业化,自由地发展。

1955年,红线女在香港的事业如日中天,她又唱粤剧,又拍电影,又录唱歌片,其收入比起今天的"天王""天后"高得多。红线女在几年中拍摄了近百部电影,其中有巴金的名著《秋》和曹禺的名著《原野》。她所灌的唱片也成为当时的经典粤剧而畅销中外。当年国庆女姐回内地观光后,看到政府十分重视粤剧,社会上没有洋人压迫,贪官污吏也不像旧社会和香港那么明显,所以决心返回内地定居,中央给了她全国政协委员、人大代表等崇高地位。

早已卓然成家的红线女,成为广东省粤剧团副团长后,以小学生的身份,从头学起,她学台步,学北派武打,学京剧以至西洋的演唱技巧。在古今中外的艺术海洋中,红线女贪婪地吸收知识养分,在她的艺术生涯中,创造出新的高潮,大型革新粤剧《搜书院》和《关汉卿》,就是20世纪50年代中后期的经典作品。

《荔枝颂》是红线女出席莫斯科世界青年联欢节，荣获金奖的绝妙好辞。《蝶双飞》则是名剧《关汉卿》的主题曲，马师曾、红线女在十几年合作表演时期，堪称珠联璧合的代表作就是《蝶双飞》，《关汉卿》曾在全国各地献演，不懂粤语的外省观众，也能从红线女、马师曾的传神表演中获得艺术享受。《关汉卿》等粤剧也到越南和朝鲜演出，不但华侨大饱眼福，连越南领导人胡志明和朝鲜领导人金日成也能击节唱彩。

在"文革"浩劫中，红线女和全国文化艺术界同人一样，被迫中断舞台生涯，下放农场劳动改造。在困难的时期，支持她勇敢活下去的，只有粤剧。行内人常说，"曲不离口，拳不离手"。不能登台演唱，红线女就在养鸡场喂鸡时用"啾啾"的叫唤鸡群来练习发声，又用赶鸡的劳动机会，踩着台步绕鸡场往来奔走，至于《昭君出塞》《蝶双飞》《荔枝颂》等名曲，在心中不知默唱了多少遍。

被赶下舞台的艰难岁月，红线女怀念的不是众多头衔和荣誉，却是沉思粤剧如何更上一层楼。《昭君出塞》本是"红腔红派"的戏宝，也是粤剧的保留剧目之一，红线女却认为王昭君的角色，还有改进的余地。

开"红线女演唱会"，创办小红豆剧团，到中国港澳、东南亚乃至美加传播粤剧艺术，她不觉已从艺六十年。年逾古稀的红线女从不言老。朋友赠她巨幅国画："落红不是无情物，化作春泥更护花。"红线女以"护花"为天职，"落红"可是不敢当。她从20世纪50年代初已收南红、红豆子等人为徒，几十年来，只求耕耘，不问收获，"护花"不遗余力，至于退休过"落红"的悠闲生活，却是红线女无法接受的。

京剧有梅兰芳，越剧有袁雪芬，豫剧有常香玉，评剧有新凤霞，汉剧有陈柏华，各地方剧种大师级的表演艺术家，全国星罗棋布；但是，以艺术家命名的艺术中心，恐怕只有广州红线女艺术中心一家。广州市跑马场旁的红线女艺术中心，只是四层高的建筑，以百幅大型剧照及万言说明书构成的《红线女艺术生涯》，记录了她六十年和粤剧不可分离的岁月。

2008年挂历照片《红线女心路之桥》剧照,是她认可的标准照。红线女艺术中心供图

记者手记：粤剧在20世纪30年代并未得到重视和发展，加上日寇侵华的摧残，原在大城市的大剧团都沦为跑江湖的野台子戏，难以想象，红腔红派就在这等艰难时势的磨炼中生根萌芽。中华民族强大的生命力，不是也表现在粤剧的绝处逢生中吗？看到红线女瘦弱的身躯，听说是拿药当饭食的女演员，怎能熬得过那"文革"浩劫十年？今天是"老骥伏枥，志在千里"，原定50分钟的采访，红线女一口气讲足75分钟，我的MD磁盘发挥最大的容量，她仍然中气充沛，意犹未尽。红线女对粤剧刻骨铭心的挚爱，又岂是小小磁盘可以装得下的？她高兴地告诉记者，最近的力作是《豪唱大江东》，十易其稿，百炼其曲，希望唱出她世纪的最强音。

红线女谈读书

第二次采访母亲是2002年,我在香港文汇报读书版做编辑兼记者。母亲读书首选自然是《毛泽东选集》。毛主席给她亲笔书写下"横眉冷对千夫指,俯首甘为孺子牛"的诗句,放在母亲书桌上。而《鲁迅全集》在她书柜的视平线。

红线女说:"鲁迅先生把祥林嫂写活了,这么多年来我反复看,越看越喜爱她,祥林嫂的苦难时代虽然已是过去,但今天重读依然感同身受。现代社会的妇女已摆脱很多束缚,最重要的是思想上的解放,不再受传统观念左右。"多年来和巴金、曹禺、冰心、田汉、梅兰芳的交往,使只有初中一年级学历的红线女颇受文化熏陶。她说:"如果说我有力量去摆脱不幸的命运,全靠事业给我非常强大的力量;当我一投入工作中,就可以不顾一切,什么小圈子里边的闲言碎语,甚至社会上的惊涛骇浪,我一概不受影响。尽管有时不良环境会影响到我的心情,但当进入角色之后,我已经被我创造的人物(角色)所感染,个人的小小不愉快就被排除得无影无踪。"年近八十的红线女自觉活得很充实。

红线女很喜爱的一个折子戏是《祥林嫂》,"文化大革命"前她排过这个戏,种种原因未能上演,女姐表示:"一直很希望能演祥林嫂,结果到1998年才录像下来。鲁迅先生笔下这位悲剧人物的遭遇,不是一位农村妇女那么简单,而是反映当时旧社会的女性逃不出祥林嫂式的悲惨命运:神权、族权(君权)、夫权三座大山是无形枷锁,如果神权、族权离得还远些,那么夫权最厉害。"

兄弟剧种,例如上海越剧、北京话剧等,与这些相比,粤剧的《祥林嫂》注重唱腔，字字血、声声泪地诉说身世，能充分运用"红腔"去塑造这位典型人物："因为我在年轻时代已经想演她，积累了几十年人生阅历之后，七十岁才演成。我已经在艺术上有很多感受能通过这个角色散发出来，观众看后都觉得有新鲜感。我把握住祥林嫂的思想感情，她的心态、她的悲愤、她的控诉，都是由我的构思、我的表演，一同向观众表达。我对祥林嫂感情之深，是鲁迅作品感染力所致，鲁迅写的是他所熟悉的人民，每一句话，每个形体表现，都令人信服。"

在祥林嫂斩门槛那一幕，是在饱受凌辱、摧残、欺骗之后，被社会恶势力逼到走投无路，她的反抗精神的总爆发，红线女冲口而出一句唱"神欺我"三个字，由低音拔高八度，饱含悲愤之情，还有无尽的恨。她拍完《祥林嫂》之后，感到在自己的艺术生命中画上了一个句号。"不是说已经完美，我其后还要不断补充新的东西。艺术，本身永无止境。"她说。

广州市"红线女艺术中心"的工作，开创于1998年，她一口气拍摄了一系列纪录片，还拍了五个折子戏，包括《昭君出塞》《打神》《思凡》，还有早年马师曾演过的《天网》。那是说十六七岁姑娘的故事，"艺术中心"将当年表演的程序和形式保留下来。身边工作人员也惊奇，红线女从上午9点开始化妆，一直工作到晚上7点，她哪来这么大精力气魄？

脍炙人口的名曲《昭君出塞》，红线女唱了几十年，唱来唱去还会有新的感觉。有人说"文革"后她编的《王昭君》一反《昭君出塞》的悲悲切切，大变身为欢欢喜喜，好像是自己同自己打擂台。"算你说对了，我一向挑战自己，即使演成了首本戏（保留节目），还是有改进的余地。这里改一句词，那句改一个腔，必然越改越好。你既然塑造了一个人物，那就一辈子为她负责任。如《昭君出塞》唱到'莫惜王嫱，莫挂王嫱'，也有不同，加了个助语词'莫挂——咯——王嫱'，不是可有可无。20世纪30年代在香港'太平剧团'时期马师曾先生特有的对白和唱腔，是助语词的运用，不会喧宾夺主，但从字尾拖出少少声音，那感情就大不相同。上面那个'咯'字之中包含极大的无奈。我反复吟唱之时，不断对比新老唱腔，发现加一个'咯'字真是神来之笔。"女姐在书房最得意之时，一是看书看到拍掌赞

1998年，国务院文化部及广东省、广州市领导来剪彩

叹，思绪迸发；二是得一佳句，得一佳音时，何止开心，简直热血沸腾，连书房也生机盎然。

20世纪70年代末，内地开始掀起"金庸热"，女姐书架也摆上一套，不过她说，"武侠小说我不怎么看"。虽然母亲也同我聊过《射雕英雄传》，但是我完全理解它为何不入女姐法眼。武侠小说主角是男性，尤其是英雄主义观点，大男子主义难以叫人赏心悦目。女姐说："最吸引我的还是《红楼梦》，无论什么时候，翻阅一段，林黛玉还是我最喜欢的人物。1966年我排过《黛玉焚稿》一场折子戏，但遇上那事件（指'文化大革命'），我都不记得是件什么事了。《黛玉焚稿》始终没上演的机会，最后一句台词是'宝玉，你好……'其中包含好多好多酸甜苦辣，尽在不言中。字字千钧，不是容易表达的。"当年母亲在楼上推敲台词，我在楼下隐隐约约听到"宝玉，你好……"，用不同语气反复道白。林黛玉是恨、是爱，还是怨？或是诀别？红线女果真是"千斤道白四两唱"。近年女姐录了几出经典戏，可惜没有《黛玉焚稿》，在"文化大革命"中，那剧本唱谱通通被毁掉了。女姐说："我觉得黛玉这人物也有缺憾，她的处境极为无奈，很努力自我保护了，但还是容易受伤，她太聪明，更看不开，曹雪芹把她写进解不开的矛盾之中，极其典型，也极具吸引力，真是前无古人。大观园中几百人，男女老少，忠奸愚慧各具性格，从音容笑貌到衣着器皿都匠心独运，令人余味无穷，百看不厌，后人再难写到这种境界。毛主席说一年最少要看两次《红楼梦》。"

二月河的帝王系列之康熙、雍正和乾隆，红线女三大套全部看完，她说："能吸引我由头到尾看完的，像早年看《鲁迅全集》那样一连十几天废寝忘餐，我就很不容易了，二月河写得更不容易。能把宫闱秘事、帝王心术写得历历在目，连小宫女老太监的一言一行也像模像样，不像一些历史小说不伦不类，在今天文坛算难能可贵，可见其历史素养。"她看到君臣之间的钩心斗角也好，当时社会上的忠孝礼义也好，都有组织到书中，形成主角的性格，让故事发展挥洒自如，水到渠成。

红线女最赞赏二月河写曹雪芹夫妇，比写明珠、和珅、刘墉父子更有血有肉："曹雪芹心比天高，才气横溢，却为时世不容。屈身于荒村草房，衣食不继，还要被趋炎附势的社会所排挤，此时愈见贫贱夫妻的真情。"她读出小户人家的悲欢离合比乾隆皇帝的丰功伟绩更吸引人。二月河的功力在于将曹雪芹的小故事穿插在帝王系列之中，不但不着痕迹，更能相得益彰，起锦上添花的作用。曹雪芹的坎坷身世让女姐知道更多官场黑暗，可见才子在哪个朝代都有悲剧，怀才不遇，潦倒一生。由此联系到《红楼梦》及其作者，红线女更感叹曹雪芹这样的文学巨匠，也在穷途末路之余才创作出绝世好书。文穷而后工似乎已是宿命。

我是怎样当上军事评论员的

香港电视台给我摄制的个人特辑,提到我再版的《台海战线东移》,母亲红线女另有一番见解:"时代兴讲和平、发展,你这个军事评论员,总不能成天评论打仗吧?"她说话不用费劲,字字句句灌进你耳朵里,"试一下写写儿童文学,孩子需要看好书。"

我读历史出身,又写了二十多年军事历史,哪懂得写什么童话?"儿童说的话,不就是童话?"母亲大人没读过几年书,但她见的世面大,往往有些名言在嘴边。"你3岁大就会讲故事,卡通片中的兔子'轰隆一声,跌下地来',还带动作表演。"五十年前的儿时回忆,够甜到入心,她这么一鼓劲,我还好意思临阵脱逃吗?

为了唤起童心,我翻出一堆旧照片,像是自言自语,顺带讲给女儿听:"我读中学的时候,长年穿补丁衣服,能吃上一顿饱饭,就高兴好几天!"读大学的独生女儿把嘴一撇,"骗人啦,老爸,连饭都吃不饱?你不是在首都北京读的名校吗"?

她一边说一边平静地倒掉半碗剩饭。

没错,说来没人信,不如白纸黑字,写下来立此存照。一向低调的妻子说:"你别乱讲家庭私事,我们只要过平静的生活。"

"老妈,放心啦,"女儿伸着懒腰说,"老爸只讲到初恋、暗恋,在北京还轮不到你。"

下一代人如果肯看看父辈的经历,还会有什么"代沟"吗?为什么没当过兵的北京中学生,到香港能成为军事评论员?希望2002年出版的这本书《朦胧的年代》能帮读者找到答案。

一个民间军事评论员的成长：

1. 我5岁就上学了，比同班同学都小，加上又是"小广东""小香港"，所以8岁到北京念书吃亏很大，经常挨打、受排挤。我不怎么玩弹弓、打仗之类的游戏，更偏爱体育运动。我练跳高、打球，甚至练"块"，举重、摔跤、拳击什么的都练。我要从体育运动中找到自我，找回男子气概。"文革"爆发后，我到东莞农村下乡，当了4年农民，接着又当了6年工人。那段生活很难熬，身体上的磨炼是小意思，精神上的痛苦才是最大的。百无聊赖的时候，我会强迫自己一遍遍地看《资本论》，然后根据我在工厂当统计员的实践经验，找出马克思剩余价值理论"失误"的地方。我看历史故事，那里面有很多道理，看了长智慧。

2. 三年严重困难时期，我真是饿得胃直冒酸水。我的胃病就是那个时候落下的，现在有时会胃出血，不是喷射性的那种，是慢慢地出，感觉不到，出了两礼拜的血我才倒下。如果人生可以重来，我希望可以把这10年替换成平平坦坦的中学、大学生活。是的，这段生活是一笔财富，但没有必要这么

签名、合影也是我们的工作

长,了解农村和工厂的生活状态,一年两年就足够了,也没有必要非得让城市的读书人离乡别亲,改造成农村的种田人不可。到知天命之年,对这段生活我更多的还是感恩。人活一次不容易,没有第二次,总觉得世界亏待你,就不会有幸福感。我常常这样劝自己。

3. 我当上主持人,应该说是偶然。1989年我到香港的时候,开始当的是报纸编辑,也写一些有关军事的报道和评论。碰巧赶上海湾战争,当时在香港没几个人讲军事,媒体找了我之后,发现我讲得比其他人都好,就不断地找我讲了。常常是这样,我先当嘉宾,当着当着就成了嘉宾主持人,紧接着就转正成了主持人。凤凰是这样,香港电台也是这样。

2003年,我正式加盟凤凰卫视,成为《军情观察室》的节目主持人,同时也担任《时事开讲》《时事辩论会》及《时事直通车》等节目的时事评论员。面对镜头,我一心想的是怎样讲好,没有感觉到压力。

4. 王菁瑛和董嘉耀是我在《军情观察室》的搭档,三个人各有特色。菁瑛是美女,对军事一窍不通,我的责任就是说得她都懂,这样更多的观众就懂了;嘉耀是哥们儿和忘年交,我给他起了个外号,叫"指导员"。有一次,我和王菁瑛去上海采访美国太平洋舰队的旗舰,手续很烦,最后一分钟却通知说凤凰只能有两个人上。一个肯定是摄像,另一个我让王菁瑛上。王菁瑛说我哪里懂,我说简单,你抓住那个军官,别人问你也把麦克风顶过去,也等于你问了,我又给了她六七个问题让她问。她很紧张,也很兴奋,穿着高跟鞋就上去了。她是最后一个下来的,很有成就感。

嘉耀很会说笑,和我有很多共同点,比如工作执着,对节目的责任感和热爱,等等。基本上,嘉耀就是一台机器,办事有效率,很一板一眼。他做主持、我做嘉宾的时候,他会很规矩地把我要说的东西列出来。他很尊重我,但我有我的原则和风格,想起什么说什么,很多是即兴发挥。但说服嘉耀也不容易。我们两人一个是少年老成,一个是老不正经,有点儿火花。

有人问我,怎么能够把那么多军备的名称、性能和数据倒背如流。我觉得这主要是兴趣的问题。喜欢一样东西,理解时欣喜若狂,那种快感无可比拟,金钱、美人、好吃的,都比不上,自然就记住了。我一直说,《军情观察室》的成功是凤凰的成功,我是给老板"擦鞋"的。想法是他的,发创意奖给我的时候,我说这个应该发给你自己。

我马鼎盛迷上军事,不像小说那样有什么离奇情节。1957年小学三年级起到1968年,我的整个青少年时期是在北京度过的。那时没有一个男孩子不拿解放军当偶像,没有一个人不想当兵。当时每个月零花钱才一两块,但一定要订阅《航空知识》。我在凤凰的正式称呼是"评论员"。每周有不同的工作,但花在《军情观察室》的时间不到其中一半。就像历史是个包罗万象的学科,评论的内容不可能总是军事,但都是互通的,没有对大形势的理解,光谈军事就比较苍白。香港有些人不理解我大学读文科为什么也懂数学、几何。我颇有几分得意地说,我不可能是外行,比如在解读军费问题上常常要用到。还有搜集军事数据和资料,能如数家珍,因为我把它真当成了家,军事好比家人、家事那么重要,公私分不清了。

《军情观察室》开始的定位是个小众节目,就是给那些男孩子,顶多是中青年男人看的。第一年节目收视率在凤凰四五十个节目中一直排前十,有时冲到前三,要知道当年凤凰卫视前两名一直是引进台湾的综艺节目。第二年则一直在前三,一度排到第一。要知道,凤凰还有那么多帅哥美女,还有引进的韩剧。这是为什么?我自己都没想通。副总裁刘爽说我的节目像打直拳"啪啪啪",每次开口虽然只给两分钟说话机会,但我有能力三秒钟就把关键字表达出来,十秒内亮出观点。中文台执行台长刘春打电话问我的经验,我说,那收视率都是假的,别相信。后来,刘春写了一次节目点评,现摘录如下:有关军情,马鼎盛谦虚地说,收视率都是假的。其实收视率不假,老马的谦虚是假的。

我把经验归结为:

(1)强烈的新闻意识。永远从本周重大新闻出发,以军事的目光解读新闻,因此,在任何重大的政治新闻与军事动态下,我们都能看到退役上校王西年、预备役上尉董嘉耀和我合谋的无事生非、杀气腾腾的分析。

(2)强烈的本土关怀。军情关注点永远是围绕华人、围绕中国的利益,从亲近性传播原则出发,军情的题材牵动中国人的目光,台海、中日、中美

2017年老马采访辽宁舰副舰长陆强强,得知中国舰载机夜间起降在攻关阶段

是它的核心题材,那些与中国人八竿子打不着的军情,就进不了"军情观察室"。

(3)强烈的宣传意识。军情的宣传片在王酉年的亲自关怀下,做得最好,悬念十足,气焰嚣张,仿佛天要塌下来,让人不得不看,王董等人好事好斗的风格一览无余。

(4)大信息量与快节奏。军情每期网罗很多信息,又有海内外多方视点,即使是专题部分,也辅之以快节奏的音乐,制造出紧张氛围,其信息与节奏符合军事节目收视心理。

(5)真正的军事"show"。军情在某种意义上,更是一场秀,是我与小董貌离神合的精彩表演,它让真正的军事信息与像煞有介事的武装秀之间达到了一个有趣的平衡。要知道,真实的战争是灾难,虚拟的战争是游戏,也是娱乐。所以,军情告诉我们,电视需要恰到好处地秀。

(6)强烈的互动意识。军情自然有一帮铁血粉丝,个个好斗,个个跃跃欲试,"军情"的互动环节十分充分,形成了最核心的收视骨干,下一步,军情可通过网络多设立一些俱乐部。

（7）适当的"擦边球"。细看军情，经常有一些"擦边球"，可能是金门之战，也可能是中印之战，但恰到好处的包装与纯军情目光的解读，使它规避了政治风险，却增加了收视卖点。

我对自己的描述是：大灰狼望着断崖上的小山羊，饥火中烧，嫉恨地说："嘲笑我的不是你，而是断崖！"凤凰卫视就是我的"悬崖百丈冰"。对老山羊来说，不用看收视率，只看观众的负面反应；批评越尖锐，说明观众素质高，我们闻过则喜，日有寸进。骂声高响入云，说明一边骂还忍不住一路看，收视率低不了。老同事王菁瑛、陈保聪半真半假地说董嘉耀、导演冯浩祥和我是《军情观察室》"断背山"。说实在的，玩军情观察比吃喝玩乐过瘾得多。

我印象深刻的一次失误在武器装备的型号。中国导弹驱逐舰167访港，一堆记者问："168怎么样？"我按惯性思维回答："应该是同一类型。"结果不是。我检讨说："这次错在两方面：确实不是同一类型；不知道就不该说。"这给我很大教训，所以现在遇到不懂的，我会直接说："抱歉，不知道。"

我第一年与无任何军事常识的美女主持王菁瑛搭档，后者说她扮演的就是一般观众角色。我把现在的常任拍档董嘉耀称为"指导员"。我跟王菁瑛搭档是好事，都能让她感兴趣我就成功了。要让一般观众懂，就要用他们的方式说话，女孩子爱漂亮，就跟她说武器装备造得跟飞鹰、鲨鱼一样就是顺眼，要是像胡萝卜插两把刀肯定就不好，这也是一种挑战。而给董嘉耀起外号"指导员"，不是玩笑，是指在政治上把关。这方面在大学时代已经是党员的他少年老成有把握。

我追求的是尽量把严肃问题讲得轻松。我喜欢引经据典，引用数字，因为数字最没争议。我常说，真理往往很简单，不要被专业人士搞糊涂。比如讨论国共的空战制空权问题，时间、地点都摆在那里，1958年国共一系列空战，仗是在福建、浙江以及沿海上空打的，制空权一定在国民党这边，不然就要到台北上空打了。

当然，我也常常挨骂，写电邮、信件来抨击、痛骂我的，天天都有。粤语有句话"袋钱入你袋"，就是把钱往你口袋里塞。这些我都收下，绝对不是门面话，闻过则喜是我知天命以后的体会。

香港，一个讲股评、讲"马经"、讲炒楼兴致勃勃的地方，人们奇怪我居然能迷上军事评论而且在这方面搞出了名堂；我可不想观众知道我的父母原来就是粤剧大师马师曾和红线女就大吃一惊。

广州有报纸形容我写书作文，精练到没有一个多余的字，看上去就像一个穿着高质地西服的绅士，素面朝天，没有任何修饰的痕迹。也形容我的演讲妙语如珠，大珠小珠落玉盘，可惜没有美人识。2006年3月20日，我到广州中山图书馆开了一场"中国军力世界第几"的演讲。遗憾的是，来到现场的几乎都是男士。我一再想把提问机会让给女士，但也只有一个女孩勇敢地站起来。事后我说，我在香港的大学里办讲座，到场的女生几乎占到一半，难道香港的年轻女孩比广州的好战？

作为政协委员关注南海主权

2008年,广东省政协特聘我为香港委员,开始在新的平台参政议政。同时在《南风窗》杂志撰文:"我是军事评论员,我厌恶战争。"我从1991年的海湾战争开始较深入地研究战争问题,1992年开始在香港报纸上发表大量军事类文章。2003年3月,伊拉克战争爆发,凤凰卫视开办《军情观察室》,做了22天,反响不错;2003年10月,我正式加盟凤凰卫视,《军情观察室》也成为常备节目,几年来收视率全台第一。2007年初,我的一篇300多字的博客文章获得了18万的点击率,当时在台里非常轰动,后来我其他文章又创造了160万的点击率(2013年一篇评论金正恩的千字博文点击率达600多万)。这些说明军事节目和文章的观众、读者面非常广泛。关心军事问题背后的社会心理有居安思危的原因,显然国民对军事和战略是确有需求,而且需要有多元化的表达方式,有不同的声音和解读。

内地一些电视台也陆续开设了一些军事类节目,目前大体可以分为讲武器装备的和讲战略战术的(到2014年各地电视台纷纷开设军事节目,凤凰卫视许多节目也选择军事话题)。我的节目偏重战略战术,我学历史出身,从战争史角度出发比较有把握。另外,内地大部分节目以正面报道为主,我则偏重对负面教训的总结,因为对一支军队的长远发展而言,失败的教训比成功的经验更为宝贵。

我做军事节目坚持的原则是,坚持民间立场,说真话。我不代表任何人或团体的价值观和利益,我只说自己的看法,禁忌少很多,这是香港"一国两制"的优势。

以下是《南方日报》2008年1月16日对我的独家专访:军事评论员讲和平为上。

我在广州讲座及政协会议关注南海主权，母亲（观众前排白发老人）出席支持

香港凤凰卫视著名军事评论员马鼎盛第一次作为广东省政协委员踏入大会会场。这位荧屏的名嘴，怎么会在广东参政议政呢？其实他与广东有着千丝万缕的联系：曾经在东莞下乡，曾经在韶关做工，曾经在广州中山大学学习，又曾经在广东省社会科学院历史研究所工作。会前，我们听他谈个人经历，谈战争与和平，谈当政协委员的体会。

南方日报：你在凤凰卫视主持的《军情观察室》有很多人追看。在香港这么一个商业中心，却生长出这么优质的军事专题节目，这是一个比较独特的生态。一共播了多少集？还有那么多内容一直做吗？

马鼎盛：在2003年伊拉克战争时期，这个节目开始以特备节目出现，到2004年开始做成固定栏目了。节目新闻性是很强的，当天录制当天播放，迄今播出200多集了。我力求把军事新闻做得深，有历史感，争取越做越有。这令我非常满足。

南方日报：节目的资料很丰富，从哪里找资料？要不要去刺探军事机密?

马鼎盛：不。数据都是从公开的资源上获得的，不需要探秘。但与众不同的是，我利用历史研究的特长进行分析，从事实到分析两点一线，拉出对未来的预测。所以BBC等机构也十分重视我的意见。我的特长不是独家探秘，而是独家分析。

南方日报：你的军事博客点击率在凤凰名人的博客中名列第一。为什么在这和平时期，人们会那么关注军事？

马鼎盛：战争与和平是相辅相成的。我研究军事，不是说喜欢战争，就像医生研究疾病不是以传播疾病为目的一样。我们讲军事讲战争，而实际上是讲和平。从军事评论员的身份讲，"上品"是讲和平，这也是人们喜欢我的原因。"不战而屈人之兵"才是至高道理。

南方日报：这些在中国的传统军事谋略里都存在，但历史上真正实现这些说法的却不多。

马鼎盛：历史使人睿智。我大学是学历史本科，对军事历史尤其有兴趣。通过历史我们可以感受到，战争是人类历史上最大的误区和悲剧。我不能同意"战争是人类历史前进的火车头"这样的观点，古今中外很多军事评论家关于战争的预测都是错误的。人类社会历史约六千年，而战争史贯穿其间，这样给人的误区是：有人类就是有战争，甚至人类社会是靠战争推动的。其实，战争不是好东西。人类历史越发展越发达，就会越摒弃战争，彻底走向和平。我对21世纪怀有最光明的想法，就是埋葬战争。

南方日报：你做出这样判断的依据是什么呢？

马鼎盛：我预测，在不很遥远的将来，战争会走进历史。这不是讲人类大同，一样存在矛盾和纷争，而只是人类已经聪明到不需要用杀戮就可以解决国与国之间、政党与政党之间、宗教与宗教之间以及不同利益集团之间的矛盾。我有两个依据：首先是欧盟的成立令人惊喜。历史上，欧洲一直是分割成国家最多的地方，直到今天还有像安道尔之类的小国，它们仍然存在就证明人民很独立。但那么多独立的欧洲国家，今天居然可以在欧盟的旗帜下一体化，从经济、边境到货币统一，甚至东欧集团国家也迅速融入了欧洲统一体。但是矛盾也存在，比如法国和英国的思想意识都截然不同，这并不妨碍英法两国通过海底隧道连接，以此加强来往。在20年前，恐怕没人能想到欧洲会形成统一体。这证明和平发展、互相包容不是口号，而是大趋势，是现实。

南方日报：可当前全世界仍然在发生着不少战争。

马鼎盛：这恰恰是我乐观的第二个理由，一种新的作战方式正在逐渐形成，不以杀人多少为胜负标准。不但讲求己方零伤亡，就是敌军、敌国也争取零伤亡。

南方日报：也许很多人不信服这一点。

马鼎盛：从历史上看，过去打仗就是讲杀人，讲得文明一点儿就是"以消灭敌人有生力量为目标"，杀敌六千、自己死三千，就说明赢了。从历代到近代的战争都是以砍多少个敌人脑袋来论军功，作为官兵晋爵封官和赏赐的依据。而人类如今进入新的历史，已经有了完全不同的智慧，军事观、战略观以不需要杀人为特点。我们拿数字来比较一下，美军在伊拉克战争中，几年才死几千人，伊拉克死亡十几万人。而两伊战争8年死亡多达150万人。

南方日报：这样进行历史比较的确很不一样，值得我们反思。

马鼎盛：看历史，再看现实，我对未来有一个清醒的预测和憧憬。其实，唐朝杜甫写的诗"苟能制侵陵，岂在多杀伤"讲的也是这个道理，他开始讲的"挽弓当挽强"之类的是军事、战术思想，而最后这两句的意思更加关键，却被人们所忽视。它为一千多年后的战争发展指明了方向。

南方日报：这是你学历史的活学活用。

马鼎盛：对，要体察历史也要理解现实。过去帝国主义对华侵略，除了俄、日想吞并中国领土外，其余的主要还是想和你做不平等的买卖，逼迫清政府开放通商口岸。现在形势变了，中外这方面关系的内涵也变了。中国各地政府都想方设法引进外资投资建厂，中国加入WTO，来促进外经贸合作。现在的贸易是在共同发展的大前提下，与过去的侵略完全不同。

南方日报：凤凰卫视已经有你和吴小莉两位广东省政协委员，你有没有什么建议要提？

马鼎盛：想提一个关于新闻语言必须科学化的建议。传媒用语一定要准确，一定要科学，一定要合法，一定要以民为本。比如传媒对中日之争的钓鱼岛，经常会冠之以所谓——"有争议地区"。这是不对的。钓鱼岛从来都是中国的，怎么成了"有争议地区"呢？应该是日本才会这么说。我们要这么说，就是取其中而得其下了。第二个是名词的称呼问题：比如对于恐怖分子和武装人员。什么是武装人员？拿枪的就是武装分子，是一个没有感情色彩的中性词。当身份还未明了时，可以称为武装人员。而当所谓的武装人员开枪打死某国政要，最客气的称呼是"杀手"，再严重一点儿就是"凶手"或者"恐怖分子"。上次巴基斯坦绑架中国工程师事件，我在凤凰台第一次评论，就直称为"恐怖分子"。传媒是有立场的，我们传媒的背后是人，首先应该是良民、守法的人民。

从2009年起，我在广东省政协的提案和争取大会发言都聚焦南海问题。2009年1月底2月初，菲律宾参众两院分别通过将中国南沙群岛部分岛礁

参观美军航母

和黄岩岛划入菲属岛屿或领海基线法案，即所谓按照《联合国海洋法公约》规定，如列入领海基线范围内，即拥有二百海里专属经济区。中国外交部当即表示中国对南沙群岛、黄岩岛及其附近海域拥有无可争辩的主权。指责菲律宾不应采取行动使争议复杂化、扩大化，破坏和平稳定。联合国要求各国当年5月提交领海基线声明。后来我注意到越南向联合国提交领海基线声明的附件资料比较具体，西方认为中国提交领海基线声明缺乏论据。其后我在时事评论及公开讲座都呼吁有关当局要认真补课，在南海问题上打好宣传战、心理战和法律战。

在广东省政协2010会议上，《南方都市报》报道广东省政协委员、著名军事评论员马鼎盛当年的提案是《粤港澳台琼，应联手收回南海诸岛》。我在大会发言呼吁：

建议政协委员在东沙岛上落户，就是挂个地址。我建议由政府主导，欢迎国民到南沙群岛搞结婚旅游，必须让中国人增加在南海诸岛上的活动。

我担心广大军民对"小小的越南"不屑一顾，网上还流传解放军的歼-8Ⅱ战机大败越南的苏-27的"战绩"。"战略上藐视敌人"不等于盲目乐观、胡乱吹牛。有媒体称：越南控制了南沙群岛的鸿庥岛、南子岛、敦谦沙洲、毕生礁、景宏岛、中礁、南威岛、安波沙洲、染青沙洲、柏礁、北礁、西礁、日积礁等28个岛礁。在南沙已经打造成东西宽400公里、南北长500公里纵深的海上据点群，驻扎重兵及重武器。虽然不够同中国打全面正规战争，但是依靠地利骚扰南沙还是够用的。

2011年我在广东省政协会议大会上发言关于南海主权时，一开场，我便引用革命先烈方志敏的文章《我的中国》，开始了关于南中国海危机的"现场直播"。在场委员们数次鼓掌，"直播"也几度中断。"今天的南中国海在流血。"我说，"这个血就是石油、天然气，每年数以百亿美元，被周边小国家盗采。我们怎么办？我们广东要为今天的南海立新功！"自古以来，南中国海的海洋国土就在中国的管辖之下，抗日战争胜利以后，广东方面协助中国海军收复了南中国海,"这是我们广东的光荣!"南中国海已经危急到什么程度啦?不仅每年损失石油和天然气,而且国防上饱受困扰,中国要持续发展,必须冲向大洋,由一个大陆国家变为一个海洋国家。我到湛江讲课时听到当地20万渔民失去历代在南海的渔场,"现在被邻近国家炮艇驱赶,有渔民被抓一个人罚5万美元,一条船罚20万美元。""多么希望他们在解放军保护下免除罚款……"话未说完,现场立即响起热烈的掌声。此时会议现场主席台两侧屏幕上出现了在场解放军委员的画面。"解放军也很难,外交无小事。"我自言自语道,现场又是一阵爆笑。"我还非常希望某年某月某日,广东的渔民在曾母暗沙打鱼了;某年某月某日,香港的电视台在赤瓜礁拍摄;某年某月某日,港澳同胞举行海葬,可以到黄岩岛撒下骨灰。如果有这样的服务,我第一个报名,我不是撒骨灰,是整个扔下去。"话音一落,现场响起了雷鸣般的掌声和笑声。"大家吃鱼吃得多了,也让鱼吃我们一回,这是最环保的了。南海危机关我们大家的事,我们做一点点事,也是真正爱国的表现。"掌声再次响起……"谢谢马鼎盛先生,我们又免费听了一次你的节目。"广东省政协副主席温思美打趣地为这次演讲做了总结。

2012年,我在广东省政协大会上发言仍然关心中国海权问题,回顾2011年12月12日,韩国以杀害海警的罪名逮捕中国渔船长并判重刑。但是据韩国《朝鲜日报》报道,据推测,导致韩国海警伤重身亡的玻璃碎片是韩国海警闯上中国渔船投掷的爆音弹造成。关键是事发海域并非韩国有权执法的中国东海经济专属区。越南外交部发言人2011年2月17日指中国海军在西沙群岛防御演习,是"违反了南海行为宣言",并污蔑"侵犯了越南主权"。其后美军太平洋司令乌伊拉德对亚洲协会表示,为应对中国军力的增长,五角大楼正在制订亚太地区新作战计划,增强海空军事部署,越南因此受到鼓舞。中国外交部发言人重申对西沙群岛及附近海域拥有无可争辩的主权。

2013年,我给广东省政协的提案及大会上发言题目是"中国不能把国运赌在钓鱼岛上"。各媒体回忆我在历届政协中带来的提案,大多是与南海问题有关。我告诉记者:"每年我都是主要讲我们的南海诸岛问题。有关部门已经有所反应。2012年底成立了三沙市,设置了军分区这一级的海空军部队。而且演习训练都比较频繁。"

2014年1月14日，中新社以"粤明星政协委员：周星驰'来学习'马鼎盛最敬业"为题目报道称我在发言中依然老生常谈南海主权问题，认为目前三沙市地图上的标示出现缺陷，期望引起各界重视南海主权。

广州《新快报》则报道了我提案的一部分："三沙市成立后出版地图，美中不足是被越南、菲律宾等国家侵占的岛礁，下面没有标上（越南占、菲律宾占）的符号。1997年以前，香港下面的岛礁是括弧儿'英占'，澳门下面是'葡占'，这就提醒我们还有一个责任。但现在这个三沙市地图，没有标注。更离谱的是把西沙群岛、南沙群岛、东沙群岛和黄岩岛下面标上'中国'字样。这种图例设置很容易被越南、菲律宾等侵占中国南海岛礁的国家在法律战、宣传战方面利用。我特地买了200份三沙市地图，带来送给各位代表和领导，希望广东出版的时候，一定要正确标上图例。"

我在政协分组会议上对招玉芳副省长当面提案，并送上三沙市地图。不久，出版中华人民共和国海南省三沙市地图的星球地图出版社授权国家部门负责人给我传来信息，承认有不足之处，正在收集国际地图有关标准图例，将在今后的工作加以改进。

在2015年的广东省政协大会上，我还是抓住南海问题不放，清人郑燮的诗《竹石》云："咬定青山不放松，立根原在破岩中；千磨万击还坚劲，任尔东西南北风。"我评论军事、战争、国际战略，报道新闻，以事实做依据，以中华民族核心利益为依归。

母子谈朝鲜、韩国观感及与军事学者交流

我和母亲谈起2013年韩国国防研究院请我到首尔去做学术交流。她回忆起1959年朝鲜首相金日成到访中国，周恩来总理陪同他观看粤剧《关汉卿》。熟悉中文的金日成特别喜欢这部戏，邀请马师曾红线女率领粤剧团到朝鲜演出。当时朝鲜与美帝关系极端敌对，带进朝鲜的所有物品不得有任何英文。母亲随身的香港饼干罐上面的英文字母也要清除干净。作为五年级的小学生的我负责完成这个政治任务。母亲说，当年朝鲜还没有从残酷的战争中恢复，人民生活相当艰苦。但是朝鲜朋友的接待非常热情，我们谢幕时全场起立，掌声雷动，经久不息。他们把自己舍不得吃的猪肉省出来招待我们。中朝人民真是鲜血凝成的友谊。

我的访韩日程：8月13日—19日，访问国防研究院及采访韩国研究人员，参观仁川纪念馆、大韩民国历史博物馆、汉江军事禁区（"三八线"非军事区布满铁丝网和岗亭，主要景点有穿过"三八线"地下隧道等），参观坡州朝鲜军及中国军坟场、国立中央图书馆，访问独岛研究所及采访负责人。

经过我的特别要求，16日由韩军方副发言人陪同到坡州朝中军墓地，韩军方代表主动向中国军人墓致祭、参拜。我看到坡州朝中军墓地的几十个大理石墓碑上，用中韩双语标注，墓碑上只标明有"中国军""无名人"和发现时间、发现地点及墓碑编号。有的墓穴是多人合葬。我看到最多是45人的骸骨合葬，即在此致敬、献花。在抗美援朝第三次战役中，志愿军突破"三八线"，占领汉城（2005年改名为首尔）。此后，在"三八线"以南还进行过第四、第五次战役等多次激烈拉锯作战，双方参战兵力超过一百万。撤退时志愿军有相当一部分牺牲在韩国境内没有运回，遗骸匆匆就地掩埋，

祭奠志愿军在韩国的无名墓

可见战场环境恶劣。1953年7月中下旬,朝鲜战争停战前夕,志愿军发动金城战役期间,在突破敌防线并向纵深推进20多公里过程中牺牲的官兵,在后撤时就地掩埋。1954年9月,双方在一次军事人员遗体交接中,"联合国军"方面送还的志愿军遗体总数约1万具,其后几十年韩国陆陆续续发现志愿军遗骸,近年陆续送还中方。上述历史在改革开放后有所透露。

韩国方面的一些专家学者和我一个人交谈了几个小时。谈今天东北亚的形势,包括周边的国家,韩国、朝鲜、中国、日本、俄罗斯还有美国。这些国家对未来战争的各种预测,大概是会打成一场什么战争,会由谁去发动?哪些国家联盟和哪几个国家对抗,可能打成什么规模的战争,会不会爆发核战争等等。双方都举了一些例子。当然从各个角度出发,交换不同的意见,这是在学术交流。另一方面我们做历史上的回顾。朝鲜战争到底是怎么发生的?各国对战争的目的是什么?大家有不同的看法。但是大家一致的看法是要避免战争。

红线女说:连美国将军都承认朝鲜战争是一场错误的战争。我解释这句名言的背景:志愿军第三次战役占领韩国首都汉城,并继续向南追击100多公里。1951年初,"联合国军"被迫撤退到北纬37°线。麦克阿瑟鼓吹"把战争扩大到中国本土",妄图用几十枚原子弹摧毁中国东北的重工业城市和军事基地。4月6日,美国总统杜鲁门同意向冲绳基地部署B-29核弹轰炸机。5月15日,美国参联会主席布莱德利五星上将在出席国会听证会时,反对将战争延伸到中国。他指出如果将朝鲜战争扩大化，那将是"我们在错误的地点、错误的时间和错误的敌人打了一场错误的战争"。他强调美国的主要敌人是苏联而不是中国。朝鲜战争各国都损失惨重，最终都没有胜利者。

韩国方面有翻译陪同我参观了"三八线"停战区。主要是看一条秘密隧道。它通过了"三八线"的停火区，有几公里长。我们坐上地下"过山车"，进入的隧道非常狭窄，直径不到两米。简陋的隧道车直到"三八线"的地底下几十米深处。当天地表的气温约20摄氏度，阳光普照。结果进入隧道底就是冰点以下，眼镜片结霜了。大家在朝鲜边界处留影后，原路返回。

我每到一处，都要看这个国家的图书馆，它能反映出各国文化本质。首尔的国立图书馆很大，很现代化，很符合民意。韩国民众，特别是年轻人可以很自由地享受图书馆的设施和藏书。上百万套图书的馆藏当然是韩文为主，还有大量的日文书籍和英文书籍。我转了几层楼之后。还没有发现一本中文书，于是请教图书馆员。他们把我带到一个小角落，只见一个只有5层的小书架上，有3排中文书，大概不到100本。

仁川战争博物馆给我的印象非常深刻。它不但展出飞机大炮等实物，还有图片及影像。最震撼的是一个几十平方米的立体地形图，显示仁川登陆战几百平方公里的地域、海洋和天空，密布着美军舰队、飞机群和坦克大炮纵队，给人重现一场现代化立体登陆战的场景。1950年9月仁川登陆战，美军分割包围击溃了朝鲜军在南方的几万主力，迅速扭转了朝鲜战争局面。金日成及残兵撤到中国和苏联边境。斯大林看到朝鲜战争已经打败，叫金日成去中国东北建立流亡政府。该登陆战役显示海空军优势是半岛战争（及夺岛作战）的决定因素。我对母亲说，毛主席讲过解决台湾问题必须有制空权，她也知道。

韩国方面为我安排首尔广场六星级酒店和头等机票，都是我的第一次破格享受，母亲则认为我的经济条件负担得起，平时也应该挣得来，花得出去。既然进入小康就该改变克勤克俭的意识。母亲的爱心我完全理解，但不敢太破费，只能遵命一半，即平日城市交通以打的士为主，节省时间和精力。车费等于每年坐一次商务飞机。

母亲认为中朝传统友谊是鲜血凝成，两国友好条约还没有废除，马鼎盛为何批评朝鲜过甚？我解释：国际条约写在纸上，是否执行才是关键。朝鲜不顾中国反对悍然发展核武器，宣称会使用核武器自卫，一旦爆发核战争，周边国家不能幸免。中国反对朝鲜威胁东北亚和平的核捆绑政策，中国同全体联合国安理会成员国一起通过了1718号决议，谴责并严厉制裁朝鲜。至今两国贸易额持续下降接近冰点。反观中国同韩国的贸易额不断走高，超过朝鲜百倍，高达中俄贸易的几倍！所以说外交辞令是软的，真金白银才过硬。

母亲质疑我对朝鲜报道及点评太偏颇，朝鲜被各强国打压多年，其核武器仍然持续发展，政权巩固，你怎么解释？我说马克思评价一个国家的优劣，最基本看它的劳动生产率高低。1972年朝鲜和韩国的国民经济基本持平，此后韩国经济起飞，今天GDP达到14 490亿美元，人均2.87万美元，比俄罗斯高1.2万美元，比朝鲜高十几倍。日本最怕朝鲜和韩国统一，强大的高丽民族不会忘记日本侵占他们50年的惨痛历史；俄罗斯也不希望同强悍的韩国有陆地边界；中国更不能容忍美韩联合演习打到鸭绿江边；美国则担心失去朝鲜威胁的韩国将请驻韩美军回老家。

早在朝鲜战争爆发时，马师曾红线女为支持抗美援朝，保家卫国，带头上广州义演并捐款给志愿军买飞机。因此被港英当局政治部传讯警告，当局还指挥香港八和会馆粤剧老倌们围攻马师曾红线女。父母亲仍坚持爱国立场，不畏被孤立。

纪念马师曾百十年

粤剧大师马师曾生于1900年,在他百年冥寿之际。母亲邀请我参加广州市纪念活动并在研讨会发言,后成文《爱国爱民文艺人——马师曾百年祭》发表在《中国戏剧》2000年06期,现摘要如下:

马派不容易学,所以"艺"字的纪念要排在后面,马师曾一生编剧数百种,不少作为戏宝保存下来,使梨园子弟感受到传统的文化气息。马师曾热爱人民,热爱祖国,在抗日和抗英斗争中表现出顽强不屈的民族气节,所以本文题目包含几个内容,爱国、爱民、文、艺人,排名绝对分先后。

1931年九一八事变后,马师曾积极投入抗日救国热潮,他带领"太平剧团"义演、献金,渐成为经常性活动,后来这一活动被定为剧团的制度,且每位成员收入的一部分都作为捐献给抗日军事所用。马师曾当年已经是三四十岁的中年人,拖家带口,并非一时半会儿的冲动,也不止一年半载的热情。更可贵的是,他多年在香港定居,身在"殖民地"而常怀赤子之心,虽然一再受日本总领事馆恐吓和港英当局警告,但他十年坚持为抗日战争义演和献金,直至日寇侵占香港。

修复父墓

1950年7月下旬，解放军驻广东省的第13兵团（原第15兵团）司令部奉中央军委命令，急调往东北作为边防军，准备应对朝鲜战争。在第13兵团司令部出发的前夜，广东省市领导叶剑英等在中共华南分局礼堂举办团以上干部欢送会并会餐。饭后，叶剑英"参座"特地请兵团司令员邓华等观看红线女马师曾主演的粤剧。后人皆知马、红为志愿军义演捐献飞机的壮举，但是当时谁也没有想到，这次表演是战前以马师曾红线女的粤剧作为"东征破阵乐"。

我在2010年广州中山纪念堂举办的"纪念粤剧艺术大师马师曾110周年"演出晚会上献唱父亲的《步月抒怀》，充其量就卡拉OK水平，竟获得满场掌声。当然是粤剧大众对马师曾的感情深厚，所以我当场先申明，学唱父亲的名曲我是荒腔走板，但是学习他的爱国忧民思想则不敢落后于人。

我在香港20余年的媒体工作，大半游走于电视台、电台之间，算是"娱乐圈"范围，同父亲的演艺生涯类比勉强沾点边儿。十几年前在香港电台做《夜来风》闲谈节目主持人，同一位美女嘉宾谈笑风生，已经带有表演成分。后来在凤凰卫视做《风范大国民》《往事如烟》和《开卷8分钟》等节目，夹叙夹议也运用了说书人的表现形式，折扇耍得绘声绘色。在亚洲电视台开《读知天下》的个人节目，因为编、导、演集于一身，又能在电视荧屏尽情发挥嗜书如命的读书人本色，渐渐对父亲在舞台上敬业乐业的演出有所感应。父亲"学而优"的自况，其实是警诫自己身在"娱乐圈"不要忘记读书人的根本。随着步入盛年，我对父亲的认识，开始有了由表及里的领会。

父亲的名剧《搜书院》里有两句台词："文有文职权，武有武官佐""谢某虽不才（掌教）也是朝廷器脉，书院虽小有助于举士开科"。父亲"好读书，读好书"的遗志，我念兹在兹，努力让新一代承传下去。文化遗产、国家的软实力必须得到足够的重视。

古人有云：艰难困苦，玉汝于成。父亲一生吃尽百般艰辛。在青年时期，他被卖到新加坡当奴工，下矿井当苦力。20世纪30年代初，他到美国做文化游历，被奸商诈骗，长时间羁留，被迫筹巨款赎身。1941年日本鬼子轰炸香港，强迫他为日寇歌舞升平。父亲毅然毁家纾难，忍痛放弃苦心经营十年、事业有大成的香港舞台阵地，冒着生命危险，带头回归祖国抗战大后方。中华民族到了最危险的时候，也是父亲在广西贫病交加、吐血绝粒之时。1950年朝鲜战争爆发，父亲带头回广州为中国志愿军义演筹款。因此被香港港英当局传讯，父亲理直气壮回应"我是个中国人"。一些同行趁机落井下石，在八和会馆围攻抵制父亲。正如名剧《关汉卿》的名句"我是蒸不烂、煮不熟、捶不扁、炒不爆、响当当一粒铜豌豆"，父亲连洋鬼子都不怕，还会在乎粉饰太平的个别同行吗？

父亲在香港演出前后近20年，当年那一代名演员买几处房产稀松平常，按照父亲的经济条件，买一栋大厦、买一条街的房产也不是新闻。但是他坚持家无恒产原则。抗日战争时期，父亲积极编、导、演宣扬民族气节的剧目。该花钱时一掷万金，带头长期为抗日捐款。他的爱国情怀对下一代言传身教，使我从小对历史对战争兴趣浓厚。

我在大学时期第一篇历史学术论文《略论中日黄海大战胜负问题》，使我参加了在辽宁召开的第一届"中日关系史国际学术研讨会"，我是唯一的学生会员。在广东省社会科学院工作时发表《香港战役十八天》。回香港定居后曾参加"纪念抗日受难同胞联合会"，作为代表向日本驻香港总领事馆递交抗议书，并发表演说。我反复对媒体同行解释：反日游行绝不是"请愿"，而是代表中华民族向日寇示威！敌我关系，汉贼不两立，怎么能和日本驻香港总领事馆的官员握手？！

三国时刘备临终说："人年五十，不称夭寿。朕六十有余，死复何恨。"先父马师曾得寿64岁，以他关汉卿般的脾性，怕是熬不过"文革"十年内乱，亲朋好友都说他1964年病逝可谓不幸中的大幸。他在最后一次上中央人民广播电台向台湾、香港、澳门同胞和海外侨胞拜年时已经是喉癌晚期，实在唱不成声。我在北京的录音室亲眼看着父亲以"题四句"诗文的方式履行全国政协委员的职责。他忍着化疗的剧痛，一字一句向全球听众和观众谢幕，父亲以"莘莘学子，学序其志"与天下读书人共勉，我终生听教。

贺红线女八十六大寿

红线女艺术中心落成于1998年底，母亲一直在红线女艺术中心上班到安息前一天。在我因公采访她时，母亲亲自做导游为我展示位于广州珠江新城的红线女艺术中心，是广州市政府为表彰红线女对中华优秀文化艺术的卓越贡献而投资兴建的。落成典礼有省市领导、全国文艺界的名家及各界嘉宾数百人出席，并参加广州市主办的红线女从艺六十周年庆贺活动，粤剧迷和红线女戏迷皆大欢喜。

红线女的艺术代表当代粤剧旦角艺术的最高成就，她为了粤剧事业的兴旺发达奉献一生，是广大文艺工作者尤其是中青年一代学习的典范。红线女

2011年母亲拍摄《余乐生平》，汪洋（后排中）到贺

艺术中心的成立，将通过对红线女六十多年艺术实践和艺术成就的整理和总结，把这笔极其珍贵的艺术财富一代一代传下去。红线女艺术中心不仅是红线女一人的成就标志，更是粤剧事业后继有人振兴繁荣的新标志。

　　由建筑大师莫伯治设计的红线女艺术中心面积3000平方米，建筑面积5000多平方米，是展示、展演、收藏红线女艺术成就，开展国内外艺术交流、学术探讨和培训粤剧人才的专门场所，是广州文化建设独具一格的景点。红线女艺术中心记录着红线女的艺术道路与业绩。大堂迎面镌刻着毛泽东雄浑苍劲的手迹"活着，再活着，更活着，变成了劳动人民的红线女"，大堂里还摆放着六尊两米高雕塑的红线女艺术形象——王昭君、李香君、翠莲、朱帘秀、刘琴、沈洁，雕塑质材为上佳汉白玉、青铜，做工精致、栩栩如生。大堂左侧和二楼大厅布有"红线女艺术之路"图片展，几百幅珍贵的图片展示了红线女多姿多彩的艺术人生和她在戏剧、电影等领域所取得的辉煌业绩。观众还可以看到她与毛泽东、周恩来、江泽民、朱镕基、陈毅、贺龙、叶剑英等党和国家领导人会面的情景，看到她与中国文艺界名流以及马师曾、薛觉先等粤剧同行深厚的情谊。二楼展厅展示着毛泽东为红线女题写的鲁迅诗句"横眉冷对千夫指，俯首甘为孺子牛"、胡耀邦为红线女的题词"祖国的骄傲"、巴金为红线女题写的"艺术为人民放光彩"、曹禺题写的"红线女艺术中心——一代艺术丰碑"，还坐落着十尊真人大小的红线女饰演过的角色，如昭君公主、凤霞公主、三娘、刘胡兰、焦桂英、崔莺娘等，上述人物造型所着服饰全是红线女在舞台上的实物。

　　红线女艺术中心小剧场座席舒适，设备先进，是专业演出、艺术交流、举行会议等各种活动的理想场所。参观者可以在小剧场观赏内容生动、翔实的大型纪录片"红线女艺术之路"，跟随主持人黄霑深入了解了红线女的艺术人生。

　　红线女艺术中心数据库是省特级档案管理达标单位，收藏了红线女各时期的音像、图片、文字、实物等大量资料；三楼的录音室备有先进的数码录音设备，可为需要者提供专业的录音服务；还有多功能厅、会议厅、演员休息室、接待厅、艺术作品展销部等场所，为演出团体和参观者提供服务。

弘扬祖国优秀文化艺术，保存和发展"红派"艺术，为广东的精神文明建设增光添彩，是红线女艺术中心的宗旨。

2000年4月间，广东省市文化部门举办"粤剧艺术大师马师曾百年诞辰纪念演出晚会"等大型系列活动。晚会上，母亲率新老粤剧名伶重演马师曾经典剧目选场，母亲命我上台学唱先父首本曲。当天在红线女艺术中心召开"马师曾表演艺术研讨会"，与会专家学者高度评价马师曾对粤剧事业的贡献。主办单位安排我坐在母亲旁边，小子何德何能？我最多以香港电台记者身份厕身在母亲背后，即使会议安排我发言，也是以广东省社会科学院历史研究所特邀研究员的身份，从马师曾爱国爱民的角度去评述。与会专家学者和粤剧界精英怀着对一代宗师奉献粤剧事业的追思，纷纷掏出心里话，母亲作为主持人也忘记时间滔滔不绝，我在她耳边轻声提醒：让客人多说几句。艺术研讨会在热烈动情的气氛中延长了近一个小时。

2010年9月30日晚，母亲率领一众名伶，在中山纪念堂举办"纪念粤剧艺术大师马师曾110周年"演出晚会，重演马派的著名剧目，包括《搜书院》《三娘教子》《刁蛮公主戆驸马》《关汉卿》选段等等。广州媒体焦点报道：红线女献演《苦凤莺怜》之"庙遇诉情"，反串出演男角余侠魂，重唱"我姓余，我个老窦又系姓余"的著名唱段。马师曾、红线女的儿子、凤凰卫视军事评论家马鼎盛也放歌一首马腔名曲《赛龙夺锦》。压轴演出的是年逾八旬的粤剧表演艺术家红线女，她登台高歌一曲《珠江礼赞》引起全场沸腾。

在马师曾诞辰110周年新闻发布会上，红线女回忆起马师曾十分动情。"请大家不要称呼我为粤剧大师，他才是。我最欣赏他两点，一是爱国之心，二是对粤剧的坚持。"红线女说，抗战时期的马师曾受国民政府迫害无法在广州登台，却坚持回国捐资，后即被押解出境；在香港10年间，马师曾仍保持每月创作改编一部新戏，力求让粤剧常演常新，活力不断。母亲告诉年轻的记者：是谁在粤剧中率先使用方言俚语，引用西乐伴奏；是谁第一个在粤剧剧团中使用女花旦，男女合班？答案是马师曾。

红线女艺术中心9月活动安排有免费电影：马师曾经典粤剧电影《刁蛮

公主戆驸马》《关汉卿》《搜书院》等，本月每天于红线女艺术中心小剧场放映。图片展：从9月12日开始在红线女艺术中心大堂展出。研讨会：10月1日，在红线女艺术中心召开粤剧艺术大师马师曾艺术研讨会。每次开会我只见母亲打起精神，呕心沥血，希望把对粤剧艺术的爱薪火相传，洒遍人间。人人都惊奇女姐有用不完的艺术热情，只有我们做儿女的才清楚，母亲腿部肌肉萎缩得只剩一把骨头，记忆力下降和帕金森病已经相当明显。我多么

2012年母亲在香港演出，我致贺之余上台唱两句马腔

希望她能休息好，利用宝贵的时间整理自己一生的艺术精华。可是母亲坚持坐班，拖着病躯去出席林林总总的会议。"春蚕到死丝方尽，蜡炬成灰泪始干"，这两句李商隐的诗是母亲演《黛玉焚稿》的写照。就算她走下舞台，心还在台上。

2011年12月26日，《南方都市报》以《汪洋朱小丹贺红线女八十六大寿》为题报道："昨天下午，'余乐生平——红派艺术表演欣赏会'在广州红线女艺术中心举行。广东省委书记汪洋，代省长朱小丹和副省长雷于蓝等出席了欣赏会。……广州老市长黎子流等也端坐，观看以女姐艺术人生为题材的短片《余乐生平》。……演出进行至一半，红线女之子马鼎盛登台，将现场气氛推至高潮。昨日的他在台上高歌《掌声响起来》《敢问路在何方》送给母亲。马鼎盛笑言，这是他第一次在众人面前给母亲献唱。"在一派和谐氛围中，我给自己报幕后插话："这掌声当然献给为粤剧全情奉献的红线女，掌声送给大力支持粤剧的在座领导。"

在亚洲电视台讲军事

亚洲电视台是多年积弱的香港电视台。换过多少老板，邱德根、林百欣、黄保欣、陈永棋个个都是商业奇才。他们投入亿万巨资，试用不同企业管理人才，可惜人算不如天算，那收视率持续低迷，广告寥若晨星，赤字如影随形。那一天，亚洲电视台问我有没有兴趣做个读书节目。正是投其所好。在凤凰卫视做《开卷8分钟》给我无穷享受，读书已经是人生一大乐趣，虽然说老婆不借书不借；但是把读书之乐公诸同好，其乐何极！一周5次的《开卷8分钟》，我习惯一气呵成，导演部署录制各个流程，真正播出时间如果是40分钟，开厂拍摄预计两个小时是起码的。我介绍一本书及作者，加上故事背景及我的读书心得，讲8分钟意犹未尽。喝口水，喘口气，又是一集。录完5集用不了一个钟头。NG（重录）？没试过。请我去亚洲电视台做《读知天下》的节目，他们花了不少心血。特地搭一台硬布景，走出场和结尾小环节各有场景，中心大段独白是坐而论道，当然要穿插许多电影、电视、动画及图片、实物的镜头。半小时讲一部短篇小说《加尔曼》（香港译作：《卡门》）还差不多。我喜欢讲《三国演义》，就只能挑一个人物、一个故事片段来切入。早有无数人在无数节目中讲过的赤壁之战，我绝对不炒冷饭。正如我在关于军事节目中回答媒体朋友的标准答案：我没有独家消息，只有独家分析。讲《三国演义》的赤壁之战，我的个人体会是：曹操输在杀降，根本原因是他的自卑。

我大力推荐《苦难辉煌》，国防大学政委刘亚洲上将赞扬作者把毛泽东从神还原为人，是实实在在会打败仗的统帅。中共中央、解放军务实求真走出重要一步。

我在亚洲电视台做了几个月的读书节目，收视率居然比某知名歌星还高，亚洲电视台执行董事高级顾问王征约我面谈新开军事节目。在香港人眼中，"过江龙"王征这种耀眼的新星并不罕见。据说他是清末著名实业家盛宣怀堂弟的曾孙，原名盛征，后随母姓。他母亲是八路军老战士王云飞，他的继父是中顾委委员、解放军军科院副院长舒同；他20世纪80年代从华东师范大学俄语系毕业后，移居香港。1992年，在上海开发高架公路，因为南京路一块9万平方米的地皮，赚得1.7亿元人民币，成为上海房地产界的"神话"。1998年，他在北京开展地产事业更上层楼。后来，王征扩大集团版图与规模，先后成立了多家经营信息、广告等事业的公司。2005年更投资北京银行、长沙市商业银行等金融机构。王征是深圳证券交易所上市公司荣丰控股的董事长，曾任第十、第十一届全国政协委员。自2010年掌控亚洲电视台后争议不断，自称投资亚洲电视台19个亿，每个月亏损两三千万。王征与他弟弟亚洲电视台执行董事盛品儒及两位高层向我描绘了公司宏图大展的未来，现场播放一部宣传片，王征兴致勃勃地同步解说，

王征答应请北京嘉宾，像解放军军事科学院专家茅海建（前排左）、皮明勇（前排右）这样的专家，亚洲电视台请不到

凤凰卫视《军情观察室》收视率极高，亚洲电视台高价挖角

并指出哪些是他的构思。看来老板对投资亚洲电视台确实下了一番心血。将近一米九的个子，48岁正当年，一口苏白普通话，夹杂粤语、外文表达流畅，是个现代化中国特色的传媒人。年过花甲的我被问到有何想法，实实在在两句话：1.节目播出多长时间；2.给多少钱。王征说，痛快。就按《读知天下》节目的时间比例，播一个钟头，给一小时的钱。我说既然是王牌节目，就值得双倍的钱。他说收视率达到N点（亚洲电视台高水平点），就给两倍。我们就赌一把！我信心十足地说成交。不过我提醒王征，最难找的是嘉宾，懂得军事的没有几个。我出道之前，一个李老教授，早年在英国读战略的，七八十岁，早已经不问江湖事。一个李国强，编有关军事的杂志，在中国有颇深的军方关系。如今在内地发了财，又是全国政协委员，有了新家，安安乐乐，难得出山。只有一位谭志强博士，在中国台湾听过蒋纬国上将的战略课程，讲军事历史有把握，资深的记者、时事评论员，我们多年合作愉快。亚洲电视台想做好军事节目，海外嘉宾请不到，北京的应该没有问题吧？王

征的人脉不俗哇！王老板打哈哈说包在他身上，催我早日开锣。蔡导演业务熟、责任心强，我们马上合计出几大环节，一周新闻精选出头条，请两个嘉宾和我一起点评，分上下两节，各12分钟。新闻快报由我夹叙夹议，七八条各一分钟。武器装备、军品、模型每集5分钟，我同一位发烧友搞定。军事历史由我和新闻头条的一个嘉宾对话，每集6分钟。中外军事人物5分钟，由我去思考。加上各环节之间的广告，足足一个小时。

《马鼎盛讲军事》于2011年7月6日开张大吉，颇受观众好评。合同期满后，亚洲电视台通知"加码"。回广州母亲问怎么不让她看看，这项任务说难不难，说易也不容易。因为她老人家每天早睡早起，晚上等不到我的节目播出，她已经见周公去也。即使你录成碟子给她，她也不会开机子看。几乎每次见面母亲都提起亚洲电视台的《马鼎盛讲军事》，看来是有人经常同她汇报。她不厌其烦地叮嘱我，要保留自己节目的视像资料，将来要用的时候再收集就晚了，可能这是母亲的经验之谈。如今我写这本书，她的教诲历历在目。

亚洲电视台长期积弱，但是老子说得透："祸兮福之所倚，福兮祸之所伏。"亚洲电视台的收视率低无可低，我们一个别开生面的节目比较容易"出色"。毛泽东讲"一张白纸……好画最新最美的画图"，不像我在凤凰卫视已经做了8年的王牌节目，在此地是客卿身份，允许冒险。凤凰卫视的《军情观察室》开了电视台军事常备节目的先河，但不能说如雨后春笋的军事节目都是照抄。就算是天下文章一大抄，那也得看你能不能推陈出新。比如"军事历史"的环节，我们从2004年一开局就有，后来被某高层砍掉。他希望节目具有强烈的新闻性，但是节目用十分之一的时间温故知新，不仅令新闻更加充实，还可以弥补媒体"短平快"的浅薄弊病。每个节目都有个性，我的特色当然是军事历史。历史的魅力就在于发展，例如中国红军长征的历史，70多年来不知讲了多少遍，国防大学金一南教授的新书《苦难辉煌》就能振聋发聩，"四渡赤水"是毛泽东接管军事指挥权后第一仗，官方历史一贯奉为经典。该书能够务实求真，引用毛泽东自己的话，承认其中有两次是打败仗。由国防大学政委刘亚洲将军大力推荐，我看到解放军从军事历史走出第一步,当然有责任有义务大力宣传。2014年春,新华社解放军分社等官方权威媒体联合推出"军事名家的甲午殇思",有力地证实了新闻与历史密不可分。

王征当面拍板,许诺给我的酬劳,据说在亚洲电视台是天价。朋友们都知道香港媒体"拖数"(拖欠薪金或款项)的陋习,债台高筑的公司尤其恐怖。老行尊刘天赐先生笑称,他的作品面世后半年才"出粮"算是快的。更有甚者是"烂尾",最后被迫循法律途径追讨欠薪,经过庭外和解,也只能拿回半数。我为亚洲电视台打工的"危险新闻"传到母亲那里,为免她老人家担心,我开玩笑说,在《天天日报》工作我最缺钱的时候,公司拖了我5个月的粮草,不是也熬过来了?现在香港存款利率几乎是零,晚几个月出粮损失不大。其实当打工仔,劳而无获的滋味最难受。我定居香港第一天,亦师亦友的黄霑先生告诉我,金钱是公司对员工最权威的衡量标准。你挣的钱未必是你应得的劳动报酬,但是一定是你尽力争取到的数目。我也有过小小的戏剧性经历。那是一份周刊转手后开个新栏目,我每周一篇3000字共3000块,在香港回归前后算是不俗的价位。拖数是意料之中,突然中断合约也屡见不鲜;但是尾数减半就小家子气了。原来的责任编辑辞职不能是减我薪酬的理由,虽然数目不大,我还是锲而不舍,周旋了经月才全身而退。

在一些朋友被老板长期拖欠薪水,甚至血本无归的惨况下,我能够在节目播出四个月后收到支票,而且是斤两十足,说明我的服务令观众满意、ATV公司满意。两年后的今天,还有珠江三角洲的朋友提起亚洲电视台的《马鼎盛讲军事》,问我几时再作冯妇,我开玩笑说你做老板投资啦。行内人知道这不是笑话。这两年来,深圳、广州各地新开军事节目的电视台都高歌猛进,一面感叹生意难做,一面大力投资争奇斗艳,说明内地市场够大,潜力被低估。凤凰卫视新开粤语台,要我去主持粤语版的《军情观察室》,薪酬从优,虽然我以年迈为借口婉拒;但是可见21世纪虽然是"和平、发展、合作"的新世纪,没有核大战,但是地区性的战争此伏彼起。

我还是那句话:吃军事评论这口饭,我最反对战争。站在老百姓的立场,付出军费、鲜血和生命的是我们,承受战火摧残的是我们,战后重建的

亚视老马

重担还不是压在我们肩上？我们父母一辈经历战争洗劫，我们大半辈子备受冷战的惊吓，我们不要下一代再被战争谋财害命、荼毒心灵。内地有电视台请我开军事节目，拿出相当可观的"诚意"。这钱在我最急需的时候，怎么就来得这么艰难呢？如今解决了最基本的衣食住行需要，没有玩命挣钱的必要。对工作可以挑挑拣拣，开始做自己的主人。在面对公众的时候，起码可以不讲违心的话，特别是在评述中国国防建设的时候，报喜不报忧的后果是毁我长城。

红线女愧对小儿子

著名粤剧表演艺术家红线女日前获"羊城十大杰出女性",成为优秀女性典范。谈到育儿心得时,红线女介绍了与子女有趣的相处之道,并透露现任凤凰卫视《军情观察室》主持人的儿子马鼎盛的往事,他可以说相声,还可唱粤曲。

身为杰出女性,谈及教育孩子的心得时,红线女坦言,自己做得不够,"从事粤剧工作,一天都曲不离手,走也拿曲,坐也拿曲,甚至连去洗手间也曲不离手,难以照顾家庭"。红线女说:"管好自己都不错,教不到子女,对不住马鼎盛,他的成才是自学和学校的教育。"

(引自2012年3月9日《大公报》记者:袁秀贤)

当我知道母亲这一番自责,心中百感交集。俗话说得好:养儿才知父母恩。谁没有养家糊口的中年危机时期?红线女的座右铭"我的生命属艺术",为此牺牲对子女的关怀是不得已。在我负笈北京的12个年头,妈妈常到首都公干,有机会便带我见见世面。1961年在全国政协开个茶话会,我看到糖果点心两眼放光,不曾留意众人鼓掌请出一曲《洪湖水浪打浪》,原来电影《洪湖赤卫队》的主演王玉珍即席演唱。她没有化妆,而且是清唱,感觉她像是身体不舒服。母亲看我敷衍地拍手,回到宾馆批评我没有礼貌,就知道吃。我承认贪吃,1961年能见到高级点心高级糖,哪有孩子不垂涎欲滴?不过王玉珍唱得比电影里差太多。母亲当然听得出来,只好说:你唱唱看。不料正中下怀,我看了电影《洪湖赤卫队》后,痴迷若狂,抄下全部歌曲,日夜苦学。难得妈妈叫我唱,那还不尽情高歌?从韩英的回忆家史《看天下劳苦人民都解放》、韩母唱的《永远坚强没有泪》"打倒彭霸天，消灭白吉会"、卖唱的小红唱"手拿碟儿敲起来"，连彭霸天唱"石板开花无根底，穷鬼竟想上天梯"也表演得绘声绘色。妈妈又好气又好笑，说道：唱这么久不累吗？我还得意扬扬说：太痛快了，怎么会累！母亲说：我听累了。小孩子有点儿阳光就灿烂，哪里懂得母亲在批评我只顾自己开心，不管他人感受。我那荒腔走板的嗓子，难为大行家忍耐小儿子老半天。现在回想当年听王玉珍唱时没有礼貌，才领会母亲的那般耐心教导。

红线女对媒体回忆说，因为工作忙，马鼎盛九岁那年，就去北京寄宿读书，每周都去姨妈家住一晚。马鼎盛在北京读书期间，周恩来总理、邓颖超大姐都知道他在北京读书，成绩不俗。母亲从莫斯科带回一份重礼送给我，精致的木头盒子装满铁制"积木"及螺丝刀、扳手，还有大批螺丝钉和螺丝帽。一份彩色图纸说明、布满螺丝孔的彩色铁皮、长短角铁、圆盘零件等等，可以装配成多种玩具，包括房屋、尖塔、汽车、火车头、飞机、轮船；甚至冲锋枪和坦克、大炮。难道她已经算准我后来要做7个年头儿的工厂工人？

1957年7月，母亲随"中国青年艺术团"参加莫斯科第六届世界青年联欢节，以《昭君出塞》荣获古典歌曲比赛一等奖。带领艺术团的中共中央委员，共青团中央第一书记胡耀邦在红线女的纪念册上题字"祖国的骄傲"。

1989年4月15日胡耀邦逝世，终年74岁。当时我在北京出差，母亲打电话叫我代表她到胡家吊唁。王昆阿姨带我到紧靠中南海东门的会计司胡同25号，同一辆车的还有杜近芳等。胡耀邦的纪念堂设在家中原来的会客厅内。担任中共中央总书记期间，胡耀邦若不在中南海勤政殿的办公室，便在此会客厅处理公务。我在胡家吊唁册上代表红线女签名。

红线女对媒体透露，马鼎盛有个秘密，他在北京寄宿时，每周都去听相声，专门听北京最有名相声大师侯宝林讲相声，他还会讲相声。北京读书，养成了节约的好习惯，生活比家里还简单。高中毕业后，再到广州入读中山大学。"虽然马鼎盛不懂粤剧，但也会唱。今年初，有一个交流会，马鼎盛还在会上唱了一段粤曲。"红线女的言语之间，流露了喜悦之情。

1969年秋天。母亲"解放"（结束了干校监督劳动）回了广州的家，开了个家庭会议。她拿出1万块钱存折，不知道是抄家还回来的，还是补发她三年的工资？总之，妈妈说这些钱就让外婆拿住。我当时"丈二和尚摸不着头脑"，从来家庭的财政也不用跟孩子们说呀。母亲还问我们在农村插队生活情况怎么样？那我就认为没问题。因为我们插队的地方是广东东莞县，长安公社，有名的鱼米之乡。那里农副产品收入比起粮食农产品都差不多了，所以社员的收入也很可观。我的同学插队到山西、陕西，一天劳动只值一毛几分钱。珠江三角洲高太多。像我这样的小伙子又不偷懒，被评为知青最高的第四级劳动力。因为一、二、三级是本地农民壮丁的水平。我们不会使用耕牛，也不懂农作物田间管理，所以技术活儿没有我们的份儿，最多只能评四级。但是我四级劳动力一天的工分，可以值一块多钱。只要我一个月有20个劳动日，那么就是25块钱一个月呀，顶一个农场知青，用不着定时上下班，还有干部盯着你。总之能够自食其力，就不用母亲费心了。但是不久之后，母亲就给我买了一辆双杠的凤凰牌28英寸自行车，后来又是一块上海牌半钢手表。这套装备在农村的知青里已经是头等装备了呀，很可以交女朋友了。

说起自行车，我原来那辆是菲利浦26英寸女装车，母亲1955年从香港带回内地，送给北京的大姐，由大表哥"驾驶"。1961年他在"北大"毕业后，菲利浦转到小表姐名下，三年后我上高中，这辆菲利浦成了我的座驾。1968年"上山下乡"，它在珠江三角洲大显身手，窄小的车后架绑上两根木棍，就能搭载两百斤稻谷一骑绝尘。毕竟是26英寸女装车，勉强载重容易翻车，田间小路坑坑洼洼，上个小坡，车头就会翘起，我像耍杂技一般，后轮着地，全身站立拼命压下车头才化险为夷。眼看着农民大哥胯下的28英寸国产红棉牌双杠男装车，加装超大型车尾架，绑上三百斤稻谷招摇过市，我比上不足比下有余，看到那些女知青挑着百十斤的担子踯躅而行，我的菲利浦已经是天上人间。母亲不用我开口，一辆双杠的凤凰牌28英寸男装自行车摆到我眼前，这还有什么可说呢。

说到手表，那是春节假期过后。我又要回到农村接受贫下中农再教育了。母亲说请我吃消夜，那是在当时广州市东山松岗东路口一家小小的馄饨铺。一大碗馄饨面，热气腾腾，摆在路边的小桌上。我们母子俩对坐小板凳上，这是我这辈子空前绝后的一幕。母亲从手上摘下手表,递给我说:"希望你好好掌握时间。"我一时百感交集,勉强笑着说:"这下我变成地主啦。"因为在旧社会,只有不用下田的地主才戴着手表闲逛。农民要下田干活儿,买不起也用不着手表。但是我们在听人民公社贫农协会主席讲村史的时候,意外知道地主和农民之间的身份,在解放前是会转换的。老贫农说:我们村一个地主破产了,因为户主长年生病,又吃了官司要出卖田地(我马上联想到鲁迅的爷爷坐牢,他父亲腹积水),而有个农民靠勤俭持家,积蓄多年买下了一块田地。刚好碰上土改,农民就被划成地主成分。如今解放后20年,这个地主的子子孙孙都是地主成分,全家老小都是阶级敌人,是被无产阶级专政的对象。我们知青的文化在农村的广阔天地也有所作为。人民公社在中共九大期间要肃清刘少奇的"阶级斗争熄灭论"的流毒,我们村支部狠抓阶级斗争新动向,发现一个老地主给小孩子讲"熊人婆婆"的民间故事,类似西方"狼外婆"童话。村干部叫我画一幅漫画批判地主反攻倒算,大队长亲自交代政治任务令我受宠若惊,当即抖擞精神,浓墨重彩画了几尺见方的大画,张贴在大会场门口。这幅漫画让我轻松愉快赚了一整天的工分,还在村中小得意了一阵子。不过有个小误会:大队长的东莞土语把"熊"念作"容",我则听成"龙",于是想当然画上一条张牙舞爪的恶龙扑向几个儿童,一个面目狰狞的老地主念念有词在作法,孩子们被吓得瑟瑟发抖。

母亲没有回应我的话,反问我有没有同外婆讲过这个故事?外婆也没有直接表示,倒是教我做人:"干活要勤快,说话要三思。"可惜我年少轻狂,肚子里藏不住话。婆婆妈妈的处世名言既听不懂,更做不到。爱看武侠小说,人家路见不平拔刀相助,我无刀可拔,只有秃笔一支。文字狱的陷阱正为此设。

母亲生了三个子女,晚年全部离她出境而去。这正应了《红楼梦》中薛宝钗欣赏鲁智深那一支《寄生草》"没缘法转眼分离乍""赤条条来去无牵挂"。她身边的孙子和重孙只可解颐,不能分忧。幸有姨甥们不离不弃,照顾晚年体衰的红线女实在给力。综上所述,红线女与马鼎盛64年的母子情分,应该说我年轻时不懂得感受母亲的大爱,成年后又尽不到"父母在不远游"的"老吾老"责任。母亲说"对不住"倒是见外了。

母子拍摄《永恒的舞台》

88岁的母亲记忆力日渐减退,有的采访将她回归内地的过程描写为通过澳门低调进海关。当年我跟随母亲返回内地时是6岁多,但是清楚记得是从香港九龙乘火车到罗湖过海关的。广州方面的朋友同我各执一词,幸亏找到当时香港《真栏日报》的确实记录。那是"香港报业公会金禧纪念特刊"《香港报业50载印记》。我拿给母亲看,《真栏日报》1935年12月15日星期四第一版,全版报道红线女回归,连下面窄窄一条广告也是红线女最新唱片《银河抱月归》。头版头条新闻是《红线女昨携儿女含笑搭火车北去,在大埔车站与记者握手道别》。第二条新闻是《尖沙咀火车站发现红线女行李堆如山》,第三条新闻是《红线女怎样离开香港,请看图片》。有8张图片的说明,其中第1、2、3、5、6、8张图片是母亲和我一起。小学二年级的马鼎盛非常调皮,在镜头面前做鬼脸、扮小丑,倒是符合母亲含笑北去的新闻主题。她老人家看了说,香港记者真是敬业。

马鼎盛登台，逗哭寿星红线女

2012年12月25日，红线女艺术中心举行了一场别开生面的晚会，《南方都市报》（记者李晓瑛）用"马鼎盛登台，逗哭寿星红线女"为题目，报道了红线女的87岁寿辰，形容犹如一年一度的家庭聚会："儿子马鼎盛偕太太从香港赶至，至爱亲朋欢聚一堂，红线女说，她不求生日礼物，只想每人唱段粤剧。'不管懂不懂，人人都要唱！'与往年生日会的形式不同，并没有坐满省市领导，台上不见'红派'弟子的专业演出，反而频频传来'走调''破音''节奏错乱'的粤曲声。《荔枝颂》《还珠赋》《娄山关》……由红线女艺术中心的主管、司机、人事主任、接待员逐一登台。最精彩的一幕，出现在马鼎盛上台的瞬间。'我姓余，我个老窦又系姓余'，他身穿红色格子衬衣，抬眉眨眼，演绎了父亲马师曾的生前名剧《苦凤莺怜》。看着儿子打扮成'丑生'的演出，红线女捧腹大笑，不断擦着眼角溢出的泪水。"

《南方都市报》的记者李晓瑛是我们家老邻居，1955年我随父母回归广州定居，最先是租海珠北、仓前街的小院子，一墙之隔的近邻就是广东省文化局副局长李门叔叔。他们家人丁兴旺，李晓瑛在兄弟姐妹五个里面居中，比我小点儿。老大李英棋比我高两班，"文化大革命"前的大学生，20世纪80年代因公到香港，后来下海。我初回香港时，这位老大哥挺关照我，首先带我去"装身"，说"先敬罗衣后敬人"是商业社会的通例，香港尤甚。说我现在的地位收入虽然卑微，毕竟是个"白领"，更甭说是谁谁的后人了。我穿的广州衬衫，李英棋一看就叫我马上换掉，说香港警察不用看人，就冲你的衬衫就要检查身份证。我不服气说，从第一天过罗湖，没有被查过一次身份证。李英棋笑着揶揄我："好好，算你气宇轩昂，但是出场面衣着得体是社交礼貌。"我试穿一件几十块钱的白衬衣，被他扔回低价部，推荐一百四十八块的中价货。我笑骂他忘记了电影《千万不要忘记》那套一百四十八块的"毛料套装"。1962年在中共八届十中全会，毛泽东提出千万不要忘记阶级斗争的号召，一个世代工人阶级家庭出了个败家子，居然敢用一百四十八块钱买衣服，几十块钱月薪不够用，就去打野鸭子卖到酒店赚外快。这是典型的资产阶级思想腐蚀了青年工人事件，革命电影《千万不要忘记》的老工人爷爷拿起拐杖要痛打"你个一百四十八"！我说："李英棋，亏你还是个共产党员干部，你老爹是抗日战争时期的老革命，你当了老板就蜕化变质得这么快？"李英棋说："在香港当老板易如反掌，咱们合伙开个公司呗。"我当他是开玩笑，谁知道皮包公司真是儿戏。我一分钱不花，跟李英棋去湾仔政府合署，拿身份证登个记，就算是我们合伙无限公司的股东，各自朋友看看有什么生意可做。两三年间我跟着瞎跑了一些所谓买卖，亏了点儿时间，赚了顿酒食。如果李英棋能办成点儿事，我何乐而不为？他在香港养大两个女儿真不容易，绝对没有官二代的优惠。当时跟母亲聊起来我还自称老板了，让老太太哈哈一乐。

说起叫红线女笑出眼泪的现场，那时良辰、美景、赏心、乐事都凑齐了。心情好的老人家最是随和，我奉命来一段先父马师曾名剧《苦凤莺怜》的核心唱段"我姓余"。一大段词实在太长，妈妈在旁边没有戏份儿怎么得了？我们母子商量只唱头尾几句，由她老人家带我出场，最后小结。这些内情记者李晓瑛哪里得知。全场做司仪的母亲问台下，要不要她反串唱"我姓余"？大家还没鼓掌叫好，我在后台已经唱着走出来，"我啊姓啊啊啊啊余，我个老窦又系姓啊啊余……"这两句经典马派，广州人没有不熟悉的，内中大有学问就不是人人留意了。本来两父子同姓是天经地义，你余侠魂何须对冯彩凤母女郑重其事地声明呢？原来行不更名、坐不改姓的大丈夫并不是人人做得到的。倒插门做赘婿，不但是家门的耻辱，而且在社会上没地位，官府不当作良民，秦朝的孟姜女老公范喜良被抓去修长城，就因为赘婿的身份倒了霉。另有更换姓氏做人家养子，也令祖宗不得血食，因此得到多

母子同笑

幸得我遇着你

少好处也难逃不孝的骂名。曹操被陈琳《为袁绍檄豫州文》对曹嵩父子的家世一笔扫倒，骂他是阉赘遗丑，无非骂曹操是宦官门第，他老爹本姓夏侯，趋炎附势主动被大太监曹腾收养，曹腾为中常侍大长秋，封费亭侯。曹操这个"官二代""官三代"的身份来得尴尬，哪怕你功勋盖世，翻起老账来还是死穴一个。余侠魂人穷志不穷，虽然"粮无隔宿，几乎要做乞儿"，咱们家还是有名有姓的那种大男人！有一次我向母亲讲起这番大道理时，她盯着我问："这是你自己想出来的？"我在亚洲电视台《读知天下》的节目，就是这么讲曹操的，听众挺受落的。唱过"粮无隔宿，几乎要做乞儿"这句，我应该跳过一大段，直接唱结尾那几句。当时兴奋过度，同时做了个夸张的伸手讨饭的姿势，转眼可见母亲笑得见牙不见眼，走神忘记该干吗了。冷场了足足三秒钟，在电台就算明显失误，该写检讨的。"跟住点啊！"妈妈不忘救场，提醒我接着唱，"到啊今啊啊啊时，幸得啊遇啊着啊你，真系天啊啊公有嗯眼。我就笑嗯嗯口微嗯微，问声大嫂你，你既你既家事我知啊呀道定系唔知呀啊啊啊啊啊到，我知道晒了㗎！……"这回轮到妈妈笑场了，她破天荒地忘记接茬儿；那是我十分钟前同她设计的台词。她应该以司仪的身份说多谢马鼎盛先生的表演，然后表示要跟我握手致谢。我不敢握手，问："您是多谢我吗？"这就带出余侠魂下面的唱词：吓得啊我，魂魄都唔齐，我能受得你咁大个礼！先父马师曾在这段表演中连唱带做，难度颇高；双膝扑地跪倒，突地跃起站定，再双膝冲地跪倒，迅速跃起站定，如此再

最开心有戏唱

三。到了他花甲高龄还坚持做全套不肯欺场。我自幼酷爱体育运动，身手还算敏捷，但是近年膝关节旧患隐隐发作，羽毛球、网球都放下了，哪敢在舞台上出丑？不过趁机向母亲单膝下跪祝寿我也空前绝后了。真的感谢报纸摄影师为我们留下珍贵的一刹那，母子全情投入、物我两忘的表情融合，令人神往。

我们母子合作演出可以追溯到1952年，母亲拍摄电影《鸾凤和鸣》。她扮演乡下妹，反抗大都市道德协会会长逼婚，在隆重的婚礼上连唱带闹，把老淫虫批得体无完肤，终于同张瑛扮演的情人结婚。在满堂宾客中一个西装革履的小男孩坐在太师椅上，有两三个镜头扫过，那就是我3岁时的处女作。我的聚焦点不是母亲的精彩演出，应该是满桌子的糕点。我在香港的电视台深夜播出的"粤语长片"中突然有重大发现，回家问母亲，她说："这种小事哪里记得清？"当年常用的童星是阮兆辉和林家声，还有李小龙。我在方保罗的《图说香港电影史》中发现父亲和李小龙对刀枪的剧照，拍摄时间应该是1953年，这位世界级的武打天王巨星在演员表上叨陪末座。我拿着《爱》（上集）的剧照请教母亲，她还是那句"这种琐事哪里记得清"。

第三次拥抱母亲

　　小时候，谁没有被妈妈抱过？可是自从懂事以来，我不记得有过母亲红线女的拥抱。

　　中年以后，我们兄弟俩都离家在外，难得探望老母亲一次，告别时移民加拿大的哥哥会搂着妈妈贴贴脸。我还是中国传统习惯，鞠躬如仪。一直到一个偶然的机会，我那天在广州的大学开讲，老太太端坐在第一排，她说爱国主义教育应该来听。我怕军事、战略之类的新闻时事话题会闷到母亲，她反问我，《昭君出塞》不是战略问题？《山乡风云》够军事了吧？她搬出成名的粤剧，我还有什么好说！向来讲课没有近乡情更怯的感觉，这回不由得我不胆怯。

　　讲课的内容无非武器装备、国防教育、全球战略、战争故事和军事新闻的解读，十几年来驾轻就熟，特别是同台下的听众朋友交流，如沐春风；哪怕是不同观点交相问难，也可以畅所欲言，台上台下谈笑风生。我讲着聊着，目光不由自主向母亲看过去，只见她前倾着身子，强忍腰间的长期疼痛而眉头紧皱、聚精会神的样子让人心疼。我知道她老人家天天看报纸是60年一贯制，但是军国大事的新闻实在枯燥烦闷，比不得文化人搬上舞台那样妙趣横生。好在有过百场讲课经验，搞点儿气氛的小聪明是有的，我给90后的学生讲一分钱军费的故事。话说1975年，毛泽东主席为了给解放军伙食费每天增加一分钱，特地发布中央文件。当年一分钱也是大事。如今谁把一分钱当回事。我请在场的朋友谁要是能拿出一分钱，我愿意拿100块钱和他交换。大部分人哄笑起来，一个小胖子高举一枚硬币跑过来，我接过来看看说，同学，你这是一毫子，而且是香港币。一阵嬉笑中我准备接着讲课。没想到母亲站起来"领奖",您不怕人家说我们串通?幸亏她的小银包50年不变,毛泽东时代的零碎钱终于增值一万倍。

　　早睡早起是母亲的好习惯,何苦叫她破例?讲到9点钟,我向大家抱拳说:很高兴今晚有红线女老师捧场,现在时间不早了,是不是请她老人家先休息?不用我多说,全体已经鼓掌欢送。谁知母亲执意听到底。看到献花的同学走上台,我连忙捧过花束,跑下台献给母亲。她一手接过鲜花,一手揽着我的肩头。马上闪光灯如群星闪烁。后来我拿着照片和老婆说,这可是我们母子破天荒地拥抱一回。老婆骂我没有记性,信手翻出20世纪80年代的报纸,果然是我们母子拥抱的新闻照片。那是我们参加广州市两百多对新人的集体婚礼,没想到母亲以广州市政协副主席的身份作为证婚嘉宾,我喜出望外地奔过去把新人鲜花送给她。一位美国华文报纸的记者抓拍了这一瞬间,西半球的亲友也共享了数十年来我们母子的第一次拥抱。

　　2013年12月8日19时,家人最后瞻仰遗容,我带头步伐缓慢地行到床前,本来可以最后拥抱母亲,可是面对妈妈的遗容,我刹那间感到喘不过气来,哭不出声,全身发抖,震到脚软仆倒,不能自已。母子生离死别,是如何刻

2006年我在马来西亚讲课,母亲冒着雷暴雨全程为我打气

2008年庆祝改革开放30周年演出成功,我凑趣唱两句并向母亲道贺

骨铭心。

2013年12月17日,是母亲的追悼会,在我们子女的要求下,当天入土为安。在广州市银河公墓已经平整墓地,墓穴深1.2米。下午从火葬场出来,我一路捧着母亲的骨灰瓮,天空飘落纷纷细雨,我跪在冰冷的墓地最后一次拥抱母亲,全身趴在水泥地上,轻轻将骨灰瓮送进地宫。我对任何宗教信仰都以历史学的角度去研究,对中国古代天人合一的学说也存而不论。但是异常的天象有目共睹,当天母亲的墓穴封土仪式结束后,连续了几天的雨突然停了,一轮红日凝固了脸上的泪痕。遗体告别仪式上,我哽咽着说:"红线女与祖国荣辱与共,善始善终。"

母亲突然离世了

三个月后的今天,我还是不能接受,周末晚饭后,我习惯地拨出她的号码,传来"号码已经取消"的电话录音。母亲走得太突然。2013年11月30日,我在广州图书新馆开了一场国防教育讲座,母亲从头到尾在第一排聆听。会后,她推掉和徒弟约好的饭局,坚持要和我吃午饭。最后她坚持亲自送我到火车站回香港,这是以前从来没有过的,她好像很舍不得我。我们早就约定12月底为她祝寿,我们母子合作的艺术纪录片《永恒的舞台》作为她"米寿"的献礼,谁料想12月8日她就走得那么急?

母亲、我同邓原,我们三人商量拍摄《永恒的舞台》

似乎冥冥之中自有天意，《永恒的舞台》纪录片成为人民艺术家红线女的绝唱，她是艺术总监和主角，我是主编和主持人，表弟邓原是母亲晚年的左膀右臂，他以一级编剧、导演的身份出任我们的总导演，三人同心，其利断金。我们的目标就是要为红线女的艺术生命画出完美的句号。《永恒的舞台》在红线女追思会首映，当时粤剧界、媒体、观众和领导也认为这是一部带有史诗意味的作品，不但中老年"红迷"观众感同身受，更令年轻一代透过艺术大师的75年粉墨春秋感受到了中华民族的历史沧桑。1938年日寇轰炸广州，外祖父的生意毁于一旦，母亲从"西关小姐"沦落为澳门难民。中华民族的苦难历史给红线女刻下了永不磨灭的烙印，我们没有经历战争年代的后辈不能淡忘民族的伤痛。好在我学历史出身，几十年文字工作更从历史角度观察思考人生。从中年步入盛年，我和妈妈的"代沟"逐渐冰释，不能后悔过去怎么没有享受两代人聊天儿的乐趣，只有促使我提早回顾人生。

母亲对我女儿的家庭非常"着紧"（粤语，记挂的意思），以前一直问她"几时结婚"，接着追问"几时生孩子"。她知道重孙辈预产期时，比我们更迫不及待提前"封利市（红包）"。母亲走得太急，我的外孙女还差一个月，没有见到太婆婆。亡羊补牢，我现在写这本自传式的小书，希望小外孙女了解中华民族20世纪50年代我们的少年生活，60年代的中学生的生活，一直到70年代的"文化大革命"、80年代的改革开放、90年代的冷战结束和21世纪的信息爆炸。母亲那代人经历战争，我们记录战争，希望后辈埋葬战争。如果说军人最大的幸福是失业，作为军事评论员，我始终致力于倡扬和平和老百姓的幸福。

2013年12月13日，在红线女追思会播放《永恒的舞台》前，我简单介绍了拍摄过程，这是她生前最后一部影视作品，也是我们母子第一次合作，以访谈的形式，展示了红线女精彩的人生，披露了很多鲜为人知的故事。该片导演是一级编剧、红线女的外甥邓原。他亲自策划推动，表示一共拍摄了十多个小时的资料，非常珍贵，现在回想起来非常及时。邓原还非常感慨，在发病前约二十分钟，红线女就在问这部片子还要多久完成制作，当时邓原回答说："快了，还有几天就可以了。"想不到红线女最终没有等到成片。

母亲反客为主，考我唱父亲的戏

2013年4月，我提出拍摄一部母亲的纪录片，原定于12月27日首播，以祝红线女米寿，但没想到"生日片"变成了追悼片。

母亲去世一个星期来，我的胡茬儿已经长出一脸但没剃，因为这是守孝的规矩。长期以来，我都自命是一条汉子，从没那么崩溃过。我对媒体回忆："母亲对我很严厉，慈爱是在骨子里的，我不知道我原来是见不得她的。在告别看一下遗容的时候，我崩溃了，我整个塌了，哆嗦，叫不出来，想叫都叫不出来，在这之前我想象不到自己会有这么脆弱，这之后我回想起来也不知道为什么那一刻脑中会一片空白，当时是怎么倒在地上，人家怎么把我弄出去都想不起来了。"在医生的安排下，家人最后瞻仰遗容，步伐缓慢地行到床前，事前我没有想过会这样，我的心情笔墨难以形容。就在最后那几步，我完全崩溃了。那种摧肝裂胆的感觉实在无法描写，后来我如何被人扶起来，休息及饮口水定神，我的脑袋始终空白一片。现在回想起来，母子生死别离，是何等的刻骨铭心。随着时间过去，思念越来越深，恐怕到我死，这种痛都只会更深，人总是在失去时才更觉珍贵。

我们这次拍摄《永恒的舞台》带有文化抢救性质，如今在艺术成就上，

永远不谢幕的红线女

粤剧界再难有能出红线女右者。因为红线女是应运而生,个人经历本身就是一部中国近现代史,是国家命运的一个缩影,艺术形成的历史背景不再、人际奇遇不再、戏剧市场不再。"自古美人如名将,不许人间见白头。母亲却在粤剧事业上奋战到最后一刻,至死方休,因为害怕后继无人。我们对她最好的怀念方式,就是要把她对国家、民族深厚的爱和她对中华文化传统及粤剧的传承发扬光大。"

记得去年12月,红线女庆祝87岁生日。母亲邀请我来了一次同台的"爆肚"(临时发挥)演出。真是好开心!她当时的身体已经很差,记忆力已经衰退了,我们在排练的时候,她经常会忘记下一个步骤。但我们母子俩有默契,即使改变原来的设计,大家都懂得怎么切入,接得很流畅,根本不需要剧本。在母亲生命的最后时刻,我们还有一次这样的舞台交流,真是不幸中的万幸。

我对全场红线女的戏迷说:"红线女安息了,但她的艺术精神永存,红线女艺术中心的大门永远为你们打开。我希望各位能常回家看看!"

我告诉媒体说:"近几年,母亲因为骨质疏松一直备受折磨。三年前扭伤脚，伤到不能动，医治时伤筋动骨，治了整年行起路来都是歪歪的；一年前她的腰骨又出事，只不过坐在小椅子上穿鞋，不慎坐落地下，竟然整个人动不了，从此无法上楼，以前她住在二楼，她都完全无力上楼梯，只能在一楼活动。可是这一年来，母亲却凭意志力出席很多活动，甚至登台及开声唱歌，可见她对粤剧永远有无法熄灭的爱，看到粤剧式微都要尽最后一分力，一根蜡烛都要燃烧殆尽。她那份敬业乐业的精神，非常难得。她把自己一生贡献在舞台上。"

母亲的后事极备哀荣。时任广州市市长陈建华先生代表组织一再强调要尊重家属的意见，我们怎么敢认真拿大。我只是在悼词中补充母亲在20世纪四五十年代"成戏又成人"的过程。最后强调母亲"与祖国荣辱与共，善始善终"。在广州银河公墓母亲的碑文如下："1955年，在周恩来总理直接关怀下，红线女回归祖国，献身粤剧事业。她与祖国荣辱与共，善始善终。"三千观众冒暴雨为女姐送行，习近平等中共中央政治局全体七位常委送了花圈。在讨论碑文内容时，我坚持落款不能用子女的名字，对母亲最高的褒奖是"人民的红线女"。

"庆祝改革开放30周年——红线女粤剧艺术作品展演"在友谊剧院举行,我和母亲走上舞台(红线女艺术中心供图)

代跋

红线女永垂不朽

——马鼎盛采访王蒙摘要

获诺贝尔文学奖提名的大作家王蒙，高度赞扬了红线女的艺术成就；曾为中央委员和文化部部长的王蒙，充分肯定了红线女对新中国的曲折发展保持住的极大的热情。

王蒙：单单红线女这名字，在中国就是家喻户晓的。在20世纪50年代，首先给我印象比较深的就是红线女的戏曲片《关汉卿》，那时候我听广东粤剧，还费点儿力，可是呢，红线女演得好，所以听着还挺顺的，非常感动。在《人民日报》上，田汉就写文章，还写了诗"恼人一曲蝶双飞"，确实是非常感动。

马鼎盛：您刚刚提到那个《关汉卿》剧本，原来是田汉先生写的。然后搬过来用粤剧的方式表现出来，田汉先生他看了好多场，光1958年马师曾红线女进京演出，他就看了3场。看完了他跟我父母亲说：我绝对没想到我是拿普通话、北方话写的这个《蝶双飞》，你们配那广东的曲子能唱得这么好。所以他是有诗词为证的。

王蒙：粤剧是非常重要的一个剧种，我对红线女的音乐唱腔感到亲切。但是在北京呢，你要真正找到知音就比较难了，广东籍的各种领导一来一大街，可是北京的人他真听不明白，就是怎么给他打这个字幕，他也绝对不像咱们广东人那么能欣赏。

红线女这三个字，在我脑内印象是越来越深了，我在文化部工作期间，她也有几次，到北京演出，其中我印象比较深的，一个是那个《刁蛮公主》，给我一个什么印象呢，我看这个红线女演刁蛮公主……也有六十了，但是她演起来呀，她仍然有一种……有一种什么呢，如临天籁，有一种淘气的劲儿，她特别得意会演这个，哎哟，她就，刁蛮完了以后她自己痛快。她不是一个刁蛮的人，越不是刁蛮的人呢，她到舞台上就刁蛮一下，就可以把平常那些不能刁蛮的东西呀，化到舞台上去。我就觉得她，不失青春，不失艺术青春的一种清纯和性格的活力。我看她演得特别入戏，而且她就是乐在其中。

再一个《白燕迎春》。我看了非常佩服，就是不管在什么情况之下，不管这个道路是笔直的还是曲折的，她仍然保持着一种对新社会的歌颂。写乡村医生嘛，《白燕迎春》就是这主题。对演这个英雄模范人物，对这个先进人物的热情，也难为导演。因为这新中国的道路啊，也不是一帆风顺的，演英雄模范的道路，也没有那么顺当，但是红线女还是保持着极大的热情在里边……

1980年，我在美国待过4个月，参加一个写作活动，我在那儿看到香港的报纸报道，《女姐返港，万人空巷》，图文并茂的报道；市民欢迎的人数、盛况，超过伊丽莎白女王到香港。那时候香港还没回归，所以伊丽莎白女王到来是非常重大的事。我当时很震惊，哎哟，我说这个红线女老师，这么大的威风啊，这么大的魅力呀，上哪儿再找这样的人去。

马鼎盛：您看的那个报纸，是红线女在"文革"后第一次，踏回香港，也就是1955年回内地以后第一次，所以香港人都琢磨那个"文化大革命"她是怎么过来的。

王蒙：哈哈，风采不减当年，某种意义上还有一种新面貌，有一种新中国的主人那种面貌，这可真是不简单哪。

我1998年去参加"红线女从艺60周年"的活动，在那里起码看了她在香港演的两部电影，我非常感动，认为她已经非常红了，真正的一个明星啊，从各方面都是前途无量、蒸蒸日上的。而那时候新中国刚成立，新中国刚成立呀，外边骂新中国的铺天盖地。您说她图什么？非得回来不可？我认识到红线女老师是一个理想主义者。她不是一般的明星、演员、艺术家。但是红线女恰恰不满足这些，她要求的是理想，她要求的是实现国家的富强、发达，她希望自己成为历史的创造者，成为历史里的一个角色，而不仅仅是屏幕上的一个角色。否则你不能解释，现在大家都知道挣钱，那红线女想在香港挣多少钱。你说社会地位，她在香港这么红的角儿，你上哪儿找去。我觉得她选择的是和新中国的命运绑在一起，选择的是和新中国六亿五千万人民过一样的生活，共同建设中国的新文艺事业，她选择的是完全从事一个新的文艺生活，尽管这个新的文艺生活的道路并不是那么成熟，而且中间还磕磕绊绊，有时还出点儿邪招儿，可是整体呢，我觉得她这是一个重大的选择。

她回来时是刚刚30岁的女演员，她下定这个决心是绝不可小看的。三十而立呀，她不是小孩不是一时冲动。我认为她是经过缜密的前思后想，各种考虑。

马鼎盛：我母亲跟我讲，她回来，有两个原因。一个是艺术上的，30岁，她那时如日中天，粤剧她这还没唱呢，人家红包就放这儿了，先银后货。一个是电影，近百部电影，而且拍一部火一部，像巴金的《秋》，火遍全球华人地区。再有一个是别人不留意的，灌唱片，那个来钱。她那时候的钱不是说买一套房子、买一栋楼，而是买一座山。所以金钱上她不追求，她追求两样东西，一样是艺术，她在香港拍电影拍戏，她觉得不能达到她的标准，那还是比较糙的东西。所以回来以后，《关汉卿》《搜书院》是珍品，艺术含量很高，在香港达不到的，回内地的平台能得到升华。再一个就是艺人在香港在旧社会地位非常低，随便哪个小军阀都可以侵犯，看上你女演员你得陪，这是她亲身经历的，我老爹拿着那个国民党上校的头衔都挡不住。他们是经过旧社会的。还有一个经过抗日战争，那种家破人亡，她回来看到1954年的五周年国庆典礼，她看到中国站起来了。所以她回来有两个原因：一个是要求艺术上升，一个是要求政治。按您说的，是和整个国家民族融在一起。

王蒙： 在参加她（从艺）六十周年活动时，我还有一个判断，认为红线女的一生是成功的一生，她是求仁得仁，因为她要的本来就不是发财，就那貂皮大衣，她根本没放在眼里。但是她希望得到的，在香港她永远得不到，譬如说周总理与她的这种友情、同志之情、知遇之情，她在香港能得到吗？内地把文艺看成对人民的教化、对社会的发展、对道德的培养，把它看得这么高，把这些人看成灵魂的工程师。我们国家的许多领导人，各地方各式各样的文化高层人物，包括田汉、周扬，他们对红线女都非常尊重。还有，她应该是六届前后三十年的人民代表。所以我觉得红线女当年能做这么多事儿，然后人家回来也无悔无怨，相反她说的全是好事，全是总理对她怎么好，各个方面和人民对她怎么重视，她与这个社会融为一体，她成为有快乐也有责任的重要角色。这也说明我们整个国家，整个新中国水乳交融，一切进退荣辱悲欢都融为一体。

她跟我说过一件事儿特逗，她那华侨新村的家我去过，她就告诉我家里这对面的树上有一只鸟每天早上飞来叫，叫声越听越像是"红线女"，说是催促她还有很多任务，这真绝了！她说这不能怠慢，她一辈子不过那种富贵闲人的生活，这就是生活情趣。她特别在意广州市新成立的红线女艺术中心，她在意培养新人，她生怕粤剧危在自己手里，这样上对不起祖宗，下对不起人民，就断代了。这个就是她的责任心。我后来在广州又见过她一次，那时她已经80岁以上了，头发也完全白了，然后她就完全不染了，但是头发很密，那范儿仍然是那范儿，仍然坚持上台。她敬业，通达，清醒。世界上的事有高峰也有低谷，该什么角色就是什么角色，所以我觉得她真不简单。

　　我虽然对艺术不是有很深的研究，对红派艺术没有什么评价，但我愿意为她表达这种思念之情、敬佩之情。新中国能吸引红线女这种大艺术家，从香港回到内地，这就证明，新中国有很大的吸引力，有它历史的必然性。另外，红线女回来以后的经历这么丰富，包括艺术的经历、社会的经历、政治的经历。我个人以为，红线女是成功的，她是阳光的。